人民币汇率变动对产出的作用机制及效果研究

Assessing the Output Effect of RMB Real Effective Exchange Rate Appreciation in China

赵永亮　著

中国社会科学出版社

图书在版编目（CIP）数据

人民币汇率变动对产出的作用机制及效果研究/赵永亮著．—北京：中国社会科学出版社，2015.4

ISBN 978－7－5161－5958－3

Ⅰ.①人… Ⅱ.①赵… Ⅲ.①人民币汇率—影响—中国经济—研究 Ⅳ.①F832.63 ②F12

中国版本图书馆CIP数据核字(2015)第075089号

出 版 人 赵剑英
责任编辑 卢小生
特约编辑 林 木
责任校对 周晓东
责任印制 王 超

出 版 中国社会科学出版社
社 址 北京鼓楼西大街甲158号
邮 编 100720
网 址 http://www.csspw.cn
发 行 部 010－84083635
门 市 部 010－84029450
经 销 新华书店及其他书店

印 刷 北京市大兴区新魏印刷厂
装 订 廊坊市广阳区广增装订厂
版 次 2015年4月第1版
印 次 2015年4月第1次印刷

开 本 710×1000 1/16
印 张 12.75
插 页 2
字 数 215千字
定 价 39.00元

凡购买中国社会科学出版社图书，如有质量问题请与本社发行部联系调换
电话：010－84083683

摘 要

汇率变动会通过多种渠道影响一个国家的产出。以贸易渠道为例，汇率升值通过支出转换效应影响产出：本币升值将提高本国出口产品的对外标价，降低进口商品的对内标价，从而对本国产品需求下降，导致本国产出下降。除了贸易渠道影响之外，汇率升值还通过投资、汇率变动预期、对外资产负债等渠道影响产出。

本书采用计量模型分析人民币汇率变动对我国产出的影响。根据书中所列 23 个模型以及在实证过程中测试的各种模型的实证结果，人民币汇率升值对中国产出具有明显的紧缩作用，结果是稳定的。人民币实际有效汇率升值 1%，中国实际工业增加值下降 0.2% 左右；发电量下降幅度则为 0.4% 左右。造成两者差异的原因在于各行业用电量的分布：汇率升值对外向度较高的制造业影响较大，而制造业电力消耗较高。汇率升值对中国 GDP 的影响小于汇率对实际工业增加值的影响，人民币实际有效汇率升值 1%，中国 GDP 下降幅度在 0.1%—0.2% 之间。

人民币汇率升值对我国经济具有短期的增长率效应和长期的水平效应，即人民币汇率升值对我国经济增长率的影响只具有短期紧缩效应，但对产出水平值的影响具有持久的负面效应——虽然人民币汇率升值后经济的环比增长率经过短暂下降迅速恢复到原来的水平，但产出水平却由于前期产出水平的下降而长期处于较低水平。汇率升值对产出造成的是“时间”的损失，即经济增长率虽然得到恢复，但产出却退回到较低的基期水平上增长。

根据 Blanchard 和 Quah（1989）封闭经济模型和 Bjørnland（2004）开放经济模型，本书发展了三变量开放经济理论模型，采用 SVAR 施加长期约束的方法，研究结构冲击对人民币实际有效汇率及我国产出的动态效应。实证结果表明，人民币汇率升值既可能加剧中国经济的波动，也可能减弱中国经济的波动，作用的效果取决于导致汇率波动的背后因素。受

“国外需求上升因素”的冲击，根据贸易顺差的传递关系，人民币汇率将升值。同样，受“要素成本上升因素”的冲击，根据巴拉萨—萨缪尔森定律的传递关系，人民币汇率也将升值。前者汇率升值将抑制中国经济的波动，后者将加剧中国经济的波动。其内在逻辑关系是，国外需求上升将导致中国经济繁荣，而此时人民币汇率升值的紧缩作用将有助于经济的稳定。要素成本上升将使中国产出下降，而此时的汇率升值将使中国产出下降幅度更大，从而加剧经济的波动。

在汇率对各行业产出效应的实证研究中，采用“实际有效汇率”指标存在着贸易权重与其产出效应大小不匹配的缺陷。书中定义了“产出有效汇率”概念，其含义为对产出具有最显著影响的“一篮子”货币汇率指数。根据该方法的测算结果，人民币汇率升值对铁矿石、水泥、生铁、原煤、焦炭等上游行业产出水平具有收缩作用，但对原油产量几乎没有影响；汇率升值对化工产业等中游产业负向冲击较大，但对粗钢、钢材产量的影响趋于中性；汇率升值对家电和机械等下游行业具有较大的负面冲击。总体上分析，汇率升值对工业的上、中、下游产业均有一定的负面影响，对交通运输等与工业产出水平密切相关的服务业同样具有负面影响，但对电信等面向国内消费需求的服务业影响不大。汇率对出口比重较大、利润较低的行业冲击非常明显，如纺织业，而对于国内需求不能满足的行业冲击影响较小，如石化行业。经测试，各行业产出水平对美元汇率变动最敏感，人民币对美元汇率仍是各行业应重点关注的汇率。

基于汇率变动对中国各行业影响的实证结果，应界定“升级脆弱行业”，加强行业内企业对国际市场的控制能力和议价能力；人民币汇率水平的确定应与企业竞争力指标联系；建立灵活有序、富有弹性的要素市场，降低汇率变动对中国经济的冲击；加速产业升级，支持机电等重点行业加快转变发展方式。

显著的“紧缩性升值”说明，应避免人民币汇率短期内大幅升值。在人民币汇率调控方面，应加强资产价格的调控、对热钱的监控，适度消除大幅升值预期。人民币升值、资本跨境流入和中国资产价格上升，将直接给热钱带来一条获取超额收益的投机渠道，也将使我国在汇率控制方面陷入如东南亚国家 1998 年前的困境。在受到金融危机冲击、美元面临特里芬两难的背景下，中国政府对于人民币完全可兑换的进程还应该持非常谨慎的态度。

在关注汇率产出效应的过程中，应避免研究领域的短视，除了看到大幅升值给产出带来的负面效应外，还应看到汇率升值的长期性、升值的正面作用以及渐进性升值给投机资本带来的巨额收益。管理汇率应统筹兼顾，不应仅仅局限于其产出效应。在升值调控中，联合升值将大大减弱升值紧缩效应，甚至可能带来正效应。联合升值政治协调难度很大，但却是跳出囚徒博弈的一条通路。

关键词： 实际有效汇率　产出有效汇率　产出　SVAR　实证

目　录

引　言

1994 年我国汇率并轨以来，中国实行有管理的浮动汇率制度。从人民币兑美元汇率的实际表现来看，人民币汇率变动主要经历了两种类型：水平盯住和爬行升值。1994—2005 年汇率制度改革前，人民币水平盯住美元，大部分时间维持在 1 美元兑换 8.28 元人民币的水平。2005 年 7 月 21 日，中国实施汇率制度改革，人民币不再与美元挂钩，人民币兑美元汇率由水平盯住转为比较稳定的爬行升值。2008 年 8 月，受次贷危机影响，人民币爬行升值一度中断，又转为水平盯住。2010 年 6 月 19 日，中国人民银行决定进一步推进人民币汇率形成机制改革，增强人民币汇率弹性，人民币爬行升值得以恢复。

2013 年 12 月 19 日，即周小川关于央行将基本退出常态式外汇市场干预表态一个月之后，人民币汇率出现新的变动，汇率每日波动幅度急剧放大。从短期表现来看，人民币汇率不再表现为水平盯住或爬行升值，有向真正的管理浮动过渡的迹象。

2005 年汇改以来，人民币汇率变动过程实质是人民币升值压力逐步释放过程。2005 年上半年（汇改前夕）到 2014 年上半年，人民币兑美元汇率升值幅度超过 30%。同期人民币实际有效汇率升值 37%。如果将时间起点向前追溯至 1994 年年初，人民币实际有效汇率升值幅度则高达 74%（以 BIS 人民币实际有效汇率指数测算）。基于人民币不断升值的历史背景，本书研究人民币汇率变动对我国产出的作用效应，研究的逻辑结构如下页图所示。

为了叙述方便，本书以汇率升值为主线研究汇率变动的产出效应。关于汇率升值对产出的作用效应这一研究主题，各项研究结论众说纷纭、莫衷一是。有的研究结论表明，汇率升值对产出具有正向作用，即汇率升值、产出上升；有的研究结论则恰恰相反。这给政策制定者带来很大困惑，本书重点回答两个问题：一是汇率变动对产出的作用效应是正向的还是负向；二是汇率变动对产出的作用强度有多大。对于第一个问题，为了得出较为可靠的结论，本书采用多种方法研究汇率的产出效应，以便增强结论的可靠性。对于第二个问题，计量分析很难得出准确结论，模型形式不同，结论一定有差异。尽管如此，书中还是进行了试探性分析，以便给出一个参照。

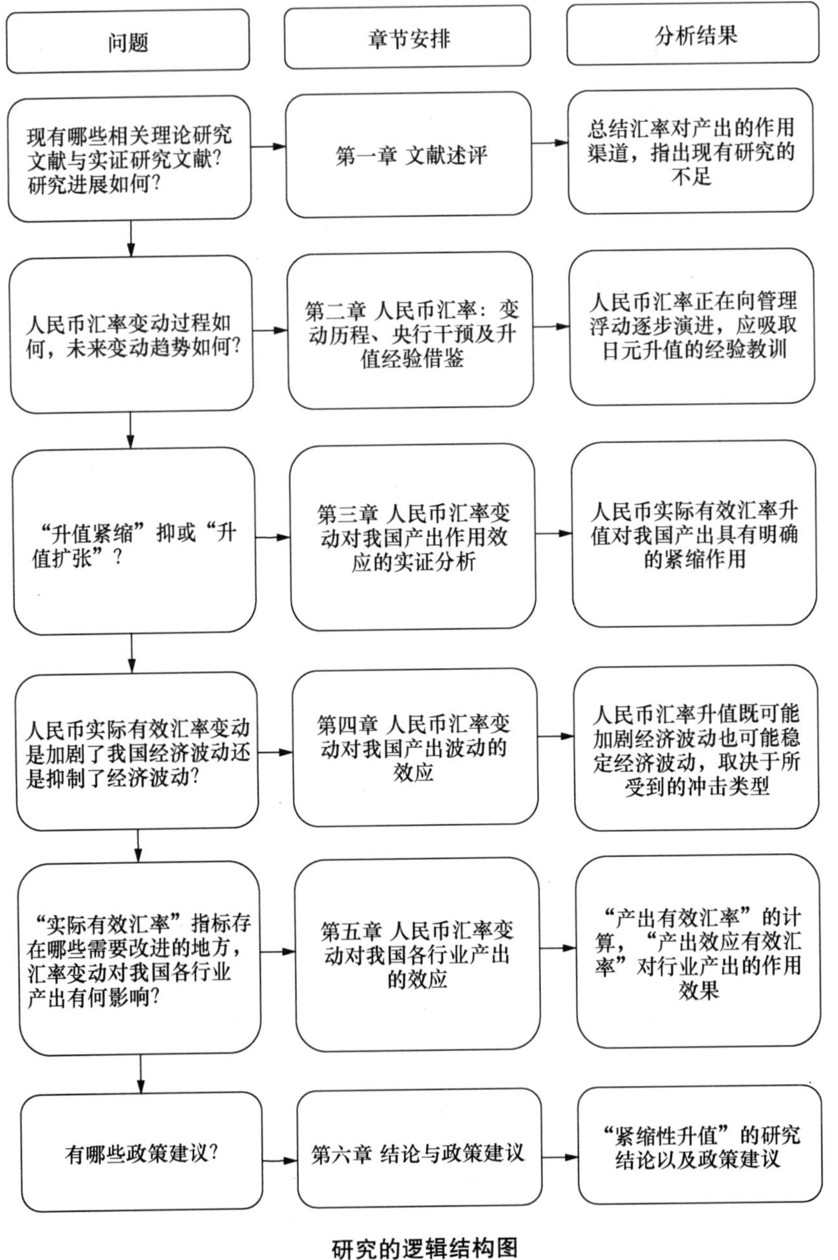

研究的逻辑结构图

本书的多项实证模型均表明汇率升值对中国产出具有明确的紧缩作用，在此基础之上，需要进一步研究汇率升值对中国各行业影响的差异。由于各行业外向度不同，进出口国别各异，汇率变动对不同行业的影响势必会有差别，本书尝试采用“产出有效汇率”方法研究这一问题。基于汇率变动对中国各行业影响的实证结果，认为应界定“升值脆弱行业”，并应监测汇率变动对各行业的影响，以便采取有针对性的产业政策。

在实证研究之外，本书还尝试提出一些观点供学者深入分析探讨。本书的一个观点认为，人民币汇率具有长期缓慢升值的可能性。笔者推测，人民币汇率升值分为两个主要阶段：第一阶段是顺差驱动型的升值。在此阶段中国大量剩余劳动力不断进入生产制造业，出口供给能力迅速上升，由于国内外供给与需求不对称，贸易顺差将推动人民币不断升值。第二阶段是技术进步驱动型的升值。在劳动力资源过剩状况逐步缓解之后，中国企业将不断提高集约化生产水平，相对于国外，贸易部门相对于非贸易部门生产率的进步（即“相对的生产率进步”）将推动人民币实际汇率出现较长时期缓慢升值。除此之外，经济快速增长、人民币国际化加速也有助于人民币汇率走强。从汇率升值过程的实际表现来看，第一阶段人民币汇率可能主要表现为汇率转型过程中升值压力逐步释放型的升值，第二阶段主要表现为均衡演化型升值。本书的另一个试探性观点是建议“与出口竞争性国家建立汇率联合应对机制”，方案是否可行，取决于现实和未来的约束。

由于水平所限，本书理论及实证部分仍存在缺陷，经济学理论功底还不够扎实，这是令笔者始终感到不安之处。但稍感安慰的地方就是本书已穷尽笔者三年的努力，虽能力有限，但写作态度还算得上诚恳。实证过程消耗了笔者大量时间，为了构建中国实际工业增加值数据序列，笔者消耗了近两个月的时间；在实证模型方面，为了得出较为可靠的结论，尝试了大量模型，仔细对其中的内生性进行分析、比较、鉴别。笔者希冀通过该领域的探讨，能够激发学者的研究兴趣，在理论上有更多创新，更好地指导实践活动。

赵永亮

2015 年 2 月

第一章 文献述评

第一节 汇率对产出的作用机制

按照传统经济学理论，汇率升值对产出具有收缩作用，汇率升值起着支出转换作用，购买支出由国内转向国外。当经济处于过热时，汇率升值对通货膨胀起着抑制作用。但当经济处于需求不足时，汇率升值应该与扩张的财政政策和货币政策相联系，以抵消贸易差额下降造成的需求不足。事实上，汇率变动应该与需求管理政策相配合的观点正是 IMF 向各个国家建议的政策之一。

克鲁格曼和泰勒（Krugman and Taylor，1978；Taylor，1984）对升值紧缩的观点提出了质疑。按照他们的逻辑，汇率升值有可能是扩张性的。Edwards（1989）、Lizondo 和 Montiel（1989）、Mill 和 Pentecost（2000）作了进一步论述：如果升值导致的收入重新分配效应使得边际消费倾向上升，最终的效应可能反而使产出上升。具体来看，升值后出口企业利润下降，由于利润收入较之工资收入边际消费倾向较低，降低出口企业的利润将提高整个社会的边际消费倾向。从债务负担角度分析，本币升值将降低对外债务的本币支付金额（Cooper，1971），这意味着政府的财政支出能力将会得到提高。从供给角度分析，Bird、Graham 和 Ramkishen S. Rajan（2001）认为，本币升值将减少进口企业的现金支出，从而减少进口企业对银行贷款的依赖性，使利率下跌，价格水平下降，从而刺激国内总需求。

Bird、Graham 和 Ramkishen S. Rajan（2001）的论述不无道理，但其推理也令人生疑：本币升值将减少进口企业现金支出，进口企业可能会减少贷款的需求，但与此同时，本币升值将减少出口企业的利润，陷入困难的企业有可能会加大对银行贷款的需求，从而使总的贷款规模并没有明显的变化。因此并不能证明本币升值将使利率水平下降。如果从另一个角度论述，或许可以更令人信服：本币升值将降低国内物价水平，从而给利率下调带来了空间。同时，由于国内物价水平下降，实际货币供给上升，利率会出现下降。

货币升值扩张的观点与货币贬值紧缩的观点论述方法类似，现着重介绍从其他角度的论述。米德（Meade，1951）认为，如果马歇尔—勒纳条件不能得到满足，货币贬值则是收缩性的。赫希曼（Hirschman，1949）指出，货币贬值可能会减少实际的国民收入，因此可能会使总需求下降。从另一方面来分析，货币贬值虽然降低了出口价格，但进口支付了高价格，如果贸易条件并没有改善，这些价格相互抵消。Diaz - Alejandro（1965）提出了贬值使产出收缩的另一种解释：贬值可能提高出口部门和进口替代部门的利润，如果货币工资上涨滞后于价格上升，并且如果利润收入的边际储蓄倾向大于工资收入的边际消费倾向，国民储蓄水平就会上升，从而使产出下降。货币贬值通过供给渠道对产出的冲击表现得较为复杂，Bruno（1979）和 Wijnbergen（1986）提出假设：一个典型的半工业化国生产过程需要进口国外产品，而这些产品难以在国内制造，本币贬值后厂商的进口成本会上升，成本上升的负向冲击可能会超过出口上升的正面作用，从而使国内产出下降（Magda Kandil，2008）。

习惯上，人们关注本币升值对产出的效应主要集中在贸易渠道效应上，即集中于经常账户分析。于津平（2007）关注本币升值对资本与金融账户的影响。他将汇率变化对 FDI 的影响分为四个效应：其一，汇率变化的财富效应：汇率变化改变跨国公司对东道国资产的购买力，从而对跨国公司的所有权优势形成影响；其二，汇率变化的需求效应：汇率变化改变以投资母国货币衡量的东道国的市场规模，从而对产品市场需求的国际分布以及东道国的区位优势产生影响；其三，汇率变化的成本效应：汇率变化改变了以投资母国货币衡量的东道国的要素成本，对东道国的区位优势形成影响；其四，汇率变化的风险效应：无论汇率升值还是贬值，汇率的变动率上升将加大以投资母国货币衡量收益的不确定性，从而增加直接投资收益的风险。

在汇率水平对外商直接投资影响问题上，大多数研究认为，东道国的货币升值不利于外商直接投资的流入，而东道国的货币贬值对于利用外商直接投资具有正面影响（Kohlhagen，1977；Froot and Stein，1991）。但是，有研究认为，东道国货币币值变动对直接投资的影响并不确定，在一定的条件下，东道国的货币升值对直接投资的负面影响很小，甚至会增加外商直接投资的流入（Benassy – Quere et al.，2001）。Benassy – Quere 等（2001）指出，汇率水平对外商直接投资（FDI）的影响与外商直接投资的市场取向有关，如果投资者以东道国市场为目标，东道国的货币升值将扩大东道国的相对市场规模，使外商直接投资增加。但 Trevino 等（2002）对流入拉美国家的外商直接投资进行了分析，发现国内生产规模、市场化程度和居民消费价格指数是影响外商直接投资的最为重要的因素，汇率对外商直接投资的影响并不显著。

汇率变动会影响居民对汇率的预期，从预期汇率变动方向对经常账户和资本与金融账户的影响角度分析，在一个较长的时间跨度内，如果汇率升值是可预期的，FDI 的当前流入水平可能由于预期汇率进一步升值而上升。如果汇率升值对产出的负面作用被限制在一定的合理范围内，经济有可能呈现出预期汇率升值—资本流入加大—投资上升—产出上升—升值预期强化的循环。该模式在一段时间内能够良性持续的前提下，经济将运行在汇率升值—产出上升的轨道上。

除了贸易渠道与投资渠道之外，预期的汇率升值对产出的作用还可能会出现在信贷投放和资产价格的刺激上。由于大量国外资金进入国内，国内信贷将被迫超量投放，超速增长的国内信贷推高国内资产价格，从而对房地产投资和企业上市融资起着刺激作用。投资水平的提高在一定时期有助于产出的增加，同时也预示着国内消费水平相对偏低和储蓄水平相对偏高。显然，这种方式的经济增长从长期来看是不可持续的，增长方式的终结或者是由于国内过高资产价格的崩溃，或者是由于贸易对方逆差不可持续。

高海红（2005）认为，汇率变动对产出的效应可以分为短期效应和长期效应两部分。从短期分析，汇率升值首先影响的是国际收支的各个项目，本币升值所引起的净出口减少会以一定倍数反映到国民收入（或者总需求）的减少上，也就是对经济增长产生负面影响。而本币升值对资本与金融项目的影响则是不确定的，最终取决于公众有什么样的预期。另外，汇率变动通过短期工资和货币供给调整时滞而影响产出。如果由于汇率升值使得进口品价格降低，而名义工资和名义货币供给短期内来不及做出反应而保持不变，在这种情况下，实际工资和实际货币供给增加，从而在一定程度上增加总需求、促进经济增长。

从长期分析汇率升值对经济增长的影响主要可以分为以下三个方面：

(1) 通过“要素成本效应”（Harris，2000）推动依赖进口投入品的产业发展。如果这些产业是一个国家经济结构调整中需要发展的产业，则在一国拥有闲置资源的情况下，要素成本的降低会引导资源向这些产业转移，从而有利于经济增长。当然，如果这些依赖进口投入品的产业不是一国经济发展所必需的，则有可能引起资源配置的扭曲，从而不利于经济增长。不过在发展中国家的情况通常是，进口品多为能源、机器设备和高科技产品，多为产业升级和经济长期发展所必需的，因此进口投入品的价格降低通常有利于这些国家长期经济增长。

(2) 对创新和研发的影响：持续的汇率升值降低了进口技术的成本，使得依赖进口技术的企业能够实现技术引致型增长，但也容易助长它们对进口技术依赖性，从而可能推迟创新和研发的过程，而创新和研发被认为是长期经济增长的重要源泉。

(3) 影响企业进入退出和产业结构调整。这一方面主要是通过对资源配置的影响所实现。由成本的差异引起利润分配的差异，从而影响企业的生产选择，进而影响整个产业结构的调整。

综合以上文献，不同的研究者对汇率升值的产出效应从不同角度加以论述，大体可以分类为以下角度：长期和短期角度、供给与需求角度，以及作用渠道角度。在具体的论证过程中，各文献论述的方法存在着许多差异，所使用的概念各不相同，不利于对汇率的产出效应形成一个完整的认识。为了形成一个较为清晰的分类，本书根据以上各文献的研究，从作用渠道角度总结了汇率升值对产出的作用机制，如图 1－1 所示。

第二节　汇率对产出作用效果的实证研究

从实证角度研究汇率产出效应的论文可以追溯到库珀（Cooper，1971）以及后人的研究大多把着眼点放在汇率贬值效应上。库珀研究了1953—1966 年 24 个低收入国家案例发现，汇率贬值“经常”是收缩性的。克鲁格（Krueger，1983）分析了 1951—1970 年 22 个低收入国家的

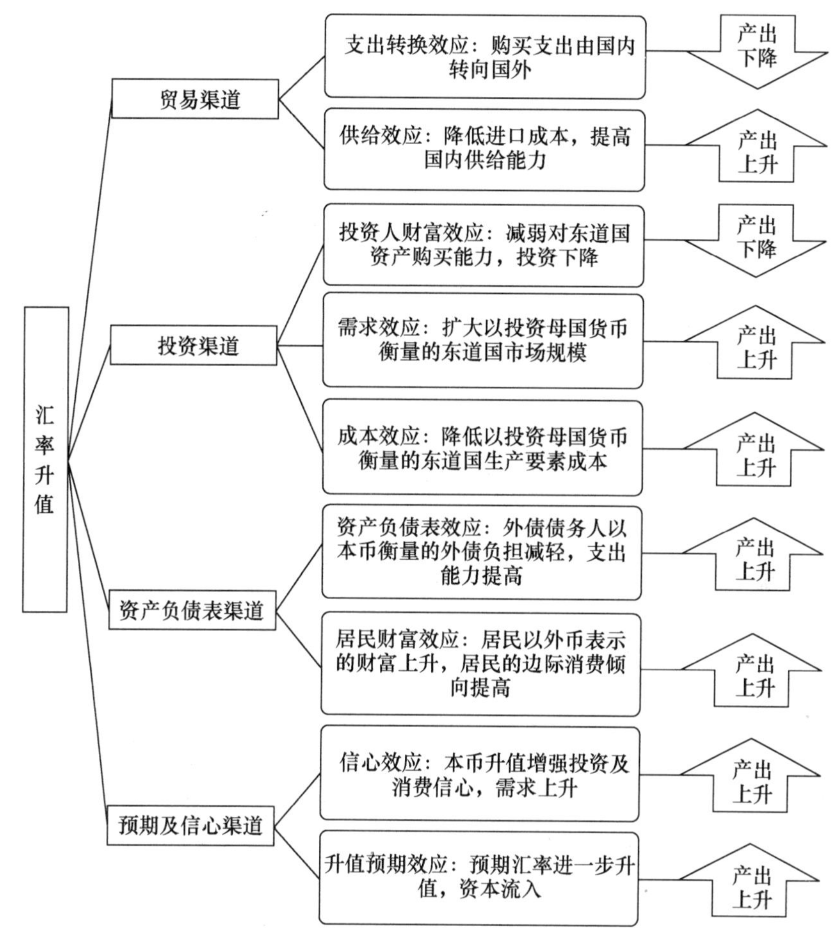

图1－1　汇率升值对产出的作用机制

贬值案例，拒绝了多数案例贬值具有收缩性的假设。Gylfason 和 Risager（1984）建立的模型强调了贬值前后的偿债效应并得出结论认为，贬值对发达国家的产出具有扩张效应，但对发展中国家则相反。Gylfason 和 Radetzky（1985）的结论同样认为贬值对发展中国家具有收缩效应。

爱德华兹（Edwards，1986）对回归模型进行了扩展，采用 12 个发展中国家 1965—1980 年的数据，在模型中控制了政府支出对政府收入比例、非预期货币冲击、贸易条件和时间趋势，得出的结论是：实际汇率贬值对实际产出在第一年具有的负效应，随后的第二年转为正效应，从长期来看，其效应为中性。爱德华兹的结论很容易使人联想到汇率贬值对贸易余额的J曲线效应，从爱德华兹的结论来看，实际汇率贬值对产出作用在前期具有J曲线效应。

爱德华兹（1989）接下来的研究加入了更多的具体分析，收集了更多国家的数据，分析框架保持基本不变。该篇论文的特点是采用倍差分析技术，实验组包括39个国家，对照组（控制组）包括24个维持了10年以上固定汇率制的发展中国家。实证结果表明，实验组国家在汇率贬值前3年，经济增长率与对照组国家并没有明显差异，但是临近汇率贬值时，增长率出现下降。当出现较大幅度贬值时，实验组国家的经济增长率比对照组的经济增长率低约两个百分点。贬值后3年，实验组国家的经济增长率倾向于向对照组国家经济增长率收敛，但仍有差异。

卡明和克劳（Kamin and Klau，1998）采用27个国家1970—1996年数据的固定效应的误差修正模型，控制变量涵盖货币、财政和投资比例等变量以及一些外部变量。实证结果表明，实际汇率贬值在短期内是紧缩性的，而在长期内是中性的（Hakan Berument，Mehmet Pasaogullari，2003）。

施建淮（2007）运用向量自回归模型实证考察了人民币实际有效汇率冲击对中国产出的影响，实证分析表明：

（1）在控制了可能导致人民币实际有效汇率与中国产出之间伪相关的来源后，人民币实际有效汇率升值仍会导致中国产出一定程度的下降，因此货币升值在中国确实是紧缩性的，“紧缩性贬值”文献揭示的升值扩张性效应在中国不是支配性的。

（2）一旦考虑中国经济的国际金融联系，实际有效汇率冲击对中国产出变动的解释力和影响程度明显变小，而美国利率冲击对中国产出变动有更大的影响，其影响超过了人民币实际有效汇率冲击的影响。施建淮进一步分析了实证结果背后的可能原因，并且指出并不能从文章的结论引出中国应该继续维持人民币汇率低估的政策建议。

一篇富有启发性的文章来自Blecker和Razmi（2007），该篇论文把货币贬值区分为发展中国家实际汇率的整体贬值和个别国家相对于出口竞争对手实际汇率贬值两种情形。Blecker和Razmi对18个发展中国家1983—2004年数据采用GMM方法实证结果表明，发展中国家整体实际汇率贬值具有收缩效应，而个别国家相对实际汇率贬值具有扩张效应。该篇论文的思想正如微观经济学的弹性理论，对于缺乏弹性的商品，以粮食为例，如果粮食整体降价，农民作为一个整体将遭受损失。但如果一家商店降低粮价，这家商店将可能由于市场份额的扩大而获利（个别弹性与整体弹性不相等）。

总体来看，在汇率对产出作用方向问题上，实证研究存在严重分歧。尽管存在着许多分歧，但从多数研究结论来看，“紧缩性贬值”的观点得到大量令人吃惊的证明，尤其是在拉美国家以及金融危机期间的亚洲国家，这大大出乎笔者的预料和理论直觉。从各国的实际有效汇率和产出之间的关系观察，许多国家都呈现出实际有效汇率升值、产出上升，实际有效汇率贬值、产出下降关系。如果简单地将两者进行回归分析，常常会得出“紧缩性贬值”的结论。在模型中加入一些无关紧要的控制变量并不能使回归结果彻底改观。但我们有理由怀疑，一些使产出下降的因素恰恰同时使实际有效汇率贬值，实际有效汇率贬值只不过被动地反映了这些因素的变化。如果没有实际有效汇率贬值，产出下降的幅度会更大，即实际有效汇率贬值对产出的正向作用不能抵消消极因素对产出的负面作用。这种设想是合理的，实际有效汇率贬值对产出的作用是建立在坚实的传统宏观经济学基础上的，并且从各国经济的实践来看，没有哪一个国家在产出下降时还希望实际有效汇率大幅升值。

李未无（2005）提示，在研究人民币实际汇率与经济增长关系时，需要注意两者相关关系可以有三种理论解释：

第一，虚假相关。即相关性可能是虚假的，它反映的并非实际汇率贬值对经济增长的直接影响，而是由于某些外生因素同时影响了这两个变量，最终表现出实际汇率贬值与经济增长之间似乎存在相关的假象。

第二，逆向因果。即相关性可能反映了经济增长引致人民币汇率持续贬值这一逆向因果关系。

第三，正向因果。人民币实际汇率贬值促进了经济增长。

对于第一种情况及其在实证中可能出现的问题，为了清楚得出汇率变动对经济增长的净影响，需要对重要的外生冲击变量加以控制，如货币供应量、投资、国外产出等变量；对于第二种情况，需要在经验分析中对经济增长是否引起实际汇率变动进行因果检验。

历史文献在汇率对产出作用方向问题上存在着严重分歧，相应地，在汇率产出效应大小问题上更无法达成一致。以对同一国家的研究为例，在对加拿大的研究中，多伦多自治银行（Toronto Dominion Bank）运用多种模型研究加元升值对加拿大产出的冲击效应，但在不同的模型之间产出效应存在着很大的差异，产出效应范围为0.05%—0.25%；多伦多政策分析研究院大学（University of Toronto Institute for Policy Analysis）预测汇率每升值1%，将导致随后第一年和第二年产出下降0.25%，第三年下降0.08%；加拿大金融研究所（Department of Finance Canada）预测汇率升值1%仅使加拿大五个季度的GDP下降0.1%；加拿大银行（Bank of Canada）则预测第一年及第二年GDP下降0.3%（Jules Dufort，2004）。

对我国的研究一般都得出实际有效汇率升值具有收缩效应的结论。陈国伟和夏江（2002）的实证结果表明，人民币实际有效汇率每贬值（升值）1个百分点，总产出上升（下降）仅0.019个百分点。李建伟和余明（2003）的研究则认为，实际有效汇率变动的效果比较明显。他们的实证结论认为，人民币实际有效汇率大幅度升值不仅会对中国经济增长形成巨大负面冲击，而且对世界经济增长也会产生间接的不利影响。卢万青、陈建梁（2007）实证结果表明，人民币实际有效汇率上升1%，经济增长下降0.12个百分点，外商直接投资基本不受影响。

在中国，“紧缩性升值”的结论与许多针对发展中国家的同类研究结果有明显不同，施建淮（2007）对这一现象进行了解释：

第一，在现有针对发展中国家“紧缩性贬值”假说研究中，这些国家的货币贬值往往是在遭遇货币金融危机等非正常情况下发生的，因此贬值是与经济衰退相联系的，而人民币过去的贬值并非是在货币或金融危机情况下发生的。

第二，20世纪90年代初中国进行的城市经济改革不可避免地造成部分居民失去工作和丧失医疗、退休金等方面的传统福利，导致城镇居民预防性储蓄动机增强。在这种情况下，货币升值的收入再分配效应和实质货币余额效应在中国并不会发挥很大作用。

第三，多年来中国大量吸收外国直接投资的结果，中国制造业的技术进步和生产能力得以迅速提升，国内生产的（包括由外国投资企业生产的）资本品对进口品的替代性增强，因此人民币实际有效汇率变动对国内投资支出的影响也是模糊的。

第四，紧缩性贬值的一个条件是该国贸易处于逆差状态（Krugman and Taylor，1978），而中国除1993年外，过去20多年来贸易一直处于顺差状态。

第五，由于中国制造业加工贸易的特征，以及中国仍然对部分商品价格，特别是服务产业的价格进行行政管制，人民币汇率变动对产出的供给面效应也是不明确的。

总之，到目前为止，人民币汇率变动的影响看起来主要是通过传统宏观经济理论所强调的支出转换效应体现出来的，在这种情况下，人民币升值便可能是紧缩性的。

鉴于在实证分析中许多实证模型得出“紧缩性贬值”的结论，即实际有效汇率贬值，产出收缩，本书对此简要分析如下：一些“紧缩性贬值”的结论并不可靠，问题的来源大致有四个方面：样本数据量过少（往往采用年度数据）、遗漏变量、数据期间不合理（如采用金融危机期间数据），以及采用面板数据忽略国家之间的差异。下文以遗漏变量为例，分析由其导致的内生性：

设总体模型有两个解释变量：

$$y=\beta_0+\beta_1x_1+\beta_2x_2+\mu \tag{1.1}$$

并设该模型满足最小二乘估计的各假设，如果我们对 β_1 系数感兴趣，我们应对解释变量 x_1 和 x_2 回归，但由于各种原因，我们可能无法选择，遗漏了 x_2，这样我们的估计模型为：

$$\widetilde{y}=\beta_0+\beta_1x_1 \tag{1.2}$$

β_1 的期望为：

$$E(\beta_1)=\beta_1+\beta_2\frac{\sum_{i=1}^{n}(x_{i1}-\bar{x})x_{i2}}{\sum_{i=1}^{n}(x_{i1}-\bar{x})^2} \tag{1.3}$$

β_1 和无偏模型 β_1 的估计值 β_1 之间的关系为：

$$\beta_1=\beta_1+\beta_2\delta_1 \tag{1.4}$$

这里 $\widetilde{\delta}_1$ 是 x_2 对 x_1 简单线性回归的斜率。这表明如果不控制 x_2，估计的系数等于无偏模型的估计系数加上 x_2 的回归系数乘以 x_2 对 x_1 的简单线性回归的斜率。$\widetilde{B}_1$ 偏误的期望等于：

$$Bias(\beta_1)=E(\beta_1)-\beta_1=\beta_2\delta_1 \tag{1.5}$$

如果 x_1 和 x_2 正相关，并且 $\beta_2>0$，估计结果就会出现正偏误，即有偏模型的估计系数偏大，被忽略变量对被解释变量的一部分正效应就会进入未被忽略的变量中。同理，如果 x_1 和 x_2 负相关，并且 $\beta_2>0$，估计结果就会出现负偏误。偏误的大小和方向不仅取决于两被解释变量之间的相关程度，而且取决于被忽略变量对被解释变量的偏效应（系数）。偏误的方向总结如表 1－1 所示。①

表 1－1　　　　遗漏变量所导致的偏误方向

	$Corr(x_1, x_2) > 0$	$Corr(x_1, x_2) < 0$
$\beta_2 > 0$	正偏误	负偏误
$\beta_2 < 0$	负偏误	正偏误

由于导致产出增加的因素常常导致实际有效汇率升值，而导致产出下降的因素常常会导致实际有效汇率贬值，即 $\beta_2 > 0$，$Corr(x_1, x_2) > 0$ 和 $\beta_2 > 0$，$Corr(x_1, x_2) < 0$。遗漏这些变量会导致回归结果出现正偏误，即对实际有效汇率升值的负效应估计不足或对实际有效汇率贬值的正效应估计不足。如果简单地把实际有效汇率与产出回归，就容易得出紧缩性贬值的结论。在图 1－2 中，韩国、欧元区从总体走势上表现出较为明显的实际有效汇率升值、产出上升的状态。

既然遗漏变量可能导致模型估计出现偏误，那么我们能否做到在模型中不遗漏与实际有效汇率相关的变量？下面我们试着检验同时影响实际有效汇率和产出的因素，并考察这些因素是否可测。这些因素包括：

第一，国际收支。国际收支只是结果，其背后是国外需求与国内需求等因素，实际有效汇率与国内外需求互相影响。

第二，生产率。巴拉萨—萨缪尔森效应表明，相对生产率进步会导致实际有效汇率升值。

第三，金融危机期间的心理恐慌。在金融危机期间，汇率急剧贬值所造成的恐慌会诱发本币在外汇市场的抛售，恐慌心理与汇率贬值会交织作用导致汇率进一步贬值和产出下降。汇率贬值存在其基本面因素，但在危机期间，心理恐慌因素常常会起主导作用。

第四，利率。利率上升，本币需求上升，实际有效汇率升值。

第五，外汇市场干预等金融因素。该因素短期内对实际有效汇率作用显著，对产出的作用较为间接。

第六，人口红利、体制改革等影响供给的因素。

① Wooldridge, Jeffrey M., *Introductory Econometrics: Amodern Approach*. South Western College Publishing, 2006.

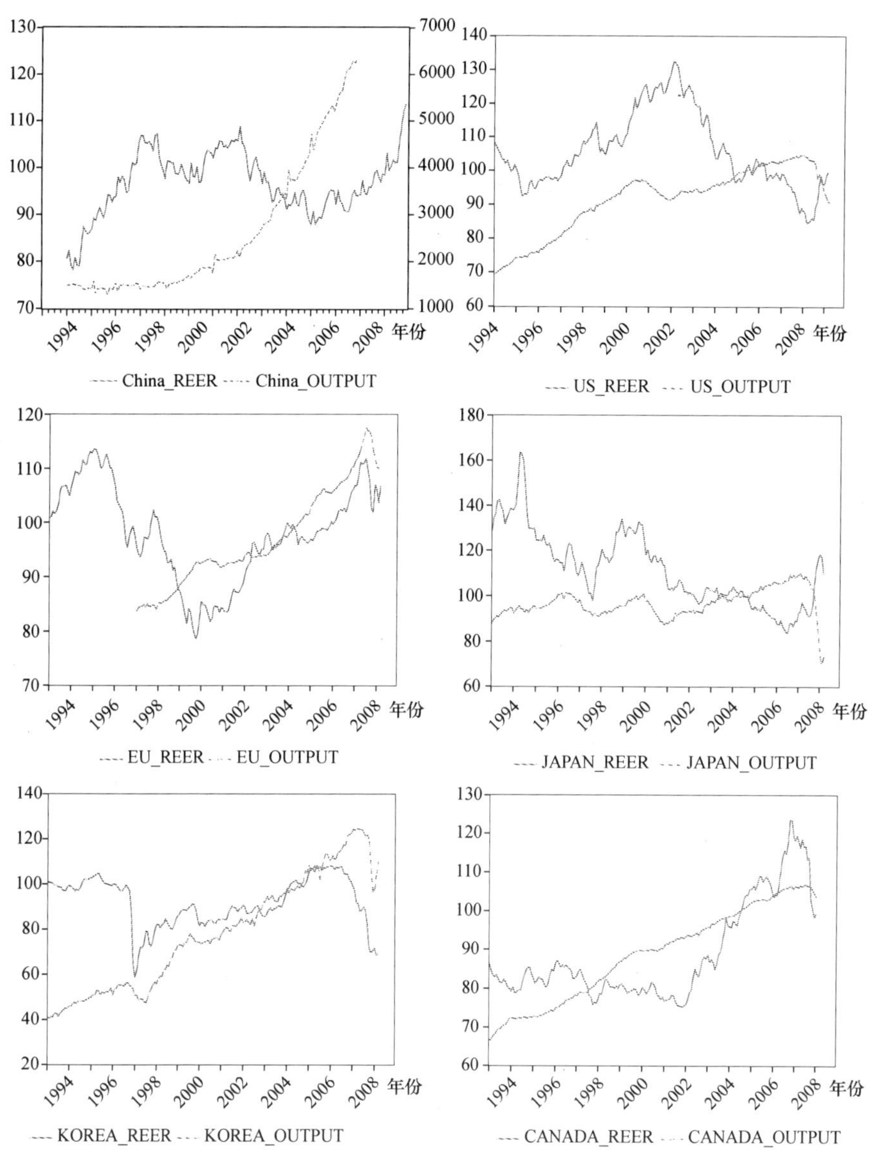

图 1-2 全球主要经济体的实际有效汇率、实际产出

注：REER 为实际有效汇率，OUTPUT 为实际产出。中国的产出采用实际工业增加值，其他各国均为经季节调整的工业生产指数（Industrial Production），韩国的实际有效汇率来自 BIS，其他各国数据均来自 IFS。

类似的因素很多，许多既影响产出又影响实际有效汇率的因素难以直接测定，例如恐慌性的因素。亚洲金融危机期间，恐慌所导致的资本流出、金融体系混乱给产出带来的负面影响是难以用计量模型准确测定的，如果把产出下降完全归罪于实际有效汇率调整显然有失偏颇，因为大量难以测定的因素对产出下降都应该负责任。

另一项难以直接测定的因素是技术进步，尤其是技术进步率的短期数据。即使有测定，一方面数据收集较为困难，另一方面其可靠性也难以有明确保证。即使数据质量较高，技术进步与实际汇率升值之间的传递路径也是十分复杂的（一般认为通过相对的相对价格上升导致实际汇率升值），可能难以找到显著的定量关系，特别是短期数据。①

因此，为了使实际有效汇率与产出的计量模型更为准确，应该着重解决遗漏变量问题。如果实际有效汇率对产出的影响十分显著，遗漏变量给系数带来的偏误并不严重。但如果实际有效汇率对产出的作用并不特别突出，遗漏变量对实际有效汇率效应的相对影响则会变得十分严重。为此应该考虑以下思路：

第一，尽可能采用频率较高的数据，如月度数据。遗漏变量所导致的偏误为：

$$Bias(\beta_1) = E(\beta_1) - \beta_1 = \beta_2\delta_1 \tag{1.6}$$

偏误大小取决于两个方面，一是遗漏变量与产出之间的相关关系 β_2，二是遗漏变量与模型中的控制变量之间的相关关系 δ_1。在不可避免遗漏变量的情况下，降低偏误的方法是降低 β_2 与 δ_1 的乘积。本书认为，采用短期数据如月度数据，相对年度或季度数据很可能降低偏误。短期内实际有效汇率波动主要受到外汇交易等金融因素的影响，这些金融因素交易对短期实际产出的影响较弱。而引起实际产出波动的非金融因素对短期实际有效汇率的影响较小。由于在短期内影响实际有效汇率的因素与产出之间相关性较弱，而影响产出的因素对实际有效汇率的影响较弱，遗漏变量所导致的 β_2 与 $\tilde{\delta}_1$ 的乘积较小，因此，即使遗漏这些变量，对结果的负面影响也不大。而若采用年度数据，由于年度实际有效汇率易受到影响产出的实体经济因素的影响，遗漏实体经济变量会导致模型估计系数出现较大偏误。

第二，使用其他方法测定难以直接衡量的影响因素，如第四章采用SVAR 施加长期约束的方法。该方法通过变量之间长期关系的理论设定，

---

① 如 Jaewoo Leeand Man – Keung Tang（2007）研究发现，汇率升值通常会通过可贸易商品之间的比价传递，而不是通过可贸易商品与不可贸易商品之间比价传导，快速的生产率进步常常使实际汇率贬值，这一点与哈罗德—巴拉萨—萨缪尔森效应相反。

得出难以直接测定的实际需求因素和相对要素成本因素对产出和实际有效汇率的作用效果。

附录1　　**实证研究文献对照**

文献	爱德华兹（1986）	德里克·博伊德（Derick Boyd，1996）	Hakan Berument 和 Mehmet Pasaogullari（2003）
研究对象国	12个发展中国家	牙买加	土耳其
数据区间	1965—1980年	1960—1990年	1987年第一季度至2001年第三季度
数据频率	年度	年度	季度
汇率	实际汇率	名义汇率与实际汇率分别估计	实际汇率，以对美元和德国马克汇率按1∶1.5的比例加权
被解释变量	实际产出	实际产出	实际产出
解释变量	时间、政府支出占产出的比重、非预期货币冲击、贸易条件和实际汇率	第一组：实际汇率、贸易条件、货币供应量、政府支出占GDP比例、时间区间虚拟变量 第二组：名义汇率、贸易条件、货币供应量、政府支出占GDP比例和时间区间虚拟变量	两变量模型解释变量为实际汇率 基础VAR模型三个内生变量为：实际产出、实际汇率、季节调整后的实际产出，美元汇率作为外生变量
估计方法或模型	混合数据固定效应面板，2SLS	OLS	格兰杰因果检验，VAR
估计结果	对所研究的12个国家而言，实际汇率的同期项为负（贬值扩张），一阶滞后项为正（贬值紧缩），因此认为短期贬值是紧缩性的，一年后贬值是扩张性的，两者系数相加不能拒绝为0的假设，认为贬值对产出的长期效果为0，即长期中性	支持爱德华兹（1986）的实证结果，汇率对产出的作用效果呈现中性	汇率贬值对产出具有永久的负面效应

续表

被解释变量	实际产出	实际产出	实际产出
结果的显著性和可能存在的不足	认为同期项与滞后项系数大小相同、方向相反则可以相互抵消，则长期效应为零。没有考虑变量之间的相互作用；为了解决数据量小的问题，把各国数据采用面板数据方法实证，没有区分国别之间产出效应差异	汇率的显著性水平较低；数据量明显偏小	1994 年和 2001 年，土耳其货币分别贬值 62%、53%，因此需要分析其贬值背后的因素以及该因素对产出的作用，不应把产出下降归因于汇率本身。重大事件如 1999 年地震可能会对实证产生一定的影响
文献	Kamal P. Upadhyaya、Franklin G. Mixon Jr. 和 Rabindra Bhandari（2004）	Dimitris K. Christopoulos（2004）	高海红（2005）
研究对象国	希腊、塞浦路斯	11 个亚洲国家： 印度、印度尼西亚、韩国、马来西亚、缅甸、尼泊尔、巴基斯坦、菲律宾、新加坡、斯里兰卡和泰国	亚洲地区经济体 中国、日本、中国香港、韩国、马来西亚、新加坡、泰国、菲律宾、印度尼西亚和印度
数据区间	1969—1998 年	1968—1999 年	1975—2002 年
数据频率	年度	年度	年度
汇率	分别为对美元名义汇率与对美元实际汇率	实际汇率	实际汇率
被解释变量	实际产出	实际产出	人均实际 GDP
解释变量	第一组：实际政府支出、货币供应量和对美元实际汇率 第二组：实际政府支出、货币供应量、对美元名义汇率和国内外相对价格	实际汇率	实际汇率
估计方法或模型	面板数据估计、ECM	面板单位根检验、面板协整、FMOLS、ECM	ECM

续表

文献	Kamal P. Upadhyaya、Franklin G. Mixon Jr. 和 Rabindra Bhandari（2004）	Dimitris K. Christopoulos（2004）	高海红（2005）
估计结果	汇率贬值在短期内是扩张性的，而在中期及长期，汇率贬值是中性的	从长期来看，5个国家（印度、韩国、尼泊尔、巴基斯坦和新加坡）货币贬值对产出起着收缩作用，3个国家（印度尼西亚、缅甸和菲律宾）货币贬值会提高经济增长率	除了菲律宾，对所选择的样本经济体的实际汇率与经济增长所进行的因果检验发现，在过去的近30年间，这些经济体中的实际汇率行为变化对经济增长没有显著的影响
结果的显著性、可能存在的不足	单个国家数据量较小，为了扩大样本容量，采用面板数据方法，但没有充分论证国家选择的依据以及经济效应的同质性	实际汇率以对美元汇率乘以相对价格计算，而相对价格采用本国价格除以世界价格，世界价格没有加权处理；数据期跨越亚洲金融危机，未作处理；仅使用两变量，难以消除逆向因果、遗漏变量等问题	用GDP缩减指数作为实际汇率的替代变量；只有一个解释变量
文献	罗忠洲（2005）	李未无（2005）	Yu Hsing（2006）
研究对象国	日本	中国	波兰
数据区间	1971—2003年	1978—2003年	1996年第三季度至2004年第二季度
数据频率	季度	年度	季度
汇率	日元美元实际汇率和季度平均值	人民币对美元实际汇率	对美元实际汇率 对美元名义汇率
被解释变量	实际产出	GDP	
解释变量	日元对美元实际汇率和国外产出	人民币对美元实际汇率、国内货币供应量	实际货币供应量、政府支出、政府税收、实际汇率、金融证券指数、预期通胀率、潜在产出实际货币供应量、政府支出、政府税收、名义汇率、对美国的相对价格水平、金融证券指数、预期通胀率、潜在产出

续表

文献	罗忠洲（2005）	李未无（2005）	Yu Hsing（2006）
估计方法或模型	ECM	VAR	VAR
估计结果	日元实际汇率对日本实际产出在统计上不显著	结论为“人民币汇率贬值对经济增长具有一定的冲击性”，但是没有给出定量结果	实际汇率贬值在第一季度使实际产出下降，在第二季度使产出上升，随后呈现中性；名义汇率贬值在第一季度对产出起收缩作用，随后呈现中性
结果的显著性和可能存在的不足	不显著 认为国外产出“应选择以贸易权重加权的贸易对象国的实质 GDP 为自变量”，忽略了贸易权重与国外产出之间的关系；该论文本部分的实证采用“世界实质进口额（扣除日本进口额）来替代贸易加权实质 GDP”，没有考虑日本进出口的国别结构	控制变量较少，没有控制国外产出等明显影响国内产出的变量；使用年度数据样本容量较小；被解释变量采用名义 GDP 而没有采用实际 GDP	模型推导过程不合理，没有详细说明实证估计的过程，没有说明滞后阶数选择，VAR 可能存在变量过多的问题，数据量少
文献	Zelealem Yiheyis（2006）	施建淮（2007）	Huseyin Kalyoncu（2008）
研究对象国	20 个非洲国家	中国	23 个 OECD 国家
数据区间	1981—1999 年	1991 年第一季度至 2005 年第三季度	1981 年第一季度至 2005 年第四季度，但具体国别由于数据原因而有差异
数据频率	年度	季度	季度
汇率	实际汇率	人民币实际汇率（REER）	对美元实际汇率
被解释变量	实际产出	中国国内生产总值	实际产出
解释变量	实际 GDP、实际汇率、政府支出占 GDP 的比例、现实货币供应量、预期货币供应量、国外产出除以国内产出、贸易条件、外债占 GDP 的比重、平行货币溢价和政治稳定指数	人民币实际汇率（REER）、美国实质利率（RUS）、中国通货膨胀率和外国国内生产总值（GDPF）四个变量	实际汇率

续表

估计方法或模型	面板数据 OLS	VAR	面板数据估计、面板协整
估计结果	在短期内名义汇率贬值具有收缩效应，而在长期具有扩张作用，两种效应均显著	人民币实际汇率升值仍会导致中国产出一定程度的下降，因此货币升值在中国确实是紧缩性的	从长期来看，9 个国家经济增长率受到汇率贬值的影响，其中，6 个国家（澳大利亚、匈牙利、波兰、葡萄牙、瑞典、土耳其）贬值对经济增长率有负面影响，另外 3 个国家（芬兰、德国、瑞典）有正面影响。从短期来看，芬兰、德国、土耳其货币贬值对产出有收缩作用，匈牙利、瑞典货币贬值对产出有扩张作用，其他国家货币贬值对产出的作用呈中性
结果的显著性、可能存在的不足	结果均显著		仅使用两变量，难以消除逆向因果、遗漏变量等问题

附录 2　实证模型比较

爱德华兹（1986）：

$$\log y_t + \alpha + \gamma time + \beta_1 \log(GE/Y)_t + \beta_2[\Delta\log M - \Delta\log M^*]_t + \beta_3\log\tau_t + \beta_4\log e_t + \zeta_t$$

各变量分别为实际产出、时间、政府支出占产出的比重、非预期货币冲击（money growth surprises）、贸易条件和实际汇率。

德里克·博伊德（1996）：

$$\begin{aligned}\Delta\log y_1 = {} & \alpha_0 + (\alpha_1 - 1)\log y_{t-1} + \beta_0\log(rer)_t + \beta_1\log(rer)_{t-1} + \beta_2\log(rer)_{t-2} \\ & + \beta_3\log(rer)_{t-3} + \phi_0\log TT_t + \phi_1\log TT_{t-1} + \theta_0\log DC_t + \theta_1\log DC_{t-1} \\ & + \gamma_0\log(GE/Y)_t + \gamma_1\log(GE/Y)_{t-1} + \varepsilon_t\end{aligned}$$

各变量分别为实际产出、实际汇率、贸易条件、国内信贷余额和政府支出占 GDP 比例。

Dimitris K. Christopoulos（2004）：

FMOLS 方法：

$$y_{it}=\alpha_i+x'_{it}\beta+\mu_{it}$$

$$x_{it}=x_{i,t-1}+e_{it}$$

ECM 方法：

$$\Delta(\ln Y)_{it}=\delta_i+\sum_{l=1}^{m}\beta_l\Delta(\ln Y)_{it-1}+\sum_{l=1}^{m}\varphi_l\Delta(\ln e)_{it-1}+\xi[(\ln Y)_{it-1}-\alpha_i-\beta(\ln e)_{it-1}]+U_{it}$$

变量分别为实际产出和实际汇率。

罗忠洲（2005）：

$$rGDP_{jp}=\beta_1+\beta_2 REER+\beta_3 rimw+\mu$$

各变量分别为日本实际 GDP 的对数、实际有效汇率的对数和国际实际 GDP 的对数。

李未无（2005）：

$$\begin{bmatrix} LY \\ LRER \\ LM \end{bmatrix}=\begin{bmatrix} C_1 \\ C_2 \\ C_3 \end{bmatrix}+\sum_{i=1}^{p}\begin{bmatrix} \beta_{11i} & \beta_{12i} & \beta_{13i} \\ \beta_{21i} & \beta_{22i} & \beta_{23i} \\ \beta_{31i} & \beta_{32i} & \beta_{33i} \end{bmatrix}\times\begin{bmatrix} LY \\ LRER \\ LM \end{bmatrix}_{t-i}+\begin{bmatrix} \varepsilon_1 \\ \varepsilon_2 \\ e_3 \end{bmatrix}_t$$

各变量分别为对数的国内生产总值、人民币实际汇率的对数和货币供应量的对数。

Yu Hsing（2006）：

$$\bar{Y}=\bar{Y}\left[M,\ G,\ T,\ \varepsilon\left(\frac{P^*}{P}\right),\ F,\ \pi^e;\ \alpha,\ \beta,\ \phi,\ Y^*\right]$$

各变量分别为实际 GDP、实际货币供应量、政府支出、政府税收、实际汇率、金融证券指数、预期通货膨胀率和潜在产出。

Zelealem Yiheyis（2006）：

$$\Delta\log y=\alpha_0+\alpha_1\Delta\log e+\alpha_2\Delta\log GCY+\alpha_3\Delta(\log M-\log M^*)+\alpha_4\log(y_f/y)+\alpha_5\log TOT+\alpha_6\Delta\log XDY+\alpha_7\Delta KFY+\alpha_8\log PRM_{-1}+\alpha_9\Delta polstab+\mu$$

各变量分别为实际 GDP、实际汇率、政府支出占 GDP 比例、现实货币供应量、预期货币供应量、国外产出除以国内产出、贸易条件、外债占 GDP 比重、平行货币溢价和政治稳定指数。

施建淮（2007）：

采用非限定 VAR 模型，变量分别为人民币实际汇率（REER）、中国通货膨胀率和外国国内生产总值（GDPF）和美国实际利率（RUS）。其中，外国国内生产总值 GDPF 通过对中国 14 个主要贸易伙伴的 GDP 指数按贸易权重加权得出。

Kamal P. Upadhyaya、Franklin G. Mixon Jr. 和 Rabindra Bhandari（2004）：

$$\log Y = c_0 + c_1 \log G + c_2 \log M + c_3 \log E + \mu_1$$

$$\log Y = c_0 + c_1 \log G + c_2 \log M + c_3 \log E + c_4 \log (P^*/P) + \mu_2$$

各变量分别为：第一组：实际政府支出、货币供应量和对美元实际汇率；第二组：实际政府支出、货币供应量、对美元名义汇率和相对价格。

Huseyin Kalyoncu（2008）：

简单回归模型：

$$\log Y_t = \alpha + \beta \log rer_t + \mu_t$$

ECM 模型：

$$\Delta \log Y_t = \beta_0 + \sum_{i=1}^{n} \beta_1 \Delta \log Y_{t-i} + \sum_{i=0}^{n} \beta_2 \Delta \log rer_{t-i} + \beta_3 EC_{t-1} + U_t$$

第二章　人民币汇率：变动历程、央行干预及升值经验借鉴

第一节　人民币汇率变动历程

一　人民币对美元汇率

中国在1994年实现汇率并轨，实行单一的有管理的浮动汇率制度。从汇率并轨到2005年，人民币兑美元汇率保持基本固定，特别是从亚洲金融危机后的1997年年底到2005年6月，人民币兑美元汇率固定为1∶8.28。2005年，中国又进行了一次主要的汇率制度改革，人民币不再与美元挂钩，实行参考"一篮子"货币的有管理的浮动汇率制度。汇率制度改革后，人民币兑美元表现出明显爬行升值的特点。

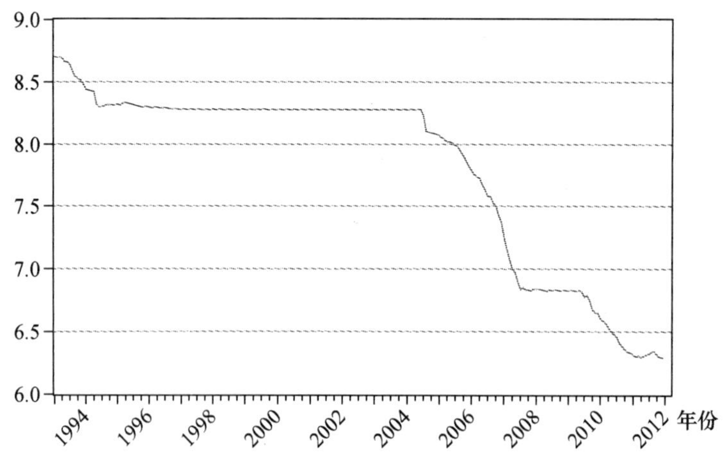

图2-1　人民币兑美元汇率

资料来源：IMF。

国际货币基金组织根据人民币汇率的实际表现，将不同时期人民币汇率制度类型划分为“其他传统的固定盯住”和“爬行盯住”两种类型（见表2－1），这一点不同于中国1994年和2005年汇率制度改革时中国所宣称的“有管理的浮动汇率制度”。

表2－1　IMF对中国汇率制度的划分

序号	汇率制度类型	数据截止日期	报告公布日期
1	其他传统的固定盯住	2003年6月30日	2004年3月15日
2	其他传统的固定盯住	2003年12月31日	2004年6月2日
3	其他传统的固定盯住	2004年6月30日	2004年10月29日
4	其他传统的固定盯住	2004年12月31日	2005年3月22日
5	其他传统的固定盯住	2005年6月30日	2006年7月18日
6	其他传统的固定盯住	2005年12月31日	2006年7月18日
7	其他传统的固定盯住	2006年7月31日	2006年12月22日
8	爬行盯住	2008年4月30日	2009年2月25日

资料来源：IMF Classification of Exchange Rate Arrangements and Monetary Frameworks，http：//www. imf. org/external/NP/mfd/er/index. aspx。

2005年汇改之后，人民币兑美元汇率出现较大升值。从汇改前夕（2005年6月）的1∶8.28升值到2013年6月末的1∶6.18，升值幅度超过30%。考虑中美通货膨胀率的差异，人民币兑美元实际汇率（以CPI计算）升值约40%。

中国人民银行比较注重升值时机的选择。2008年8月，次贷危机影响加重，人民币汇率爬行升值一度中断，人民币兑美元汇率表现出害怕浮动的特点——中国人民银行更侧重于人民币兑美元名义汇率的管理而不是实际有效汇率的管理。究其原因，可能是由于人民币盯住美元由来已久，在危机期间汇率稳定能够较好稳定社会公众对经济的预期。2010年6月19日，中国人民银行决定进一步推进人民币汇率形成机制改革，增强人民币汇率弹性，人民币爬行升值得以恢复。

二　人民币兑其他货币汇率

虽然人民币兑美元汇率总体表现为较为稳定的水平盯住或爬行升值的特点，但由于欧元、日元兑美元汇率波动幅度较大，人民币兑欧元以及日元汇率波动也较为剧烈（见图2－2）。1999年欧元推出后，欧元兑美元汇率以及欧元兑人民币汇率先后经历了大起大落。2005年后，随着人民币升值，欧元兑人民币汇率表现出较为明显的整理下行的趋势。日元兑人民币汇率表现为上下宽幅振荡走势。1994—1995年上半年，尽管人民币兑美元汇率有一定程度升值，但由于日元兑美元大幅升值，人民币兑日元仍出现较大幅度贬值。1995年下半年至1998年上半年亚洲金融危机期间，日元兑美元及人民币出现较大幅度贬值。1998年下半年之后，日元兑人民币汇率在较大的区间内上下波动。

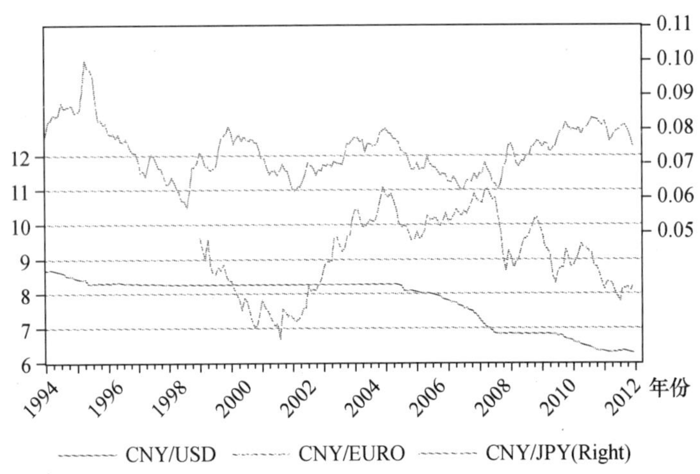

图2－2 人民币兑美元、欧元及日元汇率

资料来源：CEIC、国家外汇管理局。

“人民币在四个东南亚国家（马来西亚、泰国、新加坡和菲律宾）货币篮子中权重已经超过美元”（兰达尔·赫宁，2012），四国货币对人民币汇率表现总体稳定，但在全球金融危机期间，东南亚四国货币对人民币均有一定程度贬值。

三 人民币名义有效汇率与实际有效汇率

人民币名义有效汇率综合反映了人民币对贸易伙伴货币的加权平权价格。2005年汇率制度改革之前，由于人民币兑美元汇率保持基本固定，人民币名义有效汇率基本反映了美元名义有效汇率走势，即1994—1995年上半年的短期下跌、1995年下半年的回升以及2002年后的下跌。汇改后人民币名义有效汇率与美元的名义有效汇率走势出现较大分离，美元名义有效汇率趋于水平波动并逐渐收窄，而人民币名义有效汇率趋于缓慢升值，这也反映了人民币兑美元汇率爬行升值的特点。

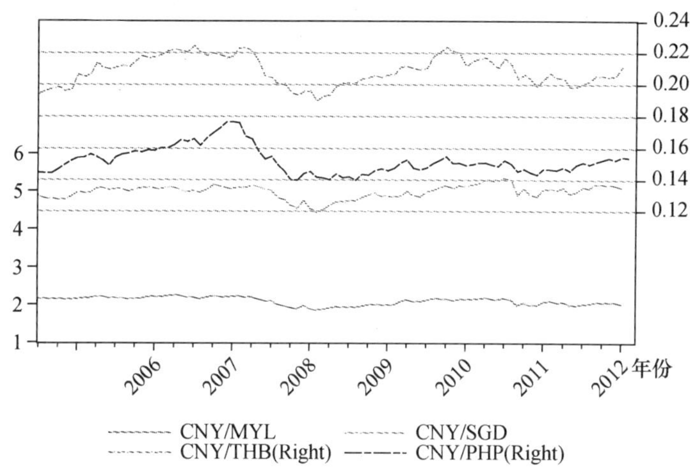

图 2－3　人民币兑林吉特、新元、泰铢、菲律宾比索汇率

资料来源：CEIC，其中人民币兑菲律宾比索汇率由各自货币兑美元汇率换算得出。

实际汇率反映两国货币对商品和服务的相对购买能力。实际汇率升值可以分为两种情形：一种情形是名义汇率升值；另外一种情形是相对价格上升，例如，在名义汇率保持不变情况下，中国通货膨胀率高于美国，人民币实际汇率升值。人民币实际有效汇率较之双边实际汇率是一个更为综合的概念，它反映了人民币对其他各个国家货币的相对购买能力。

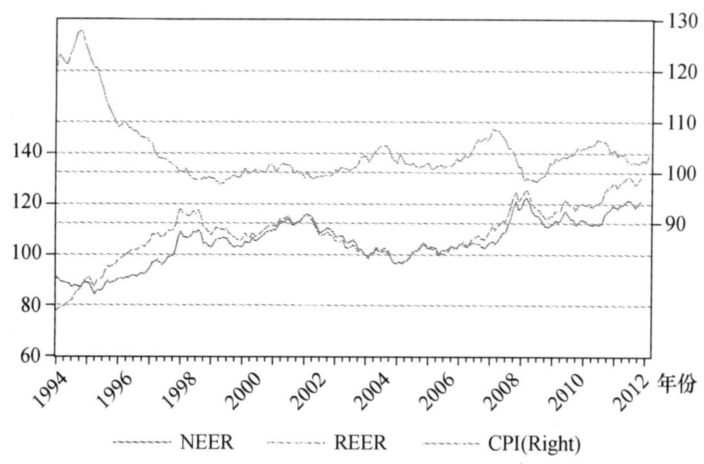

图 2－4　人民币名义有效汇率与实际有效汇率

资料来源：CEIC、IMF、国家统计局。

汇率制度改革以来，人民币汇率升值幅度较大。从 2005 年 6 月（汇改前夕）到 2013 年上半年末，人民币兑美元汇率升值幅度超过 30%。同期人民币实际有效汇率升值 39%。如果将升值的起点向前追溯至 1994 年年初，人民币实际有效汇率升值幅度达到 77%（以 BIS 人民币实际有效汇率指数测算）。

第二节　央行对人民币汇率的干预

在较强管理控制的汇率制度安排下，汇率是影响国际收支的一项重要政策工具。在汇率不能由市场自由决定情况下，汇率变动主要服从于一个国家的政策目标。汇率制度改革之前，中国政策目标偏重于国内经济平衡而非国际收支平衡——适量增加外汇储备在一定程度上还有利于防范金融危机。具有竞争性的汇率动员了中国大量劳动力从落后的农业部门转入高效率的工业部门。在出口产业带动下，劳动力与 FDI 和国内资本结合推动了中国的工业化、城市化以及企业的国际化。较强的出口竞争力对中国积累外汇储备以及经济增长具有积极作用，客观上是对中国汇率政策的鼓励。

2005 年汇改之时，中国经济政策开始更多兼顾国际收支平衡。尽管出口仍是拉动经济增长的“三驾马车”之一，但长期严格管理汇率带来的弊病也日益凸显：人民币升值预期强烈导致货币投机，货币供应面临不可能三角的约束，外汇储备保值面临挑战以及国外舆论压力。有鉴于此，中国开始向市场化调整汇率方向迈进。在长期严格管理下适当放开汇率必然意味着人民币汇率升值，也意味着一些投机资本投机利益的实现。在人民币开始升值后约 2 年时间里，在强烈升值预期下，中国外汇储备快速增长。

对人民币汇率的管理与升值时机调控体现了央行对中国各宏观经济变量的通盘考虑。中国已成为世界加工厂，并在供应链整合上形成了其他国家难以比拟的优势，作为联系国内外价格的变量——汇率，对中国开放度很高的制造业存在着显著影响。当人民币汇率升值时，工业生产者出厂价格指数（PPI）下降（见图 2 – 5）。格兰杰因果检验表明，人民币汇率升值是 PPI 下降的原因。因此，汇率可以作为央行反通货膨胀的政策工具之一，当通货膨胀压力较大时，央行适当放开汇率任其升值，以降低价格指数。除了对通货膨胀的考虑之外，央行对汇率的调控还考虑经济增长、国际收支等目标。

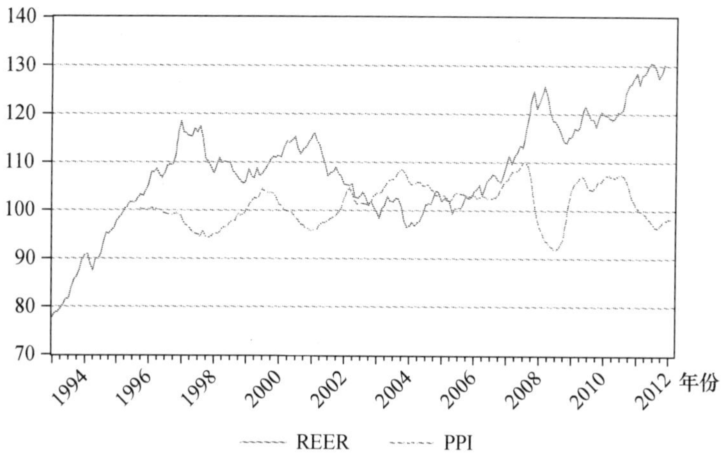

图 2－5　人民币实际有效汇率与 PPI

资料来源：IMF、国家统计局。

人民币实际有效汇率变动在一定程度上反映了外汇市场的压力。当人民币升值压力较大时，中国人民银行既不会只借助于简单升值来降低国际收支顺差，也不会只借助于外汇市场干预维持汇率稳定，而是走一种中间路线：中国人民银行一方面升值人民币，降低贸易顺差；另一方面在外汇市场收购美元，防止人民币过度升值对中国出口产业造成损伤。这在 2006 年至 2008 年的外汇储备增长与人民币汇率的图线中反映得较为显著。

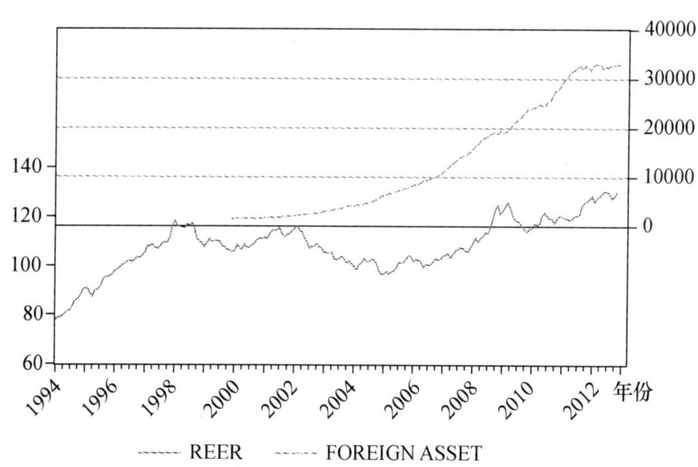

图 2－6　人民币实际有效汇率与外汇储备

资料来源：CEIC、IMF、国家外汇管理局。

外汇储备变动是反映汇率干预程度的重要指标。2002 年开始，中国外汇储备迅速增长，2005 年 6 月汇改前夕，中国外汇储备达到 7109 亿美元。2006 年 10 月、2009 年 4 月、2011 年 3 月外汇储备规模分别突破 1 万亿美元、2 万亿美元和 3 万亿美元，其中的统计数字还不包括从外汇储备中分流的充实国有商业银行资本金部分以及主权财富基金使用的部分。到 2011 年下半年，中国外汇储备增长速度开始明显下降。

中国的汇率干预和调整体现了自主、渐近升值的特征。尽管一部分人希望一日千里，但汇率调整不可能一蹴而就。汇率调整的目标之一就是要使国际收支达到平衡，但显然，仅借于汇率这一经济变量调整国际收支势必会造成极大的问题。例如在国际收支顺差很大的年份放开汇率势必会造成大幅度超调，升值过度之后一定会出现急剧贬值，这将对国内产业结构及长期生产能力造成很大破坏。汇率调整的时机、节奏与目标需要和国际收支变动的规律相适应，并服从于整体宏观经济目标。

坚持汇率干预与调整自主性的原则有助于管理升值预期，并抑制市场自发性调整带来的冲击。汇率干预本身无可厚非，事实上，所有实行盯住汇率制度与爬行盯住汇率制度的国家都需要比较严格地干预汇率。根据 IMF 最近的汇率制度类型划分，全球有 68 个国家实行固定盯住汇率制度，3 个国家实行水平波幅盯住汇率制度，10 个国家实行爬行盯住（Crawling peg）和爬行区间（Crawling band）汇率制度，汇率有管理的自主调整有助于防止汇率的大起大落。人民币汇率大幅波动不仅会损害中国经济，而且不利于贸易伙伴的经济。

第三节　向实际意义的管理浮动迈进

管理浮动汇率制度，根据 IMF 的定义，是指货币管理当局试图影响汇率波动，但并不设定汇率变动的特定路径或目标。管理浮动汇率制度下，货币当局对汇率的干预可以以国际收支、国际储备变动和平行货币市场等指标来衡量。

当人民币汇率接近均衡汇率时，中国人民银行有条件在不确定汇率波动路径和目标情况下对汇率进行管理，形成实质意义上的管理浮动汇率制度。均衡汇率的计算方法很多，遗憾的是没有哪一种方法被一致认同。我们试着从两个角度间接说明人民币汇率的均衡过程：一个角度是外汇储备的变动，另一个角度是 NDF 市场人民币远期汇率水平。

2011 年 9 月，中国人民银行阻止人民币汇率升值的干预明显减弱，外汇储备下降 608 亿美元，之后出现双向波动。10 月，NDF 市场美元兑人民币一年期远期汇率升水 37 个基点，之后同样出现双向波动。据此推断，人民币即期汇率真正意义上的双向浮动不再遥远。2011 年 9 月以后，尽管央行对外汇市场的干预明显减弱，并且市场不再预期人民币大幅升值，但这并不构成人民币管理浮动的充分条件——央行似乎仍设定了人民币的升值路径。人民币沿着既定路线一直升值到 2012 年 4 月。

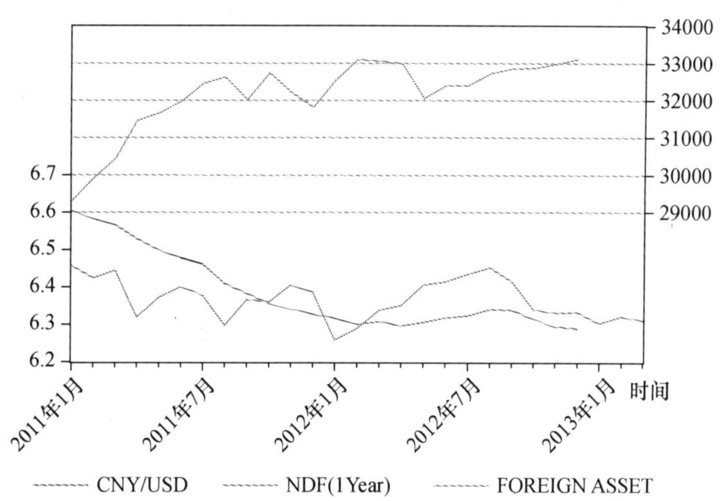

图 2-7　人民币即期汇率、NDF 市场一年期远期汇率与外汇储备

资料来源：国家外汇管理局、Reuters。

2012 年 4 月或许会成为人民币汇率制度改革的“分水岭”。在人民币升值压力减弱基础上，人民币汇率有条件真正实现双向浮动。2012 年 4 月 16 日，中国银行间即期外汇市场人民币兑美元交易价浮动幅度由 0.5% 扩大至 1%。从外汇储备变动、NDF 市场对人民币汇率的预期、人民币汇率变动路径等多个角度分析：央行没有明显干预汇率；远期汇率水平和即期汇率水平相近；汇率变动没有明确设定路径和目标。从市场表现来看，人民币汇率已接近真正意义上的管理浮动。

但从更为谨慎的角度出发，2012 年 4 月之后的短期表现还不能充分说明人民币汇率调整方式发生根本变动，从某种意义上说，这可能是特殊时期国际收支变动的结果。2011 年下半年到 2012 年年末，中国国际收支平衡表金融账户下“其他投资”项目发生明显异动（见图 2－8）。中国国际收支顺差急剧下降，导致外汇储备增幅下降，并导致市场对人民币汇率升值预期减弱。“其他投资”项目迅速变化会带来一定的风险，也可能会造成外汇储备对外交易损失的兑现，但它很可能只代表了市场的短期变动，并不具有持续性，未来人民币汇率仍有可能面临一定的升值压力。尽管如此，至少可以从阶段性的目标角度出发，人民币汇率达到了阶段性平衡。中国政府在顶住外界市场压力的情况下，经过漫长的小心翼翼地调控，汇率调整终于进入一个全新时代。

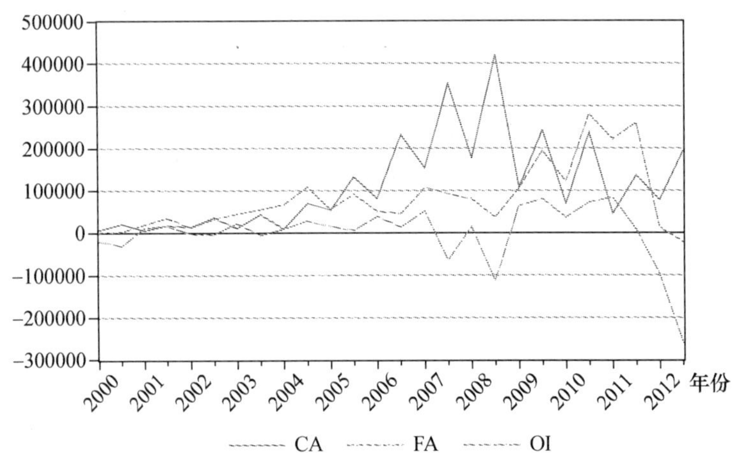

图 2－8 经常账户差额、金融账户差额与其他投资项目差额

资料来源：CEIC。

第四节 人民币汇率升值逻辑与未来格局

从经济学的逻辑分析，国内需求拉动的经济增长会导致本币汇率贬值—进口需求增长会引起外汇需求增加、本币供给增加，从而使本币贬值。但中国近年来却展现出另外一幅图景：经济高速增长、汇率大幅升值。中国源源不断的要素投入推动着产出不断上升，在国内消费难以消化产出的情况下，出口到国外市场便成为剩余产品的一条通路。随着国际收支顺差及外汇储备的增长，人民币汇率不断升值。人民币汇率升值基本上是供给增长带来的“顺差驱动型的升值”。

维系顺差推动型升值的因素可以分为两个方面：国外过度消费与中国超额供给。从历史经验来看，2000 年网络泡沫破裂之后，美国扩张的货币政策使得美国企业和家庭能够更方便地获得廉价的贷款，各国央行手中的美元回流以及美元自身的货币扩张导致美国中长期利率的下行，低利率刺激企业投资及房地产市场泡沫，在财富效应的带动下美国消费快速增长，从而带动美国进口增加。2000 年之前，中国基本上是一个外汇短缺的国家，而在美国实行扩张货币政策之后，中国逐步由“美元荒”转为“美元过剩”。从消费与投资的关系角度分析，“1990—2011 年，中国消费者支出占 GDP 的比重由 1/2 下降为 1/3，而投资比重达到 49%，这分别是主要经济体的最低比重和最高比重”（Guonan Ma，Robert McCauley and Lillie Lam，2012）。

国外消费在一定程度上支撑了中国国际收支顺差，或者反过来说，中国的国际收支顺差支持了国外的消费。那么，人民币是否还会持续顺差推动型升值？

从中国的现实情况判断，供给推动远未结束。中国是一个存在着大量后备劳动力的国家，工业化集约度还很低，生产要素供给及生产率进步还有很大空间，这都将有利于中国生产的增长从而带动中国的出口。尽管目前中国传统意义上的人口红利（即以年龄结构计算的人口红利）已开始趋于消失，但中国城市化以及西部工业化进程远未结束，如果以实际劳动人口来估算，中国人口红利还将长期持续。通过户籍制度改革、社会保障制度改革等体制改革，农村还可以进一步释放大量劳动力进入工业以及服务业部门。除了以劳动力数量来计算之外，劳动力素质提高所带来的内涵式的人口红利增长在中国也将长期持续，中国高等教育大众化所培养的较高素质的劳动力及多年建设所形成的良好的基础设施为中国经济长期增长打下了坚实的基础。

国际收支实际上是国内需求与供给平衡状况的反映。从国内需求角度分析，在需求难以消化国内产出的情况下，出口仍是企业的重要选择。城乡居民的消费能力是中国内需的关键，在目前的分配结构以及社会保障体系下，居民的消费能力及消费意愿短期内难以大幅度提高；中国缺乏效率的金融市场也是造成国际收支顺差的原因之一。由于投资者利益缺乏切实保障，导致投资渠道狭窄。从宏观经济恒等式角度分析，由于国内储蓄难以形成国内投资，造成国际收支顺差这一“被动投资”形式。

需求不匹配的供给推动可能继续推动人民币升值。这样的逻辑比较简单，也并不十分严密，总体上以国际收支平衡的角度分析汇率。但它比较关键，其他影响汇率的机制如购买力平价、利率平价也需要通过影响国际收支加以体现。从国际收支角度分析将有助于我们回到一个最基本的问题上——生产与消费的关系。任何国家和家庭都不能长期依靠不断增长的债务维持其开支。同样，中国也需要适度纠正生产与消费的关系。

从长期来看，中国大额的贸易顺差不可持续，发达经济体年均经济增长率多数位于1%—4%之间，根据这样的经济增长率，在不提高其对外负债率的前提下外债额增长空间十分有限。改革开放30多年来，中国年均经济增长速度超过9%，已经成长为全球第二大经济体。在这样的情况下，再依靠外部需求来拉动中国这个庞大的经济体已经变得越来越困难，中国必须启动国内的消费。

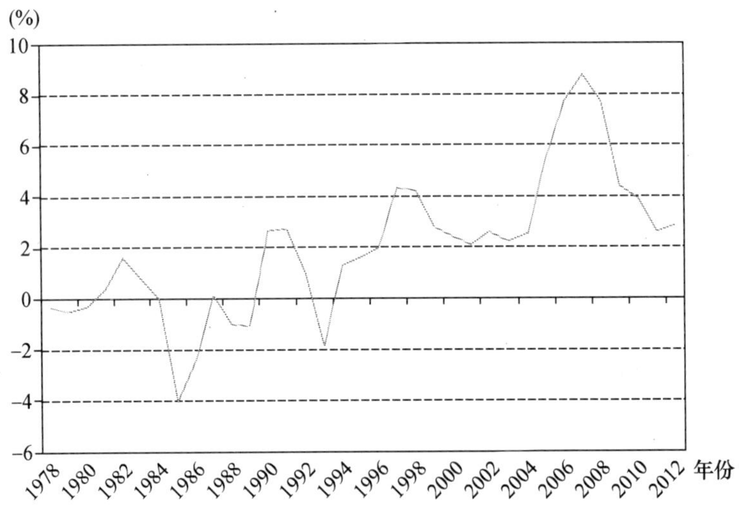

图2-9　中国贸易顺差占GDP的比重

资料来源：根据国家统计局数据计算得出。

尽管如此，短期内汇率变动格局还难以发生根本性变动，尽管人民币出现自发性双向波动迹象，未来在一定阶段人民币汇率仍可能出现央行强力干预的现象，待到人民币汇率稳固之后，市场因素会推动人民币出现真正的双向浮动。在浮动变化过程中，融入了国际收支、市场预期、利差套利、全球储备币种调整等因素。届时，社会公众应从另外一个角度理解人民币汇率，即人民币汇率后续变动过程属于均衡演化过程，而并非汇率制度变迁过程中的升值压力释放。

第五节　汇率升值经验及其借鉴

我国目前已经减少对人民币汇率的干预，人民币汇率走势逐步反映市场供求关系。尽管如此，汇率放开后，在多种因素共同作用下，人民币汇率仍将可能继续走强。原因之一是中国经济增长速度明显高于美元区国家、欧元区国家以及其他发达国家，经济快速增长意味着中国对多数国家具有较强的投资吸引力，这将支撑人民币汇率走强。除此之外，在经济快速增长过程中，生产率提升所主导的巴拉萨—萨缪尔森效应，以及收入上升所主导的富人社区效应（唐翔，2008）都将引起实际汇率的升值；原因之二是发达国家普遍陷入债务困境之中，为降低国家债务负担以及出于刺激经济的需要，发达国家纷纷采取降低利率、放松货币的政策，这些政策反过来支持人民币走强。汇率走强的形势之下，我国需要吸取历史上汇率升值的经验教训，以防患于未然。本节以日元升值为例，分析其升值过程，总结历史经验教训。

一　日元升值过程及日本经济表现

1979 年，保罗·沃尔克（Paul A. Volcker）担任美联储主席。为治理第二次石油危机所导致的严重的通货膨胀，他连续三次提高官方利率，实施紧缩的货币政策。在紧缩货币政策及当时高额政府赤字影响下，美国市场利率飙升。高利率吸引了大量资金流入美国，美元对主要工业国家的汇率急剧攀升，美国贸易逆差迅速扩大。在日本、联邦德国制造业的不断冲击下，美国经济陷入困境。由于大量国外商品涌入，美国贸易保护呼声不断加强。为消除贸易保护主义的呼声，1985 年，美国前财长詹姆斯·贝克（James Baker）选择纽约广场饭店召开五国集团财长和央行行长会议，参会各方签署了秘密货币政策协议——《广场协议》，五国同意在市场上抛售美元以降低美元汇率。

《广场协议》签署前，较低的日元和德国马克汇率客观上有利于这两个国家的经济，然而为什么这两个国家愿意签署此类协议呢？前德国财长、《广场协议》代表杰哈特·斯托登伯（Gerhard Stoltenberg）认为，不合适的贸易优势可能会对贸易对方造成损害，美国受到较大损害最终将影响全球经济，德国希望保持一定的贸易优势，但并不希望美元过度升值。日本副财长、《广场协议》参与人行天丰雄（Toyoo Gyohten）认为，强势美元导致日本出口非常容易，日本高额的贸易顺差遭受国际舆论的批评，日元需要重视国际批评的声音。

在《广场协议》即将签署之际，美元已经开始下跌，签署之后，美元加速下跌。《广场协议》之后第二天，美元对日元下跌4.29%。在随后一年时间里，美元对日元汇率由1∶250下跌至1∶155左右。《广场协议》对日元汇率升值起着重要作用，克鲁格曼认为，干预本身对市场影响比较弱，市场可以顷刻间吞噬巨额干预资金的影响。干预的作用主要在于干预信号本身，它促使公众认为美元一定会贬值，而日元会升值。

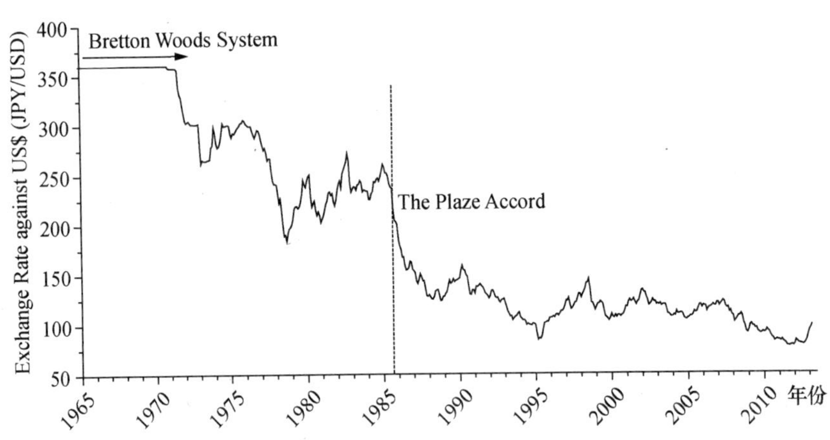

图2-10 日元对美元汇率

资料来源：CEIC。

《广场协议》后，日本经济出现非常明显的变化，出口上升趋势迅速逆转，进口出现大幅下滑，进口下滑并不同于传统教科书对升值一般原理的描述。对这一现象的解释一是出口下滑导致出口商品配套产品的进口下降，另外，经济增长动力下降导致进口能力减弱。

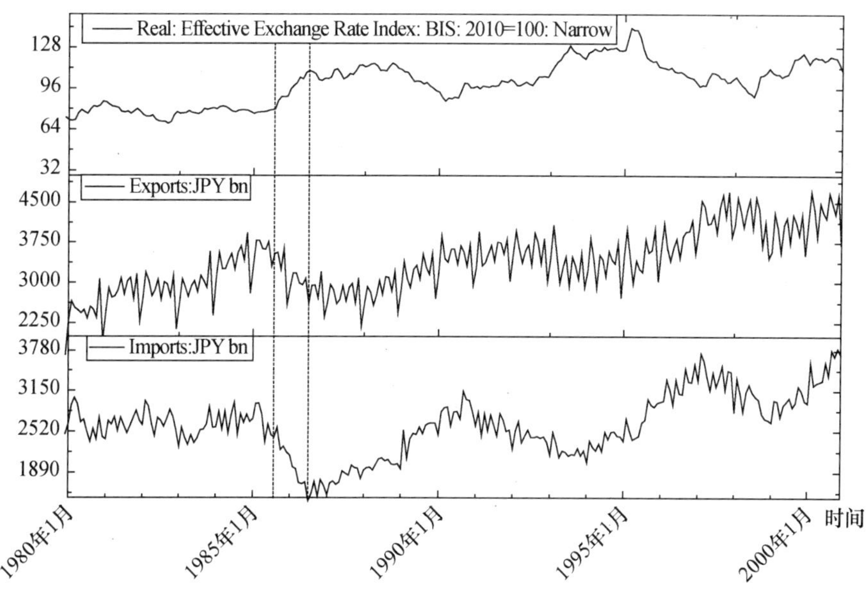

图 2－11　日元实际有效汇率与日本的进出口

资料来源：CEIC。

日元升值对日本经济的影响显著。《广场协议》签署于 1985 年第四季度，由于前三季度处于强势美元的影响之下，日元升值当年，日本经济并未减速，增速仍达到 6.3%，但第二年增速随即迅速降至 2.8%，升值对经济的负面影响显著。《广场协议》签署一年之后，日元实际有效汇率不再明显升值，经济增长率逐步得到恢复。

日元对美元汇率升值一直持续至 1988 年，而日经指数上涨则一直持续至 1989 年，由《广场协议》初期约 1.3 万点升至泡沫破裂前的 3.9 万多点。伴随着日元汇率升值，日本资产价格暴涨；泡沫破裂后，日本资产价格又出现暴跌。时至今日，日经指数仍远远低于泡沫破裂前的水平。1985—1990 年，东京的商业用地价格上涨了 3.4 倍，住宅用地上涨了 2.5 倍；全日本的商业用地价格上涨约 1 倍，住宅用地价格上涨约 60%。泡沫破裂后，日本商业地产价格从最高峰下跌约 80%。

二　日元汇率升值教训

关于日元升值教训的文献较多，但最终结论仍难达成一致。部分文献认为，日元升值连同一些不恰当的经济政策是造成日本“失去的十年”的主要原因；而部分文献则反对将日元升值与日本经济衰退联系在一起，认为日元升值只是一种表象，其根本原因在于日本经济本身；还有部分研究聚焦于《广场协议》对日本经济的影响。

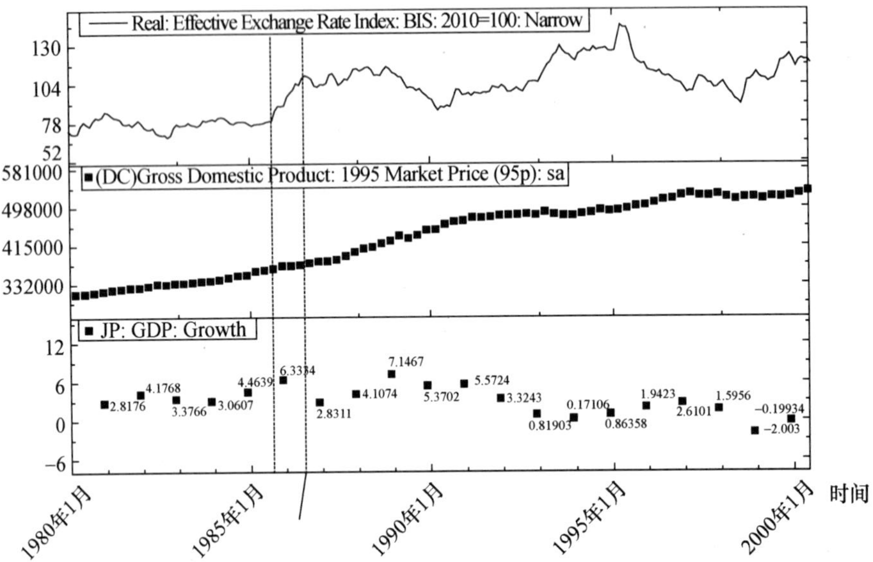

图 2－12　日元汇率与日本经济增长

资料来源：CEIC。

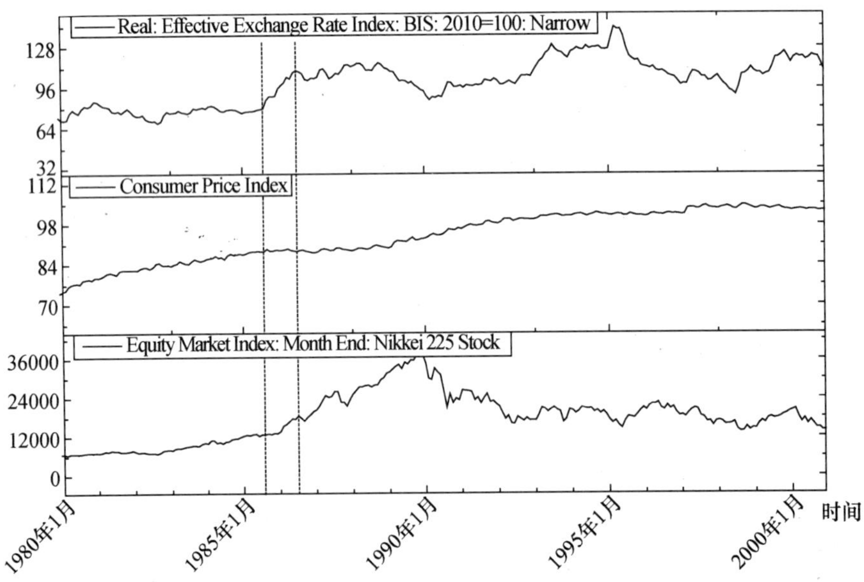

图 2－13　日元汇率与日本 CPI、资产价格

资料来源：CEIC。

笔者的基本观点可以分为以下几个方面：日元升值通过贸易渠道对日本经济产生较为直接的负面经济效应；日元升值对日本经济间接的、较为长期的负面经济效应主要表现为产业外移；升值也是资产泡沫的诱发因素之一；日本经济长期低迷是由日本成熟经济体特征、人口老龄化等经济基本面因素决定的，即使没有日元升值冲击，日本经济也将最终进入这一阶段；不恰当财政金融政策导致了日元升值较强的负面效应。

日元升值是诱发日本资产泡沫的原因之一，但泡沫并不是升值的必然结果，这一点从德国的经验可以明显看出。在日元升值期间，德国马克同样经历了升值过程，但德国并未出现如日本的资产泡沫现象。日元汇率升值一个重要教训是央行货币政策的失误。日本为了抵消升值的不利影响，采取扩张的货币政策，在没有财政政策配合完全倚重货币政策的刺激下，日本资产市场价格开始上升。日本银行与企业相互持股现象比较突出，资产价格上涨放大了银行和企业的收益。在资产价格下跌时，相互持股的问题也会导致损失的放大，并进一步诱发资产价格恶性下跌。从日元升值的教训中可以看出，在升值期间对资产价格的监控以及宏观经济政策的协调对宏观经济健康发展起着十分重要的作用。

日元汇率升值不是日本经济长期低迷的根本原因。进入20世纪90年代以来，日本经济减速趋势明显。60年代日本经济增长率达10%左右，而进入七八十年代后，日本经济增长率分别为5%和4%，日本已经成为世界第二大经济体并进入成熟经济体阶段，如果没有新的重大技术突破，将很难找到新经济增长点从而再次进入高增长阶段。进入90年代，日本老龄化问题变得更加突出，这对日本经济增长起着长期制约作用。除此之外，多种因素制约着日本经济增长：（1）日本第二次世界大战后至20世纪70年代，重化工业主导的增长模式将资本存量/GDP比率一路拉升，由1.5拉升到2.0（美国经济增长中长期维持的比例），其后，这个比例更是一路上升，致使投资边际回报显著递减。（2）基于“干中学”效应，使得高速增长时期劳动生产率增速较快，但是，随着经济发展水平向发达国家靠近，依赖国外技术设备投资获得的劳动生产率改进空间缩小，投资减速时劳动生产率增长速度也相应放缓。（3）资本驱动模式下投资的高增长，很大程度来自国内金融的扭曲，一旦金融主动性进程加快，企业成本将显著增加，一大批低效率工业企业随之产生，进而抑制投资增长和生产率提高（中国经济增长前沿课题组，2013）。如果不能正确认识日本经济的潜在增长率已经下降这一事实，仅仅希望依托货币政策刺激，势必导致宏观经济发展的失衡。

日元升值是导致日本产业外移的重要因素。跨国集团在日本经济中扮演着重要的角色，跨国集团着眼于全球分工，在日元升值国内土地相对成本、劳动相对成本不断上升的情况下，跨国集团带领着其分包商向全球扩散，以谋求优惠的商业环境，导致日本海外投资快速增加，许多学者将这一产业外移现象称为产业空心化。1980 年，日本在全球投资中的比重仅为 3%；到 1997 年，全球 FDI 日本所占比例仅次于美国，升至 12%。日本国内投资比重与对外投资比例严重失衡，达到惊人的 1∶12 的水平。跨国集团全球分工体系形成之后，日本国内企业产品订单锐减，企业利润率下跌幅度超过 60%。

产业外移现象说明日本产业结构失衡问题严重。在汇率升值、日本传统制造业纷纷外移的背景下，一些制造业的研究中心也选择在国外设立，而日本国内的高端产业并未表现出强劲竞争力，国内经济表现疲软。全球分工体系形成后，日本着眼于刺激经济的宏观政策也大打折扣，扩张需求的政策往往导致海外供给的增加，而并没有有效刺激国内生产。日元汇率上升导致经济恶化的现象类似于荷兰病的作用机理。1959 年，荷兰发现天然气，第一次石油危机爆发使荷兰天然气出口收入迅速上升，导致荷兰盾汇率大幅上扬。随着荷兰盾汇率上扬，荷兰国内制造业竞争力急速下降，造成经济的恶化。从上述现象我们可以得到启示并推论：如果经济着眼点过分倚重出口产业，本币汇率将会出现较大幅度升值，压迫内需产业的生存空间，从而很容易出现诸如荷兰病或产业外移等现象。中国应以此为鉴，处理好出口产业与内需产业之间的关系，处理好需求结构与供给结构的关系，防止出现出口产业畸形增长的问题。

中国是否会步日本后尘？本书的答案是否定的，其理由有以下几个方面：

第一，中国与日本 20 世纪 80 年代升值时期的经济背景截然不同，80 年代日本经济增长已近强弩之末，而中国目前仍处于经济快速发展阶段，依靠经济增长的惯性能够克服大量发展中的矛盾。

第二，中国政府目前掌握大量可以动用的资源用于调控经济，包括财政资源以及较强的行政调动能力，具有很强的应对危机能力。

第三，中国较之日本在政治、经济等领域具有更强的自主性，能够在较大程度上独立决定包括汇率政策在内的各项经济政策。

第四，已经有日本前车之鉴，中国能够充分吸取经验教训。

尽管有以上理由，但并不能盲目乐观地认为中国汇率政策不会走入误区，有前车之鉴，犯重复性错误的机会降低，但汇率政策以及其他经济政策也可能会犯下较为“独特”的错误。特别是人民币汇率升值与人民币国际化以及资本账户开放进程相互交织在一起，发展路径探索过程中尚缺乏足够历史经验借鉴。

第三章　人民币汇率变动对我国产出作用效应的实证分析

本章在建立实证模型基础上，估算实证分析中所采用的数据序列，应用多种计量方法检验人民币实际有效汇率的产出效应。应用多种计量方法一是可以克服使用单一方法的缺点，对实际有效汇率的产出效应进行多角度分析；二是可以对多种估计方法的实证结果进行比较，以验证结果的稳健性。

第一节　实证模型

本书采用如下传统的宏观经济模型：

$$Y = C + I + G + EX - IM \tag{3.1}$$

$$C = a + b(1 - t)Y - vR \tag{3.2}$$

$$M/P = kY - hR \tag{3.3}$$

$$EX - IM = qREER + sYF \tag{3.4}$$

（3.1）式为国民收入恒等式，（3.2）式为消费需求函数，（3.3）式为货币需求函数，（3.4）式为净出口函数；式中，Y、C、I、G、EX、IM、M/P、R、$REER$、YF 分别表示产出、消费、投资、政府支出、出口、进口、实际货币供应量、利率、实际有效汇率和国外实际产出，t 表示税率，其他小写字母表示系数。

根据卢万青、陈建梁（2007）的研究结论，实际有效汇率对外商直接投资影响不显著，即实际有效汇率变动时，FDI 规模并不受影响。因此上述方程没有考虑实际有效汇率对投资的影响。上述方程也没有按照通常做法将投资简化为利率的函数，投资直接进入方程的好处是可以避免利率等变量对投资的解释不足。

解上述联立方程组可得：

$$Y=\frac{1}{h-bh(1-t)+vk}[(a+G)h+v(M/P)+hI+hqREER+hsYF] \tag{3.5}$$

各变量差分之后的等式为：

$$\Delta Y=\beta_0+\beta_1\Delta REER+\beta_2\Delta YF+\beta_3\Delta P+\beta_4\Delta I+\beta_5\Delta M \tag{3.6}$$

在实证过程中还需考虑各变量的滞后效应，即加入各变量的滞后项。

根据以上模型，另外参考了卡明和罗杰（Kamin and Roger，2000）、Jianhuai Shi（2006）的研究方法，本书实证的变量包括中国实际产出、人民币实际有效汇率、国外实际产出、价格水平、实际投资、货币供应量。

中国实际产出分别以发电量代理和实际工业增加值代理，为了便于叙述，实证过程以发电量为主线，但在实证结论分析中，加入以实际工业增加值为被解释变量的实证结果，以便对比分析。

第二节　数据估算

准确的数据序列是计量的基础，直接关系实证结论的可靠性。令人遗憾的是，我国一些时间序列数据的取得非常困难，特别是实证的基础数据——月度实际工业增加值、月度实际投资、月度国外实际产出等数据取得非常困难。本节估算实证过程中所使用的是基本数据序列。

一　实际工业增加值数据的估算

月度工业产出是实证的基础性数据。工业约占中国国民经济总量的40%①，工业增加值是国民经济核算的一项重要基础指标，对于宏观经济走势判断和宏观经济发展分析具有重要的意义。工业增加值，根据国家统计局统计指标诠释，是指工业企业全部生产活动的总成果扣除了在生产过程中消耗或转移的物质产品和外购劳务价值后的余额；是工业企业生产过程中新增加的价值。工业增加值是短期最重要的经济指标之一，它对判断宏观经济走势以及宏观经济分析具有重要意义。为了达到及时判断宏观经济走势的目的，工业增加值需要及时公布并报告产业构成的变动。但到目

---

① 根据世界银行 DataBank 数据，2011 年中国工业增加值占 GDP 比重为46.6%。

前为止，中国没有公布实际工业增加值月度数据（或以不变价格衡量的月度数据），而名义工业增加值数据2006年11月以后也停止公布，继续公布的数据有工业增加值可比增速、工业分大类行业增加值增长速度等指标。

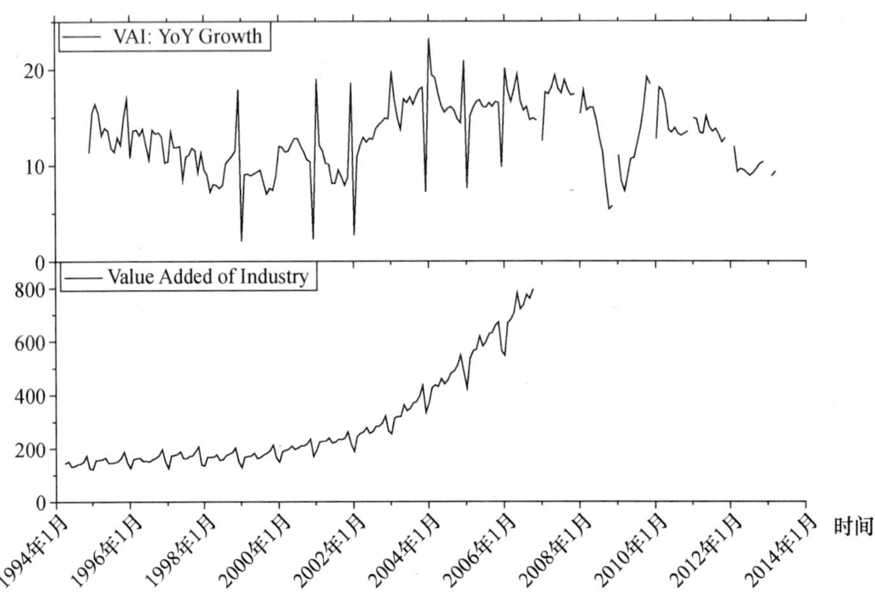

图3-1　工业增加值可比增速与名义工业增加值

资料来源：CEIC、国家统计局网站。

中国工业增加值月度数据的统计口径经历了三次主要调整。[①] 估算中国的工业增加值数据序列往往是令许多学者非常困惑的问题，估算过程中常常遇到统计口径调整、数据序列不完整、需要从多个数据库及新闻中收集数据等一系列问题。本书分析月度工业增加值的几种估算方法，以工业增加值增速、价格指数等指标为基础，估算自1994年1

---

① 这三次主要调整时间为1998年、2007年和2011年。1998年前，工业增加值月度统计对象主要为全部乡及乡以上工业企业，此后转为规模以上工业企业。1998—2006年，规模以上工业企业是指全部国有及年主营业务收入达到500万元及以上的非国有工业法人企业。从2007年开始，将年主营业务收入不足500万元的国有工业法人企业不再作为规模以上工业统计范围，即规模以上工业的统计范围为年主营业务收入达到500万元及以上的工业法人企业；2011年纳入规模以上工业企业统计起点标准从年主营业务收入500万元提高到2000万元。

月以来的中国月度实际工业增加值。本书数据搜寻范围以及数据来源渠道为中国官方渠道、国际组织及部分数据库，具体包括国家统计局网站，中国人民银行网站，官方发布的新闻，各期《中国统计月报》、《中国景气月报》、《中国人民银行统计季报》，中经网统计数据库，国际货币基金组织的 IFS，世界银行 DataBank 以及少数商业性数据库。

本书收集了与计算中国月度实际工业增加值相关数据（见本章附录 1），这些数据包括：名义工业增加值；工业增速；价格指数。根据这些数据，实际工业增加值估算思路包括四个方面：（1）以工业增加值环比增速和同比增速为基础的估算；（2）以工业增加值同比增速和累计增速为基础的估算；（3）以价格指数缩减为主的估算；（4）以同比增速为主、价格指数缩减为辅的估算。经过尝试，前三种估算方法存在各种不足，难以在实践中应用，而第四种方法较为可行。下文详细介绍以上四种方法。

（一）以工业增加值环比增速和同比增速为基础的估算

2011 年 4 月之前，国家统计局没有公布工业增加值环比增速数据，这意味着从增长率序列分析，工业增加值各年度相同月份间的纵向数据可比（同比序列），而同一年不同月份间的横向数据不可比（无环比数据）。2011 年 4 月，经国务院批准，国家统计局对外公布规模以上工业增加值环比数据，这些数据散见于官方发布的新闻中，所公布的经季节调整后的环比数据涵盖 2011 年 2 月以后的时间区间。从理论上分析，只要存在连续 11 个月的环比增速数据，就可以得到以一年为周期的各月份的工业增加值的比例，再结合同比增速向前和向后推算出各月份实际工业增加值。

上述方法似乎可行，但由于国家统计局公布的环比数据是经季节调整之后的数据，而并非原始的环比增长率数据，向前和向后推算的结果并非原始意义上的实际工业增加值数据。从本书试着推算的结果来看，数据之间出现明显的冲突。例如，2006 年 11 月之前相邻月份名义工业增加值增速与推算得出的实际工业增加值增速相差极大，这些差距远非通货膨胀率因素所能解释。从结果来判断，季节调整因素对原始数据的推算造成了很大影响。

（二）以工业增加值同比增速和累计增速为基础的估算

鉴于以上问题，本书考虑通过其他方法得出实际工业增加值数据序列。通过深入分析数据，本书发现，可以通过国家统计局公布的两项指标得出各月份的实际工业增加值环比增速数据（未经季节调整），即“工业增加值本月实际增长”指标以及“累计实际增长”指标①，如表 3 – 1 所示。

表 3 – 1　　　　工业增加值可比增长率　　　　单位:%

时间	本月实际增长	累计实际增长
2005 年 1 月	20.9	20.9
2005 年 2 月	7.6	16.9
2005 年 3 月	15.1	16.2
2005 年 4 月	16.0	16.2
2005 年 5 月	16.6	16.3
2005 年 6 月	16.8	16.4
2005 年 7 月	16.1	16.3
2005 年 8 月	16.0	16.3
2005 年 9 月	16.5	16.3
2005 年 10 月	16.1	16.3
2005 年 11 月	16.6	16.4
2005 年 12 月	16.5	16.4

资料来源：国家统计局网站、中经网。

这种方法似乎可行，然而在现实中却遇到了一些困难。以下列数据为例：

2005 年 3 月，本月实际增长 15.1%，累计实际增长 16.2%；

2005 年 4 月，本月实际增长 16%（低于上月累计实际增长率），累计实际增长 16.2%。

从上述数据分析可以发现数据之间的矛盾。2005 年 4 月份工业增加值同比增长 16%，低于前 3 个月累计实际增速（16.2%），但前 4 个月累

① 具体的计算方法如下：以表 1 为例，设 2004 年 1 月份实际工业增加值为 1，2 月份环比增速为 X，根据 2005 年 1 月份和 2 月份实际工业增加值增长率数据和累计增长率数据可以得出下列关系：(1 + 20.9%) + (1 + X)(1 + 7.6%) = (1 + 1 + X)(1 + 16.9%)。这样可以解出 2004 年 2 月份的环比增速，同理可解得各月份增速。

计实际增长率没有变化，这在数学上解释不通。[①] 该问题并非个别现象。[②] 产生该问题的原因可能有下列两个方面：一是由于增长率小数点位数保留过少；二是数据质量问题或数据不断修正的原因。无论何种原因，以该方法估算容易产生较大偏差，应尽可能使用其他方法估算，除非没有更好的方法，或者估算的数据点比较接近年初。

（三）以价格指数缩减为主的估算

国家统计局公布了1994年5月至2006年11月名义工业增加值数据，如果采用价格指数缩减名义工业增加值，就会得到实际工业增加值，再根据工业增加值同比增速数据就可以得到全部数据序列。采用这种方法首先需要选择价格指数。国家统计局与中国人民银行公布多项价格指数，包括居民消费价格指数（CPI）、工业生产者出厂价格指数[③]（PPI）、固定资产投资价格指数、企业商品价格指数（CGPI）等。本书认为，PPI和CGPI较适宜对名义工业增加值进行缩减。事实上，国家统计局从2004年开始便对名义工业增加值采用价格指数缩减法计算实际工业发展速度，缩减名义工业增加值所采用的价格指数正是PPI。根据国家统计局指标解释，PPI是反映全部工业产品出厂价格总水平的变动趋势和程度的相对数，包括工业企业售给本企业以外所有单位的各种产品和直接售给居民用于生活消费的产品。CGPI则与国际通行的PPI较为类似[④]，其前身是批发物价指数，由中国人民银行编制，始编于1994年。CGPI是反映企业间商品交易价格变动趋势和程度的综合价格指数，其商品调查范围涵盖全社会物质产品，既包括投资品，也包括消费品。[⑤] 指数体系包括月度同比总指数、投

① 设2004年前3个月的实际工业增加值为X，同年4月份的实际工业增加值为Y。2005年前4个月的实际工业增加值为 $X(1+16.2\%)+Y(1+16\%)<(X+Y)(1+16.2\%)$。即如果4月份的实际工业增加值增速小于前3个月的累计增速，则前4个月的累计增速必然下降，不可能维持不变。

② 其他的例子，如2011年6月工业增加值累计增长率为14.3%，7月份当月同比增长率为14%，低于14.3%的水平，但2011年7月份累计增长率仍为14.3%。

③ 国家统计局从2011年1月开始实施新的工业生产者价格统计调查制度方法。“工业品价格统计”改称为“工业生产者价格统计”，相应地将“工业品出厂价格指数”改称为“工业生产者出厂价格指数”。

④ 关于中国PPI与CGPI的详细区别可参考周清杰等《生产者价格指数能引导居民消费价格指数吗——基于我国生产者价格指数“身份”谜局的分析》，《外国经济学说与中国研究报告》(2011)。

⑤ 《中国人民银行统计季报》2009年第1期。

资品指数、消费品指数，以及以 1993 年 12 月为基期的月度总指数、矿产品指数、煤油电指数、加工业产品指数等。本书对 PPI 与 CGPI 总指数进行了比较分析①，从走势分析，两者存在一定差异，但在 2008 年中期以后，两者趋近一致（见图 3 -2）。

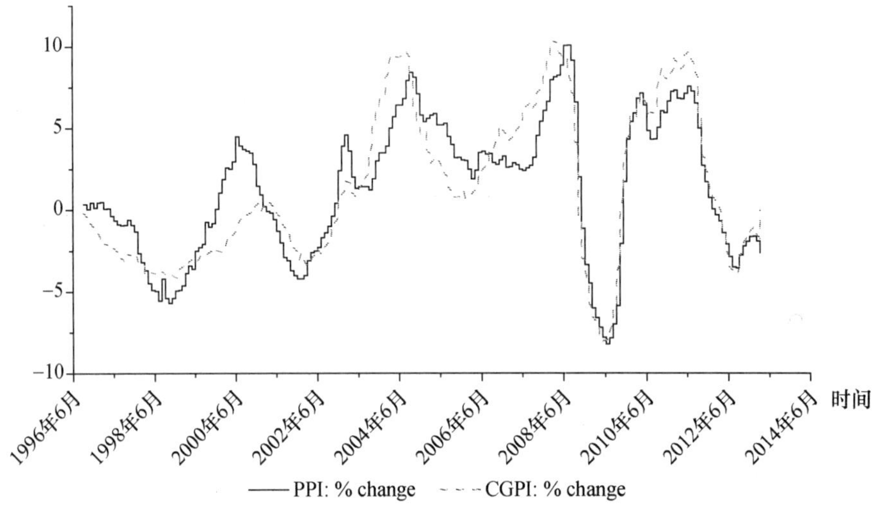

图 3 -2　PPI 与 CGPI

资料来源：CEIC 数据库。CGPI 原始数据为定基指数序列，本书已将其转换为同比序列以便于与 PPI 比较。

本书首先尝试通过定基 PPI 缩减。由于中国官方没有公布月度定基 PPI 数据，需要计算才能得出。获得定基 PPI 有两种方法，第一种方法是利用 PPI 环比数据计算 PPI 序列；第二种方法是部分利用 PPI 环比数据，再结合 PPI 同比数据得出定基 PPI。由于国家统计局公布的环比 PPI 数据并不完整，因此，第一种方法无法应用。对于第二种方法，由于环比 PPI 数据比较粗糙，仅保留一位小数，如果计算过程中使用环比数据推算的期间比较长，就会累积较大的误差，而 PPI 同比增速数据至少保留了两位小数②，并且使用同比数据需要连续推算的期间较少（每次推算间隔 12 期），计算过程中不易积累误差。因此，应尽可能多使用同比数据，尽可

① 为了便于比较，定基 CGPI 总指数转换为同比增长率。

② CEIC 数据，2012 年 5 月后保留了三位小数。中经数据库 PPI 同比数据保留小数位数不等。

能少使用环比数据。可以使用连续 11 期的环比数据得出以一年为周期的各期定基 PPI，再利用同比数据得出各期的定基 PPI。本书采取这种思路计算，根据试算，依据较新公布的环比 PPI 数据得到的结果误差较小（通过环比、同比验证比较）。最终依据官方发布的 2012 年 2—12 月的 PPI 环比数据，再结合 PPI 同比增速数据，得出定基月度 PPI 指数，结果见本章附录 2。①

得出定基 PPI 指数之后，就可以对名义工业增加值进行缩减，得出实际工业增加值序列。数据检验结果表明，采用这种方法计算产生的偏差也比较大。理论上分析，名义工业增加值增长率应非常近似等于实际工业增加值增长率加上 PPI 增长率，而本方法得出两者并不近似相等的结果。再尝试换用定基 CGPI 缩减名义工业增加值的方法，同样会出现较大偏差。究其原因，推测主要由统计口径的差异所导致。国家统计局所公布的工业增加值可比增速为相同统计口径的规模以上工业企业增加值的实际增长率，而名义工业增加值统计口径至今共发生五次变动（在采用价格指数缩减的数据期间发生了三次变动），因而工业增加值同比增长率与 PPI 增长率之和并不近似等于名义工业增加值增长率。从理论上分析，2006 年以前的名义工业增加值经过价格指数缩减，得到的实际工业增加值是以国家统计局统计口径为基础的实际工业增加值（分别是 1998 年、2004 年、2005 年统计口径），而 2006 年以后的数据由于转而采用同口径的工业增速计算，得出的实际工业增加值仍为 2006 年（等于 2005 年口径）统计口径，并不随国家统计局统计口径发生变动（两次变动分别发生在 2007 年、2011 年）。除此之外，2004 年前国家统计局工业增速统计并不采用价格指数缩减法进行计算，以定基 PPI 缩减的方法可能会产生较大偏差。综上所述，该方法在实践中也难以应用。

（四）以同比增速为主、价格指数缩减为辅的估算

鉴于以上问题，尝试只在工业增加值同一统计口径的时间区间采用价格指数缩减，再利用工业同比增速数据，得出某一确定统计口径的实际工业增加值序列。采用该方法仍需考虑以下几个问题：（1）应该在多大的时间区间采用价格指数缩减。本书假定，价格指数缩减会产生偏差，而以

① 本书注意到（周清杰，2011）也估算了定基月度 PPI，但依据其估算结果计算得出的同比 PPI 与官方公布数据存在较大差异。

工业同比增速数据推算实际工业增加值较为准确，尽管在个别年份工业统计口径调整，但统计口径调整对同比增速影响不大。① 依据以上假定，在尽可能短的时间区间使用价格指数缩减，只选取某一年时间区间。②（2）选取哪一年的月度数据进行价格指数缩减。估计的数据期间为1994年1月至2013年4月，如果选取年份靠近估算期间的两端，使用同比数据推算次数较多，容易累积较大误差，而选择靠近区间中间的年份误差较小。另外的考虑是选取的年份价格水平尽可能变动较小，这样名义工业增加值近似等于实际工业增加值，即使采用价格指数缩减产生偏差，其偏差也将控制在较低的范围内。第三方面的考虑是选取的年份应尽可能在2004年以后，其理由为2004年以后国家统计局开始采用价格指数缩减法来计算工业增加值的可比增速。同时满足以上三个条件似乎不可能，幸运的是，2005年数据碰巧较为接近上述条件：该年份大致位于估算时间段的中段；国家统计局在该年份采用价格指数缩减法估算可比增速；该年份价格水平波动幅度较小，2005年1—12月，中国人民银行统计季报所公布的定基CGPI指数变化幅度很小③，PPI和CPI的同比数据也处于低位水平（见图3-3），尽管定基PPI有一定上涨，但涨幅不大。据此，选择2005年各月份名义工业增加值数据，以定基PPI缩减得到实际值，再根据工业增加值同比增速得出各期实际值，实际工业增加值估算结果见本章附录3。

在估算过程中，少数数据需要做特别处理。根据现有资料，2006年以后各年1月工业增速数据“免报”。2006—2012年公布了各年2月当月同比增长率和1—2月累计增长率④，根据两项增长率之间关系可以计算得出1月的增长率。2013年国家统计局未公布2月当月增长率，只公布了1—2月累计增长率，本书首先根据工业增加值累计增长率确定1—2月

---

① 以2011年统计口径调整为例，工业统计标准提高后，纳入月度规模以上工业统计的企业数量减少较多，根据2009年工业年报数据测算，全国主营业务收入2000万元以上工业企业单位数比500万元以上企业数减少40.6%；但工业主营业务收入仅减少2%；主营业务收入减少3.4%；资产减少5.5%；利润总额仅减少1.3%。

② 更为复杂的情况是只要形成同一统计口径的12个不同月份的实际工业增加值（可以为不同年份）就可以依据工业增加值同比增长率得出全部实际工业增加值数据序列。为了简化起见，加之考虑不同年份价格指数缩减的偏差，本书在实际估算中采用同一年数据。

③ 该指数年初为123.06，年末为123.35。

④ 国家统计局网站数据库未公布2012年2月份同比增速，该数据源于中经网统计数据库。

的累计实际工业增加值，再依据定基 PPI 缩减后的 1—2 月工业销售产值的比例确定 1—2 月的实际工业增加值。

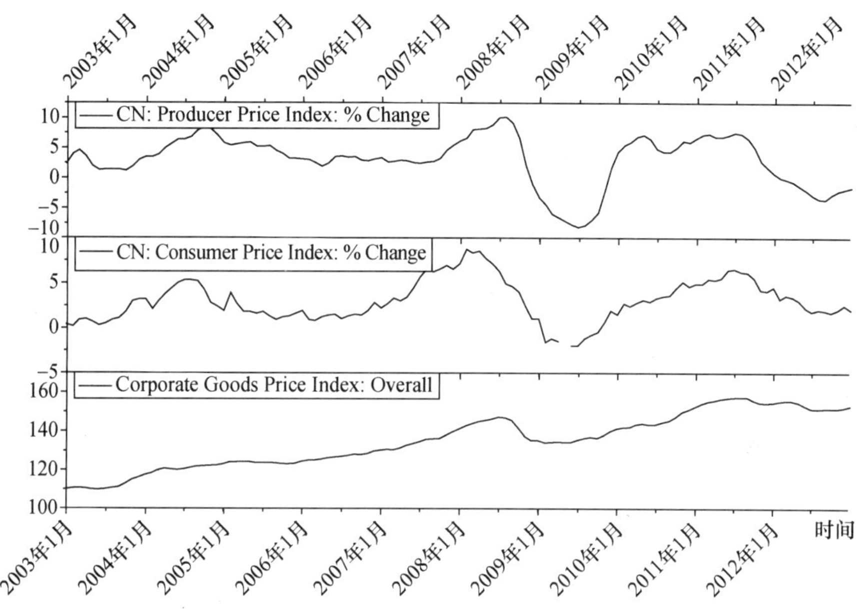

图 3－3　同比 PPI、CPI 与定基 CGPI 指数

资料来源：国家统计局、CEIC 数据库。

本书对估算结果进行了检验，以实际工业增加值估算结果为基础，计算工业增加值累计增长率（年初至报告期），并与国家统计局所公布的累计增长率相对照（见图 3－4），除了 2004 年及 2005 年部分数据出现一定差异之外①，两者走势基本一致，大部分期间两者近似重合，这从一个侧面说明本项估计结果具有较好的可靠性。

（五）估算结论

月度产出数据是一个国家关键的宏观经济数据之一，为了解决该数据缺失的问题，本书尝试多种方法后推算得出实际工业增加值序列和名义工业增加值序列（见附录 3 和附录 4）。本书首先以定基 PPI 指数缩减 2005

① 数据差异的一个可能原因是 2004 年经济普查的影响。2004 年经济普查导致 7.7% 工业总产值的向上修正和 26% 的统计直报企业数量的修正，但国家统计局并未对工业增加值数据进行修正。

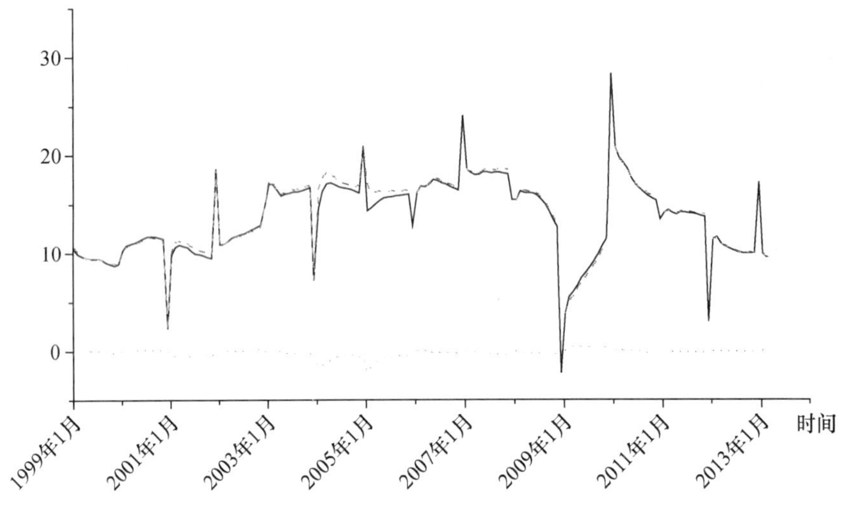

图 3－4　国家统计局公布的工业累计增速与本书估算结果的对照

资料来源：国家统计局、本书估算结果。

年各月份名义工业增加值，得到该年度各月份实际工业增加值，结合各期工业增加值同比增长率，推算得出实际工业增加值序列。由于部分年份的1—2 月份同比增长率数据缺失，本书分两种情况加以区别对待：（1）报告 2 月份当月增速及 1—2 月份累计增速的情况（2009—2012 年）。根据这两项数据计算得出 1 月份当月增速，从而得出 1—2 月份实际工业增加值；（2）只有 1—2 月份累计增速而没有单月增速的情况（2013 年）。首先根据 1—2 月份累计增速得出 1—2 月份的累计实际工业增加值，再根据经定基 PPI 缩减后的 1—2 月份工业销售产值的比例确定 1—2 月份实际工业增加值的比例，得出 1—2 月份实际工业增加值。

工业产出数据是一个国家的基础性数据，国家统计局迟迟不公布工业增加值序列，背后似乎隐藏着难言之隐。一种猜测就是国家统计局认为，地方统计部门上报的产值数据有所夸大，因此决定向下修正数据。为避免出现这种名义值与实际增幅不符的情况，国家统计局决定不再发布工业增加值名义值。① 本书认为，无论何种原因，公布原始数据序列或经过修正的数据序列都将有利于学术研究以及宏观经济形势分析。毕竟，工业增加值数据属于依托公共资源获取的、主要服务于宏观经济研究和政策制定的

① 欧乐鹰：《解读中国经济指标》，中国经济出版社 2012 年版。

数据，应严格地属于公共性数据而非商业性数据，更绝非仅供政府部门内部使用的数据。公布名义工业增加值和实际工业增加值基本数据序列之后，相关派生指标包括同比增长率、环比增长率、累计增长率以及工业增加值指数等指标都可由之计算得出。而我国目前所公布的数据顺序恰恰相反，公布了派生的数据系列却未公布基本的数据系列，其中还夹杂着统计口径差异、数据序列不完整、季节调整等因素，这人为地增加了获得基本数据序列的难度。从目前所公布的各项数据指标来分析，国家统计局一定掌握着名义工业增加值和实际工业增加值数据，否则上述派生数据无从得出，但遗憾的是，对于广大的研究工作者而言，这些数据却是难以得到的。

本书通过搜索如上文所述的多个数据库、网站及部分月报资料，估算出中国工业增加值序列。由于掌握资料有一定限制，可能仍存在未充分利用数据的情况；估算得出的实际工业增加值序列以 2005 年规模以上工业为统计口径（固定统计口径），未估算全口径工业增加值序列；估算过程中严格依照国家统计局所公布的增长率数据以及数据之间的相关关系，未分析统计工作中可能存在的造成数据不合理的成分。以上是本项估计存在的不足，也将是需要进一步完善的方向。

二　发电量

在计量经济学实证分析实践中，越来越多的学者开始使用发电量、货运量、货物周转量等数据作为短期经济状况的参考指标，发电量、货运量、货运周转量等较少含有主观估计成分的数据具有较高的数据质量，且与经济状况具有较好的相关关系。

以发电量作为产出的代理变量进行实证分析具有一定优势。工业增加值对经济状况的反映更为直接，但工业增加值数据质量受多种因素影响，本书估算得出的月度实际工业增加值数据与官方统计（未公布）的数据之间可能存在着估算误差，即使不存在误差，官方的工业增加值数据本身在统计中也存在估算成分。

本书尝试以发电量为基础估算汇率的产出效应，但以发电量作为产出的代理变量也存在不足，尽管发电量数据质量较高，但发电量毕竟不能等同于产出。为了便于对照，也为了谨慎起见，本书分别以发电量和实际工业增加值作为被解释变量进行实证分析，根据各自的实证结果分析实证结果的稳定性以及造成实证结果出现差异的原因。

三 实际有效汇率

在双边贸易中，实际汇率反映一国商品出口竞争能力，它等于名义汇率和双边的相对价格水平乘积。在其他变量保持不变时，本币名义汇率升值或本国价格水平上升均表示实际汇率升值。在多边贸易中，实际有效汇率（Real Effective Exchange Rate，REER）是衡量一国国际贸易竞争力和一国货币购买能力的重要指标，它采用加权平均的方法来计算。

多个国际组织和中央银行提供实际有效汇率数据，但不同的机构在样本国选择、数据采集、计算方法等方面存在着一定差异。实际有效汇率大多采用几何加权平均的方法来确定：

$$REER = \prod_{i=1}^{n}\left(\frac{P_0}{P_i}e_i\right)^{w_i} \tag{3.7}$$

其中，w_i 表示贸易伙伴国对本国的竞争性权重，P_0/P_i 表示相对价格水平，e_i 表示名义汇率。几何加权平均的优点是一种货币币值上下变动相同幅度对实际有效汇率指数有方向相反但大小相同的影响，而传统的算术加权平均存在向上偏移的缺陷。对于价格水平的确定，IMF 对于包括中国在内的全球体系国家，采用基于居民消费价格指数（CPI）的方法，对于传统的工业化国家则采用单位劳动成本（ULC）方法测算（美国、欧盟、日本等经济体采用两种方法测算）。

表 3－2　实际有效汇率样本国选择比较

公布机构	包含国家数目	说明
国际清算银行（BIS）	宽口径指数：52 窄口径指数：27	窄口径指数：27 个传统发达经济体（从 1964 年起）；宽口径指数：52 个经济体，增加了亚洲、中东欧和拉美的新兴市场经济国家（从 1994 年起）
国际货币基金组织（IMF）	185	包括：工业系统方法 164 国和欧元区；全球系统方法的 16 国，以及其他 4 国
经济合作与发展组织（OECD）	47	包括 30 个 OECD 国家、7 个动态亚洲经济体、5 个主要新兴市场国、欧盟、欧元区等
欧洲央行（ECB）	NarrowEER－13 BroadEER－39	窄指标主要包括工业和新兴工业国，宽指标中包括新兴市场国家和转型期国家，分别涵盖欧元区产成品贸易的 61.2% 和 88.8%

续表

公布机构	包含国家数目	说明
英格兰银行（BE）	ERI：15 BroadERI－24	主要包括使用英镑的国家，以及其他10个不使用英镑的国家
美联储（Federal Reserve Board）	宽指数：26 主要货币指标：7 其他重要贸易伙伴：19	宽指标26国涵盖了2003年美国对外的90%以上；其中欧、加、日、英、瑞士、瑞典、澳大利亚货币为主要货币；其余19国构成其他重要贸易伙伴
澳大利亚储备银行（Reserve Bank of Australia）	24	样本国与澳大利亚贸易量占澳大利亚贸易总额的约90%，且根据每年贸易情况调整

资料来源：巴曙松、吴博、朱元倩：《关于实际有效汇率计算方法的比较与评述》，《管理世界》2007年第5期。

使用居民消费价格指数计算实际有效汇率存在两个方面的问题：第一，价格管制、间接税、补贴等因素会影响居民消费价格指数。第二，不同国家居民消费价格指数依据的商品篮子不同，一定程度地破坏了比较基础。利用单位劳动成本法测算实际有效汇率可以较好地反映国内贸易品和非贸易品总生产成本（竞争力）与国外总生产成本的相对变化。

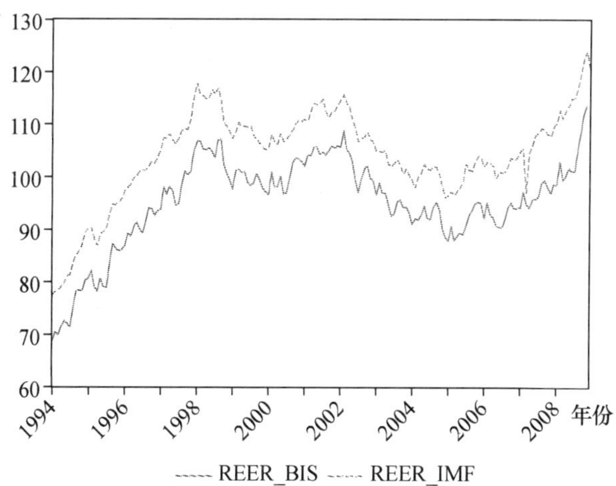

图3－5　BIS和IMF计算的人民币实际有效汇率

资料来源：IFS、IMF、BIS网站。

但是，它也面临以下缺陷：第一，在计算过程中假定本国出口品价格指数与本国的国内生产总值平减指数一致，本国进口品价格指数（国外出口品价格指数）与国外国内生产总值平减指数一致，无法区分实际有效汇率变动究竟是因为国内外生产成本变化造成的，还是贸易条件变化造成的。比如，对于发展中国家来说，实际有效汇率指数下降，既可能是由于贸易条件恶化、出口品价格下降造成的，也可能是由于国内技术进步、生产成本下降造成的。第二，国内生产总值平减指数频率最多限于季度数据，而且获取的滞后时间较长（张斌，2005）。

本书比较了 IMF 和 BIS 的实际有效汇率，发现两者走势基本相同，由于 IMF 计算实际有效汇率所依据的贸易数据更为全面，本书实证分析采用 IMF 的实际有效汇率指数。

四　国外实际产出

在模型中加入国外实际产出用于度量外部冲击对中国产出的影响。当国外实际产出上升时，国外对中国产品与服务需求增加，从而拉动中国出口增加、产出上升。中国重要贸易伙伴有欧盟、美国、日本、韩国等经济体，除了近些年来中日双边贸易额占中国对外贸易额的比重出现下降之外，其他三大经济体所占比重相对稳定。

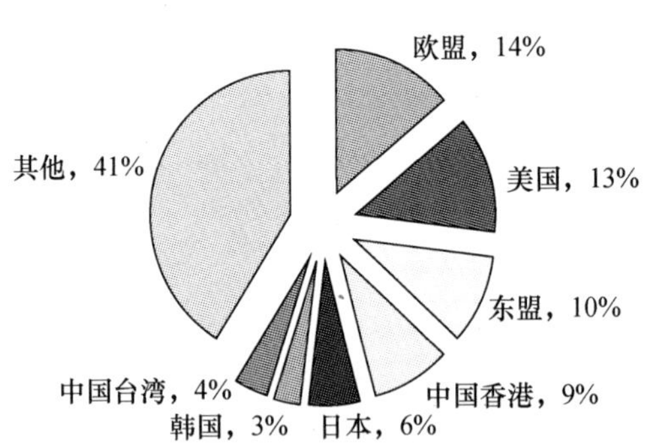

图 3－6　2012 年中国主要贸易伙伴

资料来源：商务部网站。

上述四大经济体占中国进出口总额 40% 以上，这些经济体的产出变化直接影响中国进出口状况。其他经济体如中国香港虽然也是中国内地重要贸易伙伴，但由于贸易形式大多为转口贸易，最终需求往往来自其他地区和国家，因此中国香港自身的产出水平变动对中国内地影响较小。

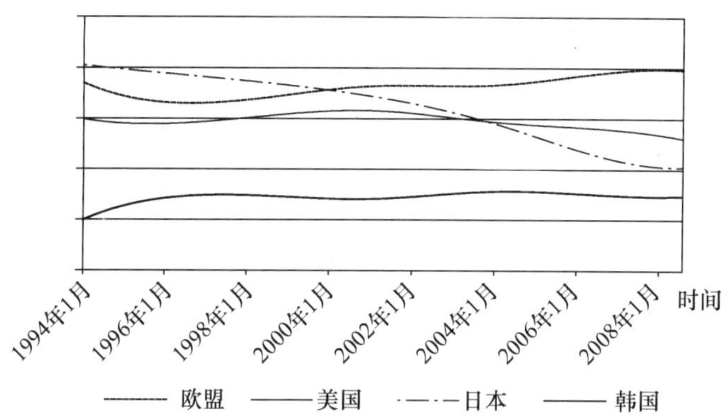

图3－7　中国对各国贸易额占中国GDP比重

资料来源：商务部、国家统计局。

国外实际产出（工业产出）采用加权平均方法，但不能直接将国外实际产出以进出口额占中国产出的百分比加权平均，而是以中国对各国贸易额占各国实际产出比重加权。①

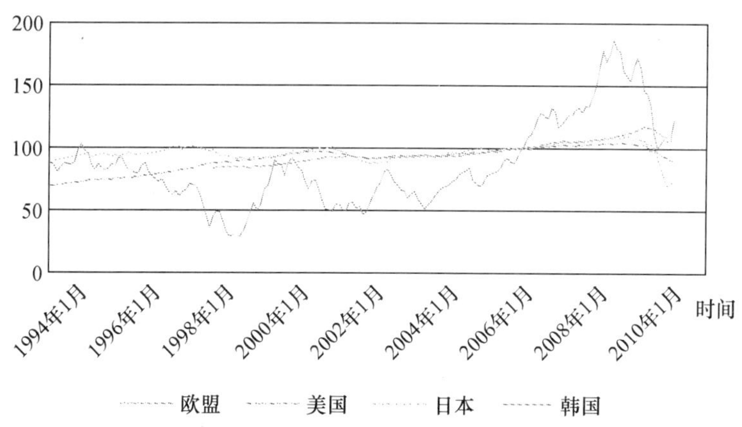

图3－8　四大经济体工业生产指数

资料来源：IFS、IMF。

① 由于欧盟1994年1月至1998年12月月度工业生产指数数据缺失，国外实际产出改用美国、日本、韩国三国工业生产指数以贸易占比加权得出。1999年1月以后的国外实际产出采用美国、欧盟、日本、韩国四个经济体的数据计算得出。本书对前面计算得出的国外实际产出数据按比例进行了调整以便使两段数据对接。

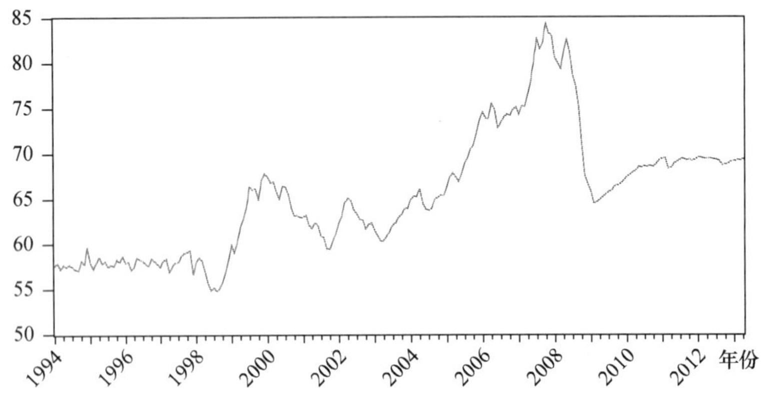

图 3－9 国外实际产出

资料来源：本书估算。

五 实际投资

中国各月份投资状况的特点是每年年初至 11 月之间投资额相对稳定，且呈年初向年末逐渐扩大趋势，但几乎每年 12 月投资额都突然放大，有的甚至数倍于以前各月平均值。12 月统计数据偏大有可能受固定资产投资采用“形象进度法”人为估计成分的影响①，也可能存在分项目统计估算成分的影响以及考核因素的影响。

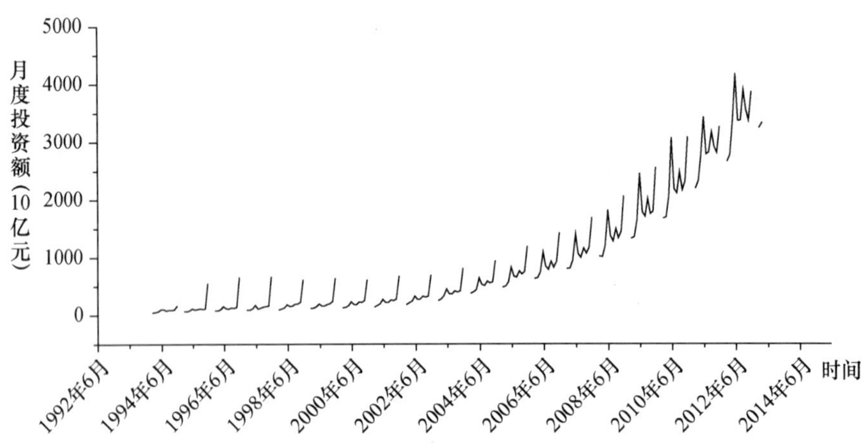

图 3－10 中国各月份投资额

资料来源：CEIC。

① 2013 年 5 月，国家统计局对固定资产投资数据统计方法进行了改革，并选择四个地区进行试点。

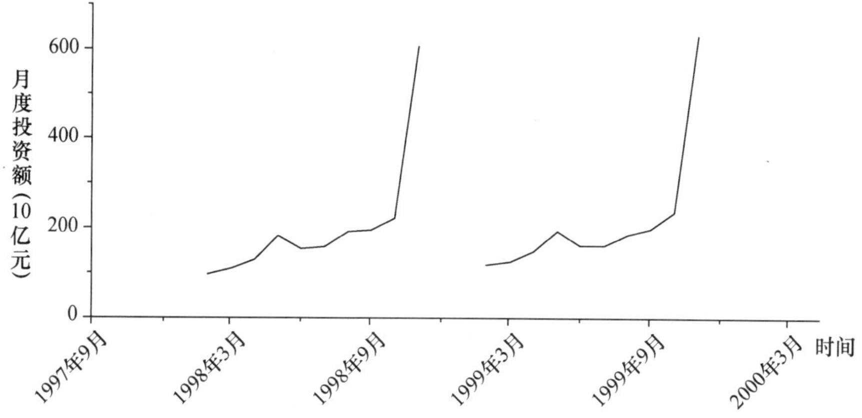

图 3－11　月度投资额典型变动模式

资料来源：CEIC。

在投资数据统计中，每年只统计 1—2 月累计数据，为此需要估算每年 1 月与 2 月的投资数据。结合数据变动特点以及中国农历新年在 1 月或 2 月的特点，我们认为，由于 12 月数据与 1—2 月累计数据相差极大，不宜采用上年 12 月数据与本年度数据直线内插的方法得出 1—2 月数据。本书在估算中设定 1—3 月投资额匀速增长，并满足 1 月与 2 月的投资总额等于 1—2 月累计投资额统计数据和条件。

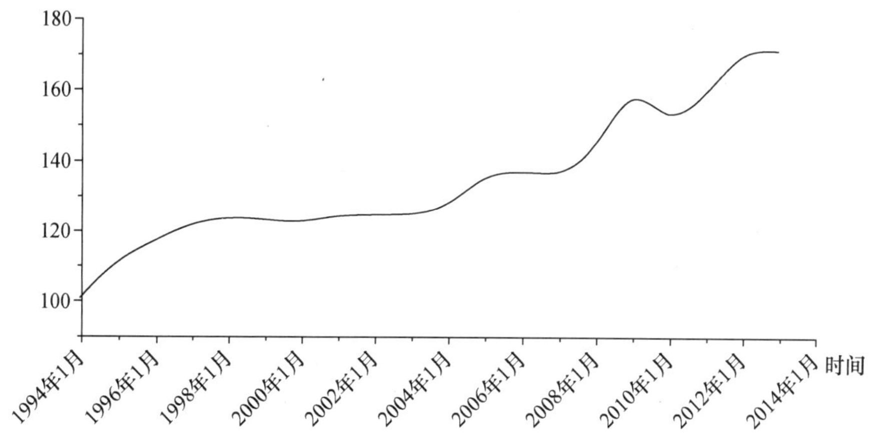

图 3－12　固定资产投资价格指数

资料来源：年度固定资产投资价格指数（年末）来自 CEIC，各月份指数经三次样条插值法平滑之后得出。

实际投资由各月份名义固定资产投资额以固定资产投资价格指数平减得出。由于我国目前只有年度的固定资产投资价格指数数据，本书采用三次样条插值法得出各月份固定资产投资价格指数。估算过程中固定资产投资额和年度固定资产投资价格指数数据来源于CEIC数据库。

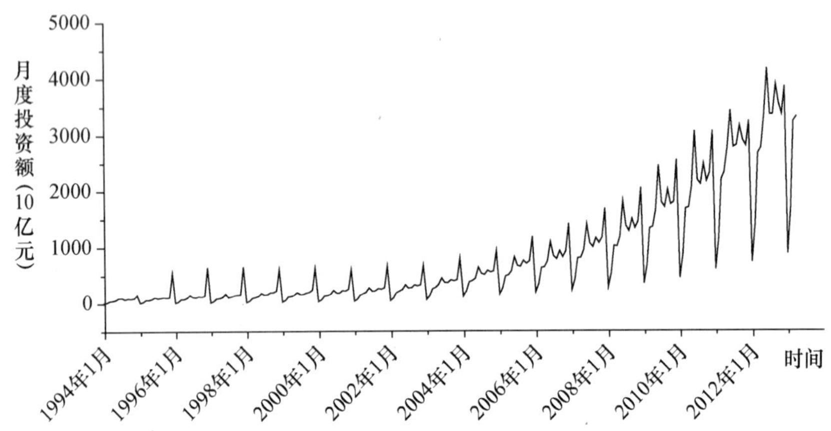

图3-13 实际投资

资料来源：本书估算。

实际投资数据存在着问题较多。一是月度名义投资额数据本身可能存在较大缺陷；二是1—2月投资额数据缺失；三是在估算实际投资过程中月度固定资产投资价格指数缺失。由于数据质量以及数据估算中的问题，在实证中投资系数的显著性可能受到一定影响。

六 实证中的其他数据

（一）居民消费价格指数

本书根据连续11个月居民消费价格指数环比数据，同时结合同比数据得出定基价格指数。2012年2—12月，居民消费价格指数环比数据来自国家统计局发布的新闻，居民消费价格指数同比数据来自国家统计局网站。计算得出的定基价格指数以2012年1月为基期，基期指数为100。

（二）货币供应量

货币供应量（货币M1）数据来自财新网（1994年1月至1996年12月）和国家统计局网站（1997年1月至2013年4月）。

第三节　基于差分数据序列的实证分析

一　数据处理与变量定义

本书数据期间为1994年1月至2013年4月。中国月度实际工业增加值数据来自本书估计，估算过程数据来自国家统计局、中经网统计数据库、CEIC等；发电量数据来自CEIC数据库；实际有效汇率数据来自IMF国际金融统计（IFS）；国外实际产出数据来自本书估计，估计过程中汇率数据以及工业生产指数数据来自IMF国际金融统计（IFS）；对外贸易额来自商务部；居民消费价格指数同比数据来自国家统计局网站；环比数据来自国家统计局所发布的新闻；月度实际投资数据来自本书估计，估算过程中固定资产投资额、年度固定资产投资价格指数数据均来自CEIC；货币供应量数据来自财新网和国家统计局。

实际有效汇率取自然对数，发电量、实际工业增加值、国外实际产出、实际投资、价格、货币供应量均经过X－12季节调整后取自然对数。实证过程中变量定义如表3－3所示。

表3－3　　　　**变量定义**

变量类型	变量	变量定义
被解释变量	POWER	ln（POWER），发电量的对数，作为产出的代理变量
被解释变量	Y	ln（y），实际工业增加值的对数
解释变量	REER	ln（reer），实际有效汇率的对数
解释变量	YF	ln（foreign industrial production），国外实际产出的对数
解释变量	P	lnp，居民消费价格指数的对数
解释变量	I	ln（investment），实际投资的对数
解释变量	M	ln（m），货币供应量M1的对数
被解释变量	ΔPOWER	△lnPOWER，发电量的对数差分
被解释变量	ΔY	△lnY，国内产出的对数差分
解释变量	ΔREER	△ln（REER），实际有效汇率的对数差分
解释变量	ΔWREER	△ln（opening weighted REER），“加权实际有效汇率”的对数差分
解释变量	ΔYF	△lnYF，国外实际产出的对数差分
解释变量	ΔP	△lnP，价格指数的对数差分
解释变量	ΔI	△lnI，实际投资的对数差分
解释变量	ΔM	△lnM，货币供应量M1的对数差分

二 单位根检验及去除趋势

根据计量经济学理论，在利用 OLS 等传统方法对计量经济模型进行估计时，如果时间序列为非平稳序列，则容易产生伪回归，从而使模型不能真实反映解释变量和被解释变量的关系。因此，为了防止出现伪回归，首先应对变量的时间序列进行平稳性检验。

检验时间序列平稳性最常用的方法是单位根 ADF 检验，它对时间序列 X_t 的一阶差分进行如下回归：

$$\Delta X_t = \rho X_{t-1} + \sum_{i=1}^{k} \gamma_i \Delta X_{t-i} + \beta t + \mu_t \tag{3.8}$$

假设检验 H_0：$\rho=0$，检验统计量服从 ADF 分布。如果接受 H_0，意味着时间序列 X_t 包含着单位根，即 X_t 是非平稳的；拒绝 H_0 意味着 X_t 是平稳的。

本书采用 ADF（Augment Dikey - Fuller）方法对各变量的水平（取对数）序列进行 Y、YF、REER 序列进行单位根检验。在 ADF 检验中，滞后阶数应以消除误差项中的自相关为原则，滞后阶数应尽可能小。检验结果如表 3 - 4 所示。

表 3 - 4　　水平数据序列 ADF 检验结果

变量	检验类型	ADF 统计量	接受原假设（存在单位根）的概率
POWER	(C, 0, 2)	0.216502	0.9732
Y	(C, 0, 2)	0.225625	0.9737
YF	(C, 0, 1)	-1.553646	0.5047
REER	(0, 0, 1)	-2.164899	0.2199
P	(C, 0, 4)	-1.072669	0.7268
I	(C, 0, 2)	0.639967	0.9906
M	(C, 0, 2)	-2.355117	0.1558

注：各变量均取自然对数，检验结果用 Eviews 5.0 软件计算得出。检验类型（C，T，L）分别表示单位根检验方程包括常数项、时间趋势和最大滞后阶数（滞后阶数选择依据 SchwarzInfo. Criterion），时间趋势为 0 表示无时间趋势。

ADF 检验结果表明，所有变量都是非平稳的。对于非平稳过程，可以采用差分变换法和趋势操作法除去趋势，从而把数据转化为平稳过程。

根据 Nelson 和 Plosser（1982）的研究成果，绝大多数重要的宏观经济变量基本上都是差分平稳过程，而非趋势平稳过程。数据采用差分的方法去除趋势。对 ΔY、ΔYF、ΔREER、ΔP、ΔI、ΔM 的平稳性特征采用单位根 ADF 检验方法，其中，检验过程中滞后期的确定采用 AIC 最小准则，以保证残差值非自相关性。检验结果表明，所有变量在 1% 显著水平上均为平稳序列。

表 3 –5　　差分序列 ADF 检验结果

变量	检验类型	ADF 统计量	1% 临界值	接受原假设概率
ΔPOWER	（C，0，1）	–17.70010***	–3.458845	0.0000
ΔY	（C，0，1）	–18.49559***	–3.458845	0.0000
ΔYF	（C，0，1）	–11.37508***	–3.458719	0.0000
ΔREER	（C，0，0）	–11.60290***	–3.458719	0.0000
ΔP	（C，0，3）	–3.733845***	–3.459101	0.0042
ΔI	（C，0，2）	–14.39490***	–3.459494	0.0000
ΔM	（C，0，0）	–17.28932***	–3.458719	0.0000

注：各变量均为对数差分，检验结果用 Eviews 5.0 软件计算得出。检验类型（C，T，L）分别表示单位根检验方程包括常数项、时间趋势和滞后阶段，0 表示无时间趋势，D 表示差分算子。*、**、*** 分别表示在 10%、5%、1% 的显著性水平上拒绝原假设。

三　格兰杰因果关系检验

为了初步了解实际有效汇率等变量的变化是否会引起产出水平的变动，本书进行格兰杰因果检验。

如果为 X_t、Y_t 平稳过程，对

$$X_t = c_1 + \sum_{j=1}^{p} \alpha_j X_{t-j} + \sum_{j=1}^{q} \beta_j Y_{t-j} + \mu_{1t} \tag{3.9}$$

进行假设检验，H_0：$\beta_j = 0$；H_1：$\beta_j \neq 0$，$j = 1, 2, \cdots, q$

首先，对上述模型应用最小二乘法（OLS），记残差平方和为 ESS（q，p）；

其次，对模型

$$X_t = c_1 + \sum_{j=1}^{p} \alpha_j X_{t-j} + \varepsilon_t \tag{3.10}$$

应用 OLS，记残差平方和为 ESS（P）。构造格兰杰统计量 F：

$$F = \frac{(ESS(P) - ESS(q,p))/q}{ESS(q,p)/(n-p-q-1)} \sim F(q,n-p-q-1) \quad (3.11)$$

给定置信水平 α 查临界值 F_{α}，如果 $F > F_{\alpha}$，则拒绝 H_0，可证明 Y 能够格兰杰引起 X。

格兰杰因果关系检验结果如表 3 - 6 所示，对于 ΔREER 不是 ΔPOWER 的格兰杰成因的原假设，拒绝它犯第一类错误的概率是 0.000090，表明 ΔREER 格兰杰引起 ΔY，说明实际有效汇率对实际产出影响显著（统计意义）。

表 3 - 6　　Granger 因果关系检验

原假设	F 值	P 值	滞后阶数
ΔREER 不是 ΔPOWER 的格兰杰成因	9.62490	0.00009	2
ΔREER 不是 ΔY 的格兰杰成因	3.74318	0.02517	2
ΔI 不是 ΔPOWER 的格兰杰成因	2.67744	0.07098	2
ΔM 不是 ΔPOWER 的格兰杰成因	4.32323	0.00219	4
ΔPOWER 不是 ΔREER 的格兰杰成因	6.81696	0.00963	1
ΔYF 不是 ΔPOWER 的格兰杰成因	7.02510	0.00110	1

四　简单回归分析

由于 2008 年全球金融危机的影响，我国在当年 9 月份产出出现较明显下降，这种现象从发电量数据序列观察显现得更为明显。2008 年 9 月发电量出现较大下滑，直到 2009 年 7 月才恢复到 2008 年 8 月的水平。从实证角度分析，2008 年 9 月可能是计量经济分析的结构断点。

由于金融危机的影响，所以将数据分为 1994 年 1 月至 2008 年 8 月、2008 年 9 月至 2013 年 4 月两个区间，如表 3 - 7 模型 1 所示设定的回归方程进行 Chow Breakpoint 检验，F 值为 2.024558，检验结果拒绝参数是稳定的假设，说明全球金融危机导致回归方程结构发生了变化，如果把两部分数据合并在一起进行计量分析，将导致有偏的分析结果。比较两部分样本，本书认为，后一部分样本期间（2008 年 9 月至 2013 年 4 月）数据用于实证分析存在着较大缺陷。一是样本数据较少，二是由于金融危机以及我国 4 万亿元投资等因素对产出的影响较为显著，在实证模型中难以给出较好的变量以及较为准确的数据刻画上述因素对产出的影响，而如果遗漏这些变量又会造成实证结果的偏误。因此本书舍弃 2008 年 9 月之后的数据，只选取 1994 年 1 月至 2008 年 8 月期间数据用于实证分析。

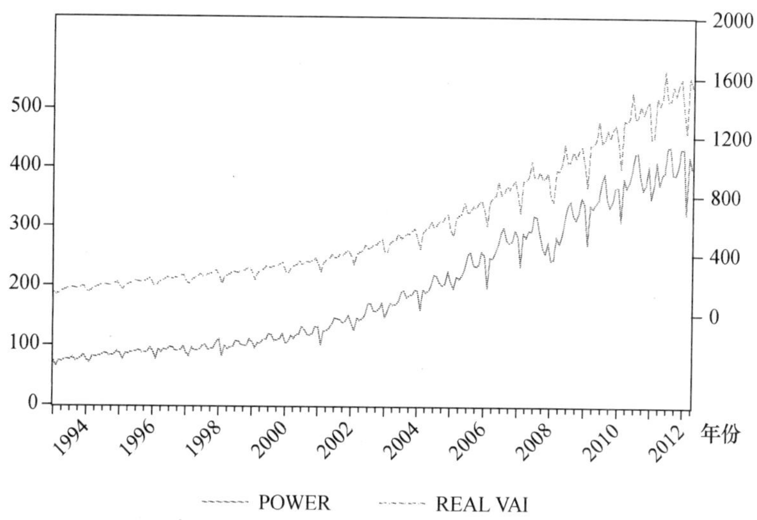

图 3－14　发电量与实际工业增加值

资料来源：CEIC 数据库、笔者估算。

对新样本期间数据重新进行 ADF 检验表明，各数据序列均为平稳序列（见本章附录 5）。在实证中最初包含尽可能多的变量，再根据变量的显著性水平加以取舍。由于存在多个变量，在模型回归中还存在着滞后变量，因此需要多次回归，确定哪些变量显著以及确定滞后期情况，最后确定模型的回归结果。表 3－7 简要地列出回归结果，以便对各变量进行初步观察。

表 3－7　差分序列 OLS 回归结果

解释变量	被解释变量				
	ΔPOWER			ΔY	
	模型 1	模型 2	模型 3	模型 4	模型 5
C	0. 01469	0. 016529	0. 017757	0. 018639	0. 020376
	(0. 004712)	(0. 002713)	(0. 00252)	(0. 003295)	(0. 002121)
	[3. 117469]	[6. 093124]	[7. 047683]	[5. 656347]	[9. 608143]

续表

解释变量	被解释变量				
	ΔPOWER			ΔY	
	模型 1	模型 2	模型 3	模型 4	模型 5
ΔPOWER（-1）	-0.71048 (0.074565) [-9.52824]	-0.72654 (0.072772) [-9.9838]	-0.77901 (0.072556) [-10.7367]		
ΔPOWER（-2）	-0.39371 (0.074142) [-5.31018]	-0.40527 (0.071204) [-5.6917]	-0.37564 (0.073075) [-5.14045]		
ΔY（-1）				-0.79469 (0.074614) [-10.6506]	-0.80308 (0.071915) [-11.167]
ΔY（-2）				-0.3978 (0.075611) [-5.26112]	-0.35125 (0.069862) [-5.02781]
ΔREER（-1）	-0.51155 (0.198811) [-2.57305]	-0.53064 (0.196229) [-2.7042]	-0.35654 (0.191112) [-1.86559]	-0.27527 (0.131699) [-2.09013]	-0.27646 (0.125571) [-2.20161]
ΔREER（-2）	-0.22704 (0.2052) [-1.10642]	-0.24119 (0.200983) [-1.20005]	-0.34842 (0.195765) [-1.7798]	-0.04881 (0.134103) [-0.36399]	
ΔYF（-1）	0.46353 (0.161384) [2.872217]	0.398412 (0.157202) [2.534398]	0.426839 (0.161847) [2.637294]	0.175318 (0.106537) [1.645604]	0.180755 (0.103499) [1.746439]
ΔYF（-2）	-0.10205 (0.165738) [-0.61571]		-0.01428 (0.164776) [-0.08665]	0.073567 (0.108364) [0.678884]	
ΔP（-1）	1.718726 (0.554365) [3.100348]	1.600793 (0.527447) [3.034981]		0.84298 (0.37801) [2.230044]	0.543113 (0.265704) [2.044055]
ΔP（-2）	-1.31074 (0.545067) [-2.40474]	-1.16739 (0.524481) [-2.22581]		-0.49305 (0.366606) [-1.34489]	

续表

解释变量	被解释变量				
	ΔPOWER			ΔY	
	模型 1	模型 2	模型 3	模型 4	模型 5
ΔI（-1）	0.041196 (0.021002) [1.961476]			0.038612 (0.013851) [2.787716]	0.034926 (0.013097) [2.666661]
ΔI（-2）	0.020124 (0.0207) [0.972155]			0.026764 (0.013794) [1.940261]	0.022108 (0.013086) [1.689476]
ΔM（-1）	0.05189 (0.196636) [0.263889]			0.119472 (0.129086) [0.925522]	
ΔM（-2）	0.012806 (0.197499) [0.064841]			0.075047 (0.131024) [0.572771]	
R^2	0.469229	0.45596	0.424214	0.482631	0.46915
调整的 R^2	0.429422	0.429421	0.403403	0.443828	0.446629
F 统计量	11.78737	17.18102	20.38362	12.43807	20.83173

注：“（）”内数据为标准差，“[]”内的数据为 t 值。

从结果分析，无论以发电量的对数差分（ΔPOWER）作为被解释变量，还是以本书估算的实际工业增加值对数差分（ΔY）作为被解释变量，上述 5 个模型各变量的系数符号与预期方向相同。ΔPOWER（-1）和 ΔY（-1）的系数为负，反映了上期产出增加使本期产出下降。其传导机制为上期产出增加将增加本期库存，在去库存化的作用下，本期产出下降。ΔYF（-1）和 ΔYF（-2）综合效应为正（辅以脉冲响应观察），反映了国外实际产出增加对本国产出具有拉动作用；ΔREER（-1）系数为负，表明实际有效汇率升值将使产出下降；ΔP（-1）和 ΔP（-2）综合效应为正（辅助以脉冲响应观察），表明通货膨胀与产出具有正相关关系；ΔI（-1）、ΔI（-2）系数为正，表明投资促进中国产出增长；ΔM（-1）、ΔM（-2）系数为正，表明货币供应量增加刺激产出上升。

滞后的ΔPOWER对当期ΔPOWER作用非常显著，滞后的ΔY对当期ΔY作用也非常显著，这符合一般实证规律。汇率、国外实际产出对国内产出的作用机制较为明确，表现在ΔPOWER的回归方程中，ΔREER和ΔYF系数显著。从理论上分析，投资对产出具有较强正面效应，但在以ΔPOWER为被解释变量的实证结果中ΔI虽然系数为正，但统计意义上并不显著，而在以ΔY为被解释变量的实证中较为显著，其中原因可能是投资对工业影响较大而对耗电较大的制造业影响较小，或者可能是在工业增加值统计中较多考虑投资统计数据等；价格对产出具有较明显的正效应。价格变动一定程度反映了前期货币供应量的变动，根据经济学实证经验，货币供应量与价格上升之间具有较长的时滞；货币供应量的系数不够显著，其主要原因可能在于：第一，货币供应量对产出的作用期限较长，难以在短期内测出；第二，货币供应量的变化大部分是可预期的，从而对产出的作用效果也较为有限；第三，货币供应量对产出的一部分效应反映在价格之中。

对比以实际工业增加值（对数差分）为被解释变量的实证结果和以发电量（对数差分）为被解释变量的实证结果，两者滞后的被解释变量系数以及投资的系数相近，但汇率的系数相差较大。在以发电量（对数差分）为被解释变量的实证结果中，汇率升值对产出的负效应明显高于以实际工业增加值（对数差分）为被解释变量的实证结果。这其中可能的原因是耗电量较高的部门更偏向于外向型经济，从而受汇率变动的影响较大，这一点可以从各产业发电量数据中得到验证。以2007年各行业电力消耗情况为例，当年第二产业电力消费量占总电力消费量的74.32%，其中对外贸易额较高的制造业电力消费量占总电力消费量的55.35%（司增绰，2010）。

还需要关注实际有效汇率升值对产出的最终作用效应。因为各变量均已取对数，且取差分，分析的过程较为复杂。以模型3为例，ΔREER（-1）系数为-0.36，表明第$t-1$期实际有效汇率升值1%，将使第t期产出下降约0.36%（即$d\ln(REER)=\frac{d(REER)}{REER}$时，产出的变动率等于0.36%，这里有 $d\ln(Y)=\frac{d(Y)}{Y}$）。

时间向后推移一期，第 $t-1$ 期实际有效汇率升值使 $t+1$ 期产出的变动率等价于第 $t-2$ 期实际有效汇率升值所引起的第 t 期产出变动。直观分析，ΔREER（-2）的系数为-0.35，表明第 $t-2$ 期的实际有效汇率升值1%将直接使第 t 期产出下降0.35%（直接效应），但这里需要注意的是，实际上，第 $t-2$ 期实际有效汇率变动会引起第 $t-1$ 期各变量都发生变动，第 $t-1$ 期各变量的变动会引起第 t 期产出的变动（间接效应）。

首先分析引起产出变动最主要的部分：第 $t-2$ 期实际有效汇率变动通过第 $t-1$ 期产出变动影响第 t 期产出。滞后两期的实际有效汇率升值将使第 $t-1$ 期产出下降，第 $t-1$ 期的产出下降又将使第 t 期产出上升。根据表3-7的结果，其效应为 $-0.34842+(-0.35654)\times(-0.77901)\approx-0.07$。即第 $t-2$ 期实际有效汇率升值将引起第 t 期产出环比第 $t-1$ 期下降0.07%，也就是说，第 t 期产出与第 $t-2$ 期相比大约下降0.35%+0.07%=0.42%。

除此之外，滞后两期的实际有效汇率还通过滞后一期的实际有效汇率、滞后一期的国外实际产出影响第 t 期产出（但详细的分析表明两者的影响很小，特别是国外实际产出具有很强的外生性，它几乎不被人民币实际有效汇率所解释）。直观分析实际有效汇率的间接效应非常复杂，特别是超过两期以上的效应。全面评估实际有效汇率变动对以后各期产出的作用效果，还应借助VAR模型。

五　VAR模型

VAR模型的脉冲响应能够较好地分析各变量变动对各期产出的作用效果。参考差分回归结果各变量的显著性，选取发电量（对数差分、代理产出）、国外实际产出（对数差分）、实际有效汇率（对数差分）作为VAR模型的基础模型，下文再结合扩展后的模型进行分析。为便于对照，以实际工业增加值（对数差分）为被解释变量的实证结果置于本章附录6。

模型滞后阶数检验LR、FPE、AIC统计量均表明取二阶滞后，本处取二阶（见本章附录7）。特征多项式根的倒数均位于单位圆内（见本章附录8）。差分数据的脉冲响应、累积脉冲响应如图3-15、图3-16和表3-8、表3-9所示。

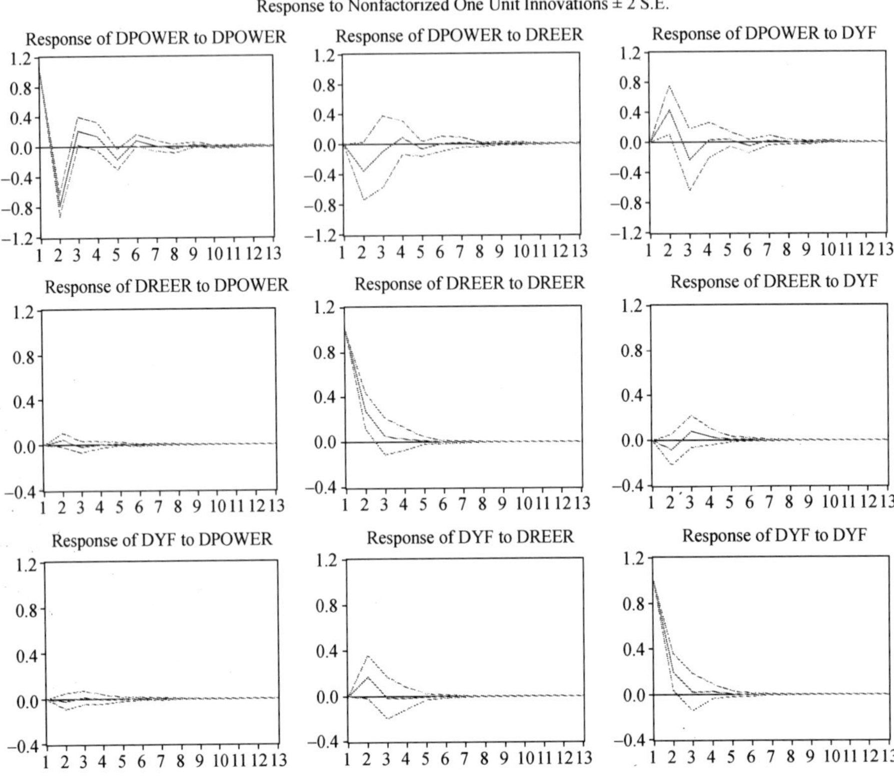

图 3－15　差分数据的脉冲响应

注：图中 DPOWER 表示产出（以发电量代理）的对数差分，即产出的环比增长率，DREER 表示实际有效汇率的对数差分，DYF 表示国外实际产出的对数差分，上下虚线表示上下两单位标准差。

表 3－8　　　　　　　　差分数据的脉冲响应

Response of DPOWER：

P 值	DPOWER	DREER	DYF
1	1. 000000 (0. 00000)	0. 000000 (0. 00000)	0. 000000 (0. 00000)
2	－0. 779013 (0. 07256)	－0. 356537 (0. 19111)	0. 426839 (0. 16185)
3	0. 206965 (0. 09351)	－0. 096395 (0. 23720)	－0. 233771 (0. 20491)

续表

P值	DPOWER	DREER	DYF
4	0.128021 (0.09298)	0.085938 (0.11426)	0.027791 (0.11631)
5	-0.172719 (0.07000)	-0.065337 (0.04947)	0.040038 (0.05144)
6	0.082706 (0.03897)	0.003095 (0.05019)	-0.053880 (0.04481)
7	0.001237 (0.03353)	0.018024 (0.03347)	0.020654 (0.03201)
8	-0.031243 (0.02945)	-0.015164 (0.01431)	0.002083 (0.01635)
9	0.023042 (0.01646)	0.004783 (0.00953)	-0.009887 (0.01109)
10	-0.005849 (0.00888)	0.002048 (0.00827)	0.006472 (0.00796)
11	-0.004055 (0.00869)	-0.003235 (0.00468)	-0.001282 (0.00451)
12	0.005194 (0.00596)	0.001706 (0.00214)	-0.001417 (0.00301)
13	-0.002416 (0.00267)	-8.54E-05 (0.00176)	0.001538 (0.00210)

从图3-15和表3-8可以看出，实际有效汇率升值使随后两个月（脉冲响应的第2期和第3期）产出的环比增长率为负值①，随后第3个月（脉冲响应的第4期）环比增长率为正值，即实际有效汇率升值会造成随后两个月产出连续下降，到第3个月产出较之上月（第2个月）有所恢复。4个月后，产出环比增长率上下振荡衰减，实际有效汇率对产出环比增长率的影响逐步趋近0。

累积脉冲响应结果（见图3-16和表3-9）说明：（1）国内产出受自身冲击较为显著，两单位标准差范围很小，反映了回归效果较为理想；

① 产出以发电量代理。

国内产出受国外实际产出的影响同样为正，标准差范围较大；国内产出受实际有效汇率升值的影响为负，脉冲响应两单位标准差范围基本位于横轴下方。（2）相对于国内产出和实际有效汇率，国外实际产出外生性较强，几乎不受国内产出影响。（3）实际有效汇率同样具有较强的外生性，基本不被国内产出影响，但从图中观察可知，国外实际产出上升时，实际有效汇率有所升值。

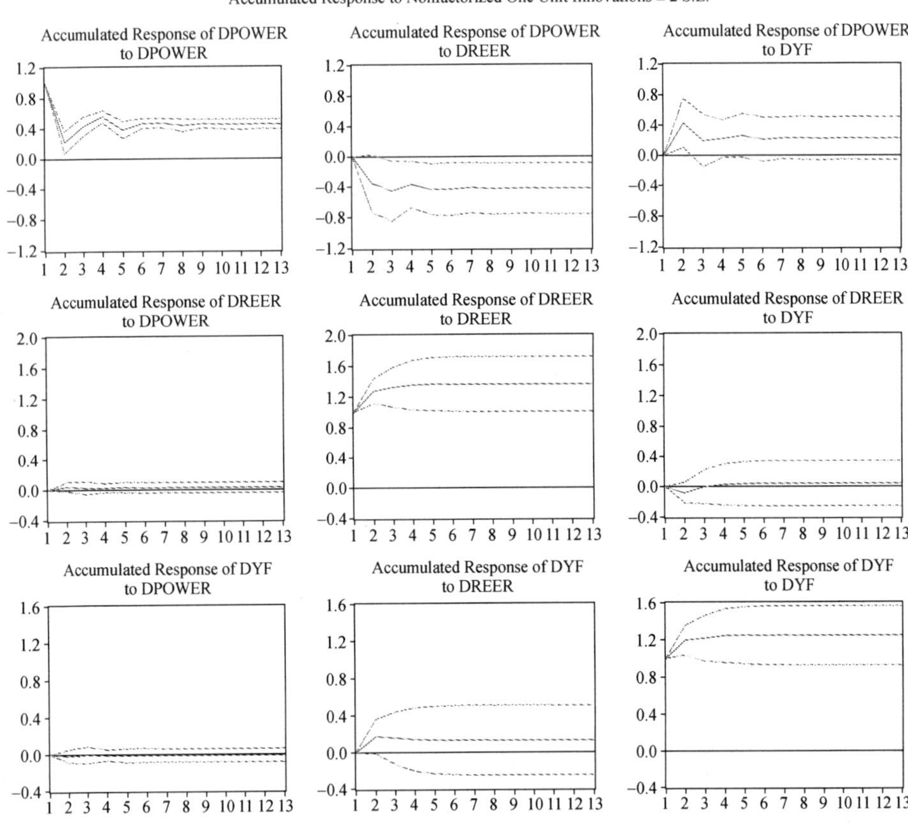

图 3－16　差分数据的累积脉冲响应

注：图中 DPOWER 表示发电量（代理产出）的对数差分，即产出的环比增长率，DREER 表示实际有效汇率的对数差分，DYF 表示国外实际产出的对数差分。上下虚线表示上下两单位标准差。

表 3 -9　　差分数据的累积脉冲响应

Accumulated Response of DPOWER:

时期	DPOWER	DREER	DYF
1	1. 000000 (0. 00000)	0. 000000 (0. 00000)	0. 000000 (0. 00000)
2	0. 220987 (0. 07256)	-0. 356537 (0. 19111)	0. 426839 (0. 16185)
3	0. 427952 (0. 06361)	-0. 452933 (0. 19759)	0. 193069 (0. 17341)
4	0. 555972 (0. 03997)	-0. 366995 (0. 15203)	0. 220860 (0. 12431)
5	0. 383253 (0. 05648)	-0. 432331 (0. 16966)	0. 260898 (0. 14510)
6	0. 465959 (0. 03257)	-0. 429236 (0. 17381)	0. 207018 (0. 14633)
7	0. 467196 (0. 03068)	-0. 411212 (0. 16516)	0. 227673 (0. 13744)
8	0. 435952 (0. 04135)	-0. 426376 (0. 16903)	0. 229756 (0. 14280)
9	0. 458994 (0. 02866)	-0. 421593 (0. 16860)	0. 219869 (0. 14135)
10	0. 453145 (0. 03185)	-0. 419545 (0. 16730)	0. 226341 (0. 14020)
11	0. 449090 (0. 03450)	-0. 422781 (0. 16827)	0. 225059 (0. 14146)
12	0. 454284 (0. 03057)	-0. 421074 (0. 16794)	0. 223643 (0. 14086)
13	0. 451868 (0. 03240)	-0. 421160 (0. 16781)	0. 225180 (0. 14082)

注：括号内数据为标准差。

为了更清晰地分析实际有效汇率变动对产出增长率的影响以及对产出绝对水平的影响，根据图 3 -15 和图 3 -16 得出图 3 -17 用于分析实际有效汇率的产出效应。图 3 – 17 左图显示，实际有效汇率对月度产出环比增长率的影响（产出对数差分对实际有效汇率对数差分的脉冲响应），右图显示实际有效汇率对月度产出水平值的影响（产出的对数差分对实际有效汇率的对数差分的累积脉冲响应）。从左图可以看出，实际有效汇率升值后的第 1 个月（第 2 期）产出下降，第 2 个月产出环比上月继续下降，到第 3 个月，产出环比第 2 个月出现上升，随后产出环比增速上下反复，但变化幅度较小。从右图可以看出，相对于第一期，实际有效汇率升值后的两个月产出大幅下降，第 3 个月产出虽有所恢复，但仍不能达到正常水平，随后产出维持在较低水平。

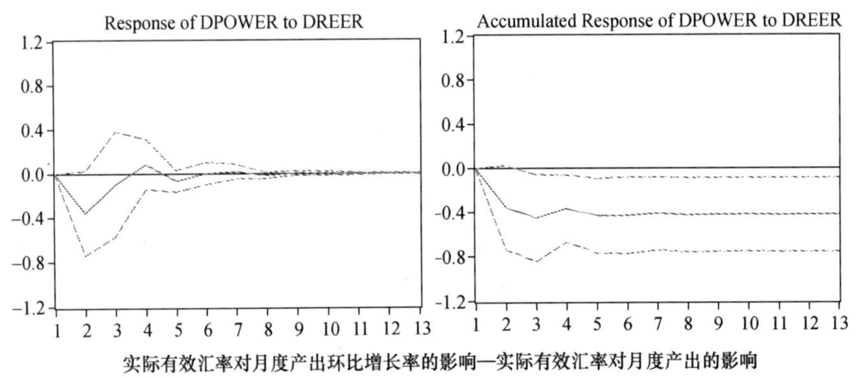

实际有效汇率对月度产出环比增长率的影响—实际有效汇率对月度产出的影响

图 3 – 17　差分序列的脉冲响应与累积脉冲响应

注：两图取自差分数据的脉冲响应与差分数据的累积脉冲响应。

第四节　基于水平数据序列的实证分析

一　实证方法比较

以差分数据序列进行实证分析存在一定不足，在数据差分时会移去数据中的水平信息。而以水平数据序列进行实证分析也并不完美，尤其是在利用其协整关系时有可能存在伪协整情况。

协整检验对滞后阶数很敏感，选取过大或过小的滞后阶数，都有可能导致伪协整。在选择滞后阶数 p 时，一方面要使滞后阶数足够大，以完整地反映模型的动态特征；另一方面，滞后阶数又不能太大，以免降低模型的自由度。有时差分之间变量之间存在多个协整关系，这往往难以用经济理论加以解释。

由于水平数据序存在着一定的不足，许多实证研究借助于数据差分来获取平稳时间序列。以实际有效汇率的自然对数序列带漂移的随机游走为例，即 $S_t = \mu t + \sum_{i=1}^{t} U_i$。我们注意到 $S_t = O_P(t)$，表明随机趋势是由有确定性的趋势所决定。同理可以看出，取差分会生成平稳过程，但是通过将其映射到 X_t 滤去时间趋势却不能生成平稳过程。

假设有以下回归方程：$y_t = \beta x_t + \varepsilon_t$，其中 $\varepsilon_t \sim iid\ (0,\ \sigma^2)$ 且对所有的 t、i、ε_t、μ_t 彼此独立。于是，β 的 OLS 估计量以 $T^{3/2}$ 的比率收敛。所以有：

$$\frac{1}{T^3}\sum_{t=1}^{T} x_t^2 = \frac{1}{T^3}\sum_{t=1}^{T}\left(\mu^2 t^2 + 2\mu t\sum_{i=1}^{t} u_i + \left(\sum_{i=1}^{t} u_i\right)^2\right) \to \mu^2/3 \tag{3.12}$$

$$T^{\frac{2}{3}}(\tilde{\beta} - \beta) = \frac{\frac{1}{T^{3/2}}\sum_{t=1}^{T} x_t \varepsilon_t}{\frac{1}{T^3}\sum_{t=1}^{T} x_t^2} = \frac{\frac{1}{T^{3/2}}\sum_{t=1}^{T} \mu t \varepsilon_t}{\frac{1}{T^3}\sum_{t=1}^{T} x_t^2} + O_p(1) = O_P(1) \tag{3.13}$$

如果我们以一阶差分的形式估计模型：

$$\Delta y_t = \beta \Delta x_t + \varepsilon_t - \varepsilon_{t-1} = \beta\ (\mu + u_t)\ + \varepsilon_t - \varepsilon_{t-1} \tag{3.14}$$

因此，差分化后数据的 OLS 估计量如下：

$$\tilde{\beta} = \beta + \sum (\mu + u_t)(\varepsilon_t - \varepsilon_{t-1}) / \sum (u_t + \mu)^2 \tag{3.15}$$

根据大数原则，对 iid 随机变量 $\frac{1}{T}\sum u_t^2 \to \sigma_u^2$ 有 $\frac{1}{T}\sum (u_t + u)^2 \to \sigma_u^2 + u^2$。同时，也有 $Eu_t(\varepsilon_t - \varepsilon_{t-1}) = 0$ 和 $Var\left(\frac{1}{T^{1/2}}\sum (\mu + u_t)(\varepsilon_t - \varepsilon_{t-1})\right) = 2\sigma_u^2\sigma_\varepsilon^2$，其中可以看出 $(\tilde{\beta} - \beta) = O_P(T^{-1/2})$。说明取差分得平稳并不总是个好方法。差分会移去数据中的水平信息。在这种情况下，差分回归与非差分回归相比，前者会丧失参数 β 值一定量的真实信息。

尽管如此，差分回归也存在一定优势。数据差分之后往往降低数据之间的相关性，事实上多重共线性的解决途径之一就是数据差分。如果解释变量之间的共线性并不严重，差分后的数据将降低实际有效汇率与遗漏变量之间的相关性，根据上文所论证的结论：

$$Bias(\tilde{\beta}_1) = E(\tilde{\beta}_1) - \tilde{\beta}_1 = \tilde{\beta}_2 \tilde{\delta}_1 \tag{3.16}$$

差分后的数据一般会使 δ_1 变小，因而差分后的数据可能有助于降低遗漏变量产生的估计偏差。① 因此，差分回归与水平序列回归各有优劣，在差分数据实证之后，再以水平数据进行实证分析，以便比较两者结果的差异。

二 协整检验

根据上文的分析，国外实际产出 YF、实际有效汇率 REER 都是影响产出（以发电量 POWER 代理）的重要变量，且均为一阶单整过程，据此可以进一步检验 YF、REER、POWER 之间是否存在协整关系（各变量均取对数），如果存在着协整关系，则意味着变量间存在长期均衡关系。关于协整关系的检验与估计，有许多方法，如 EG 两步法、Johansen 极大似然法、Park（1992）法、自回归分布滞后模型（ARDL）法、频域非参数谱回归法、Bayes 方法，等等。但从蒙特卡洛模拟结果看，Johansen 检验总体上优于其他的检验方法。因此，本书采用 Johansen 检验法。Johansen 提出了关于系数矩阵协整的似然比（LR）检验方法，协整似然比检验假设为 H_0：至多有 r 个协整关系；H_1：有 m 个协整关系。检验迹统计量 Qr 的显著性：

$$Q_r = -T\sum_{i=r+1}^{k} \ln(1 - \lambda_i) \tag{3.17}$$

其中，λ_i 是大小排第 i 的特征值，T 是观测期总数。

在进行 Johansen 协整检验时，首先应确定一个合理的滞后阶数，Johansen 检验的最优滞后阶数根据 VAR 模型的最优滞后阶数 p 来确定。在选择滞后阶数 p 时，一方面要使滞后阶数足够大，以完整地反映模型的动态特征；另一方面滞后阶数又不能太大，以免降低模型的自由度。由于水平序列 VAR 模型选择的最优滞后期为 5，所以协整检验的 VAR 模型滞后期确定为 4（见本章附录 9）。协整方程中选择有截距项和没有时间趋势项，表 3 – 10 协整检验结果表明，5% 的显著水平下，三个变量之间存在一个协整向量。

① 一般来说，对于经济数据，差分后数据之间的相关性变弱，不仅解释变量与被遗漏变量之间相关性变弱，而且会使解释变量与被解释变量之间的相关性变弱，因而差分的最终效应如何，还需要根据特定经济数据序列得出结果。

表3-10 协整关系检验

原假设：协整向量数	特征值	统计量	临界值（5%）	概率
0*	0.121083	34.57177	29.79707	0.0131
至多1	0.056182	12.50172	15.49471	0.1344
至多2	0.015171	2.614165	3.841466	0.1059

三 VAR模型

水平序列通过协整检验，可以采用VAR模型分析变量之间的关系①，取5阶滞后，进行脉冲响应分析，脉冲响应结果如图3-18所示（数据请见本章附录10）。由于对于非平稳序列是否可采用VAR模型实证尚无定论，水平序列的实证结果仅作为本书参考。

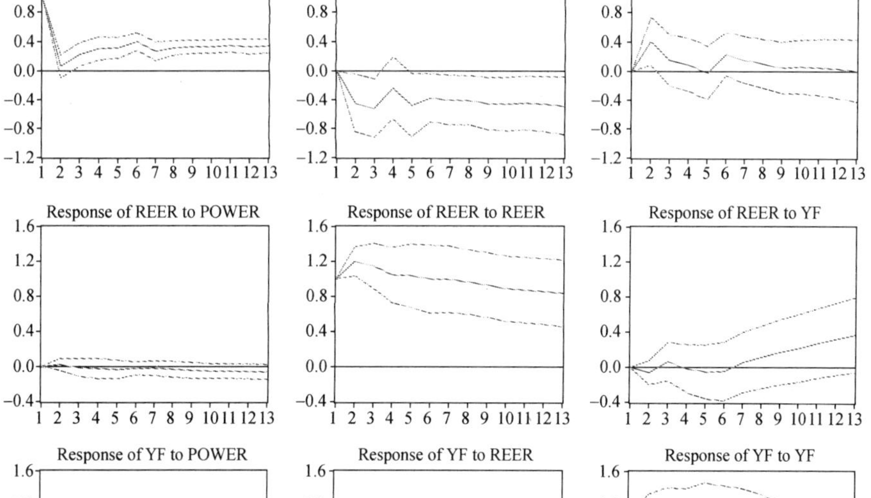

图3-18 水平序列VAR模型脉冲响应

① 西姆斯、斯托克和沃森（Sims, Stock and Watson, 1990）指出，对于变量当一组变量是协整的时候，恩格尔和格兰杰（Engle and Granger, 1987）的两阶段估计VEC模型的做法是不必要的，可以对原始数据（即水平变量）直接估计VAR模型，按水平变量建立的VAR模型并不是错误识别的，但对于此问题目前仍未形成一致看法（转引自施建淮，2007）。

四 VECM 模型

单位根检验和 Johansen 协整检验的结果表明模型变量都是 I（1）变量，并且它们之间存在协整关系。有些经济学家认为此时估计向量误差修正模型（VECM 模型）是合适的（Engle and Granger，1987）。向量误差修正模型（VECM）是一个含有协整约束的 VAR 模型，即在解释变量中含有协整约束关系。因此，当出现一个大范围的短期波动时，向量误差修正模型（VECM）会使内生变量收敛于它们的长期协整关系，短期部分调整可以修正长期均衡的偏离，因此，协整项也被称为误差项。VECM 模型脉冲响应与方差分解结果分别见表 3－11 和本章附录 11。

表 3－11　　VECM 模型脉冲响应

Response of POWER：

时间	POWER	REER	YF
1	1. 000000	0. 000000	0. 000000
2	0. 074128	－0. 488495	0. 434293
3	0. 235499	－0. 558789	0. 206146
4	0. 313875	－0. 289166	0. 178956
5	0. 311512	－0. 550826	0. 069853
6	0. 382335	－0. 434466	0. 348051
7	0. 263628	－0. 445493	0. 300928
8	0. 303309	－0. 426827	0. 286508
9	0. 313021	－0. 470979	0. 257648
10	0. 305366	－0. 468298	0. 284118
11	0. 315600	－0. 440731	0. 291411
12	0. 301648	－0. 436405	0. 294864
13	0. 308142	－0. 447915	0. 287238

水平数据序列 VECM 模型脉冲响应与差分数据序列累积脉冲响应接近。实际有效汇率升值，产出下降。国外实际产出上升，国内产出下降。脉冲响应函数为评价特定变量对各种冲击的反应方向和程度提供了有力工具，而方差分解使我们可以更进一步分析特定变量的变化中各种冲击的相对重要性。从预测误差的方差来源分析，产出自身冲击是第一位方差来源；随着滞后期的延长，实际有效汇率冲击对产出预测误差方差的贡献度逐渐上升。

第五节　实证结果分析与检验

一　分析思路

在人民币实际有效汇率对产出作用效果实证分析中，本书采用了多种实证方法分析汇率对产出的作用效应（限于篇幅，部分实证过程仅列出结论，实证过程备索），实证分析思路如图3－19所示。

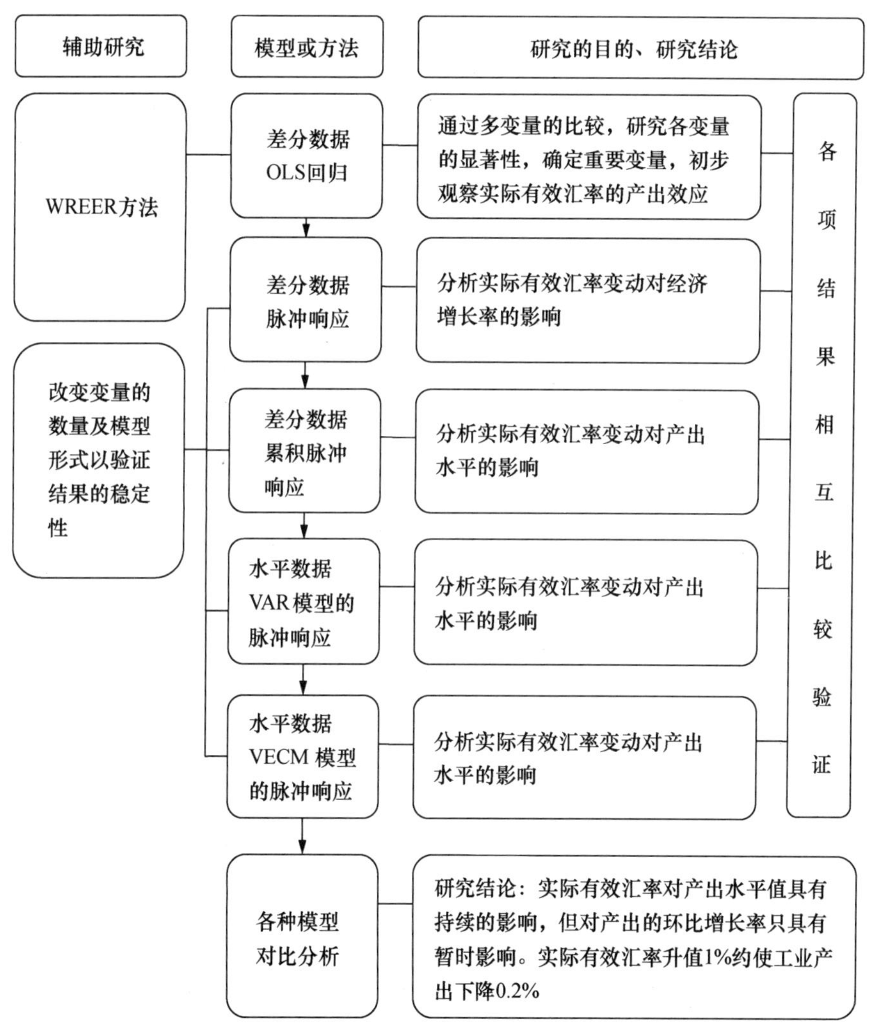

图3－19　实际有效汇率产出效应研究逻辑路线

1994 年以来，我国对外贸易依存度发生了较大变化。对外贸易依存度不同，即使汇率变动相同的幅度，汇率变动对产出的作用效应并不相同。本书试图对汇率以对外贸易依存度加权，作为实证分析的参考（见本章附录 12）。结合多种方法的实证结果，本书对汇率的产出效应进行定量分析和稳定性分析。

二 定量分析方法

本书以水平数据序列的为例 VAR（p），定量分析脉冲响应函数和累积脉冲响应函数获得的实证结果。

一个向量自回归 VAR（p）可写成向量移动平均 VMA（∞）形式：

$$y_t = \mu + \varepsilon_t + B_1\varepsilon_{t-1} + B_2\varepsilon_{t-2} + B_3\varepsilon_{t-3} + \cdots = \mu + B(L)\varepsilon_t \tag{3.18}$$

其中，滞后算子多项式 $B(L) = I_k + B_1L + B_2L^2 + B_3L^3 + \cdots + (k \times k)$，向量 ε_t 的各个分量之间可以存在同期相关。动态乘子（$k \times k$）矩阵 B_r 的含义为：

$$B_r = \frac{\partial y_{t+r}}{\partial \varepsilon_t} \tag{3.19}$$

B_r 的第 i 行、第 j 列元素等于时期 t 第 j 个变量的新息 ε_{jt} 增加一个单位而其他时期其他新息不变的情况下，对时期 $t+r$ 的 i 个变量的值 $y_{i,t+r}$ 的影响。当其他变量不变时，$\partial y_{jt} = \partial \varepsilon_{jt}$，因此脉冲响应函数描述了 $y_{i,t+r}$ 在时期 t 的其他变量和早期变量不变的情况下对 y_{jt} 的一个暂时变化 ∂y_{jt} 的反应。①

$$y_t = c + A_1y_{t-1} + A_2y_{t-2} + \cdots + A_py_p + \varepsilon_t = c + \sum_{i=1}^{p} A_iy_{t-1} + \varepsilon_t \tag{3.20}$$

根据以上分析，水平数据序列 VAR 模型脉冲响应取一单位冲击，当 REER（实际有效汇率的对数）变动幅度很小时（如 0.01），Y（产出的对数）对 REER（实际有效汇率的对数）第 $t+r$ 期脉冲响应的数值反映了实际有效汇率升值 1% 时，产出相对第 t 期变动的百分比。

对于差分序列，ΔY（产出的对数差分）对 $\Delta REER$（实际有效汇率的对数差分）的脉冲响应反映各期产出的环比增长率，累积脉冲响应反映了受到实际有效汇率冲击后各期产出相对第 t 期变动的百分比：

$$d\ln y_1 + d\ln y_2 + d\ln y_3 \approx dy_1/y + dy_2/y + dy_3/y = \sum dy_i/y \tag{3.21}$$

---

① 李雪松：《高级经济计量学》，中国社会科学出版社 2008 年版。

三　实证结果分析

根据三变量差分数据序列 VAR 模型累积脉冲响应结果（见表 3－9），实际有效汇率升值 1%，大约使随后一年的发电量下降 0.4%。为了对结论进行稳定性检验，本书采用多种方法分析汇率对产出的作用效应：包括基于差分数据序列的实证、基于水平数据序列的实证；基于发电量作为被解释变量的实证、基于实际工业增加值作为被解释变量的实证；简单线性回归分析、VAR 模型分析、VECM 模型分析；在 VAR 模型和 VECM 模型中，变量数量分为三变量、四变量和五变量。

根据表 3－12 的实证结果，本书对汇率的产出效应作如下分析：

1. 实际有效汇率变动对实际工业增加值的作用效应明显弱于实际有效汇率对发电量的作用效应。汇率升值 1%，大致使实际工业增加值下降 0.2%，对于发电量，下降幅度则为 0.4% 左右。① 造成两者差异的原因在于各行业用电量的分布。由于电力难以大规模储存，发电量反映了全社会用电情况。根据《中国统计年鉴》数据，以 2003—2007 年平均值计算，工业电力消耗占电力总消耗达 74.15%，其中制造业电力消耗占电力总消耗的 52.61%。电力消耗水平的变动主要反映了制造业产出水平的变动。制造业对外贸易比重较大，受汇率影响较大，因而发电量的汇率弹性较高。在制造业中，重化工业电力消耗也非常高，其综合上下游产业对外贸易比重也较高。

2. 汇率对中国 GDP 的影响小于汇率对实际工业增加值的影响。GDP 的构成包含三次产业产出。第三产业与第一产业对外开外度较低，受汇率影响较小。第二产业中未列入工业增加值统计的建筑业没有对外贸易，受汇率影响也较小。因而中国总产出受汇率影响程度低于本书测算的工业的 0.2 的弹性水平（取绝对值）。按照工业占 GDP 比重为 50%、实际工业增加值的汇率弹性为 0.2 估算，假设第三产业、第一产业与建筑业完全不受汇率影响，测算得出中国 GDP 汇率弹性为 0.1。若按照极端情况第三产业、第一产业与建筑业受汇率的影响程度等同于工业产出的汇率弹性，则中国 GDP 的汇率弹性为 0.2。综合分析，中国 GDP 的汇率弹性区间为 0.1—0.2，即人民币实际有效汇率升值 1%，中国 GDP 下降幅度介

① 这里仅取大致数值，根据实证结果，实际工业增加值对实际有效汇率的弹性多数处在 0.17—0.21 之间，但仍有一数值为 0.12，似乎较为异常。发电量数值多为 0.37—0.43 之间，仅有一数值小幅超过此区间，为 0.48。

于0.1%—0.2%之间。

3. 实证结果具有较高的稳定性。表3－12所列23个模型以及在本书实证过程中测试的各种模型，均表明汇率升值对中国产出具有明确的收缩作用，结果是稳定的。汇率升值对发电量影响也较为稳定，汇率升值1%，发电量下降0.37%—0.48%，多数位于0.4%左右；汇率升值对工业产出的影响大多位于0.17—0.21之间。在模型增加变量的过程中，增加变量（或减少变量、遗漏变量）对汇率的系数影响较小，即汇率的系数具有稳定性。

表3－12　　　　模型实证结果比较

<table>
<tr><th>说明</th><th>模型编号</th><th>说明</th><th>被解释变量</th><th>ΔREER（－1）</th><th>t值</th><th>ΔREER（－2）</th><th>t值</th><th>调整的 R^2</th></tr>
<tr><td rowspan="5">简单线性回归</td><td>1</td><td rowspan="5">编号取自表9</td><td>ΔPOWER</td><td>－0.51</td><td>－2.57</td><td>－0.23</td><td>－1.11</td><td>0.47</td></tr>
<tr><td>2</td><td>ΔPOWER</td><td>－0.53</td><td>－2.70</td><td>－0.24</td><td>－1.20</td><td>0.46</td></tr>
<tr><td>3</td><td>ΔPOWER</td><td>－0.36</td><td>－1.87</td><td>－0.35</td><td>－1.78</td><td>0.42</td></tr>
<tr><td>4</td><td>ΔY</td><td>－0.28</td><td>－2.09</td><td>－0.05</td><td>－0.36</td><td>0.48</td></tr>
<tr><td>5</td><td>ΔY</td><td>－0.28</td><td>－2.20</td><td></td><td></td><td>0.47</td></tr>
<tr><td rowspan="7">差分数据序列VAR模型</td><td></td><td>类型</td><td>被解释变量</td><td colspan="3">第13期（一年期）累积脉冲响应</td><td colspan="2">标准差</td></tr>
<tr><td>6</td><td>三变量</td><td>ΔPOWER</td><td colspan="3">－0.42</td><td colspan="2">0.17</td></tr>
<tr><td>7</td><td>四变量</td><td>ΔPOWER</td><td colspan="3">－0.42</td><td colspan="2">0.16</td></tr>
<tr><td>8</td><td>五变量</td><td>ΔPOWER</td><td colspan="3">－0.41</td><td colspan="2">0.16</td></tr>
<tr><td>9</td><td>三变量</td><td>ΔY</td><td colspan="3">－0.12</td><td colspan="2">0.10</td></tr>
<tr><td>10</td><td>四变量</td><td>ΔY</td><td colspan="3">－0.21</td><td colspan="2">0.11</td></tr>
<tr><td>11</td><td>五变量</td><td>ΔY</td><td colspan="3">－0.20</td><td colspan="2">0.11</td></tr>
<tr><td rowspan="7">水平数据序列VECM模型</td><td></td><td>类型</td><td>被解释变量</td><td colspan="5">第13期（一年）脉冲响应</td></tr>
<tr><td>12</td><td>三变量</td><td>POWER</td><td colspan="5">－0.45</td></tr>
<tr><td>13</td><td>四变量</td><td>POWER</td><td colspan="5">－0.48</td></tr>
<tr><td>14</td><td>五变量</td><td>POWER</td><td colspan="5">－0.40</td></tr>
<tr><td>15</td><td>三变量</td><td>Y</td><td colspan="5">－0.29</td></tr>
<tr><td>16</td><td>四变量</td><td>Y</td><td colspan="5">－0.28</td></tr>
<tr><td>17</td><td>五变量</td><td>Y</td><td colspan="5">－0.19</td></tr>
</table>

续表

说明	模型编号	说明	被解释变量	ΔREER（-1）	t值	ΔREER（-2）	t值	调整的 R^2
（加权实际有效汇率REER）差分数据序列VAR模型		类型	被解释变量	第13期（一年期）累积脉冲响应（折算为一单位实际有效汇率）			累积脉冲响应	标准差
	18	三变量	ΔPOWER	-0.42			-0.84	0.32
	19	四变量	ΔPOWER	-0.37			-0.73	0.32
	20	五变量	ΔPOWER	-0.44			-0.87	0.32
	21	三变量	ΔY	-0.17			-0.34	0.20
	22	四变量	ΔY	-0.20			-0.39	0.22
	23	五变量	ΔY	-0.19			-0.38	0.21

说明：各变量均取自然对数，Δ 表示差分（例如 ΔY 表示实际工业增加值的对数差分），差分数据序列 VAR 模型取累积脉冲响应结果，水平数据序列模型取脉冲响应结果。WREER 为以对外贸易依存度加权的实际有效汇率，WREER 升值 1% 约等于实际有效汇率升值 2%（按对外贸易依存度为 50% 计算，50% 这一数值取自 1994—2008 年度对外贸易依存度的平均水平）。变量顺序为：实际产出（或发电量）、实际有效汇率（或加权实际有效汇率）、国外实际产出、价格、实际投资，各变量取对数（或依据模型取对数差分），三变量模型取前三个变量，四变量模型、五变量模型依次类推。

四　增长率效应和水平效应

再进一步分析汇率对产出增长率的影响和产出水平值的影响。图 3-20 左上图和左下图分别显示汇率对发电量和实际工业增加值环比增长率的影响（脉冲响应图），右上图和右下图显示汇率对发电量和实际工业增加值水平值的影响（累计脉冲响应图）。从增长率角度分析，左上图及左下图表明实际有效汇率升值会造成随后两个月产出连续下降，到第 3 个月产出较之上月（第 2 个月）有所恢复。第 4 期之后，产出环比增长率上下振荡衰减，实际有效汇率对产出环比增长率的影响逐步趋近 0。从产出水平值角度分析，右上图及右下图表明，实际有效汇率升值对产出水平具有收缩作用，产出在第三期（两个月后）下降到最低点，此后有所恢复，最终产出基本稳定在较低的水平。

从增长率角度分析，实际有效汇率升值对产出的影响只具有短暂效应，4 个月后，汇率对产出环比增长率的影响已经不明显；但从产出的水平值角度分析，实际有效汇率升值对产出的影响具有持久效应，即产出的环比增长率虽然恢复到原来水平，但产出水平却由于前期水平的下降而长期较低。

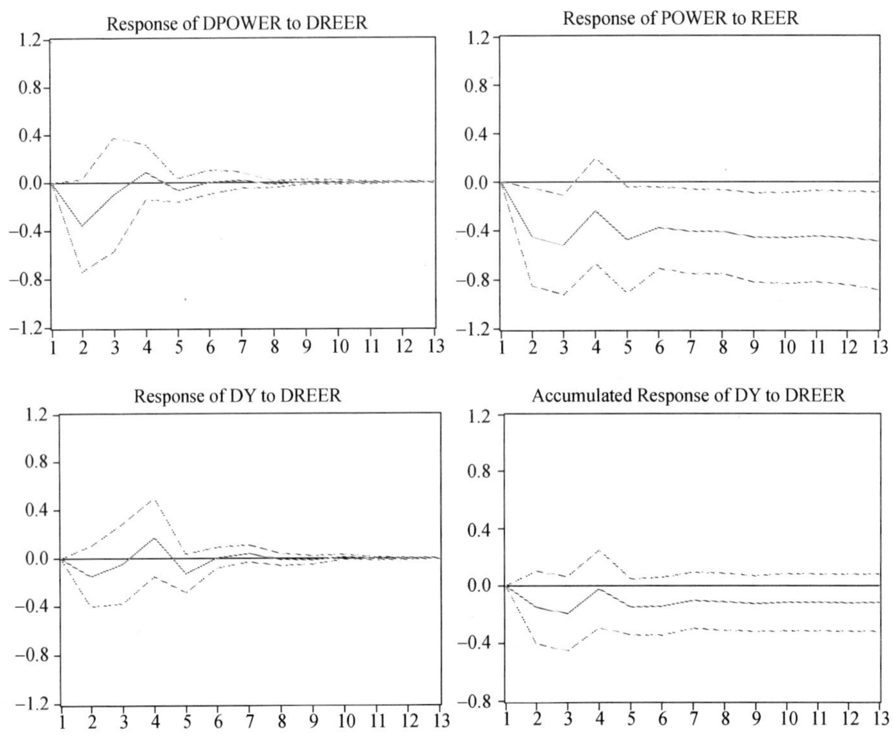

图 3－20　实际有效汇率变动的水平效应与增长效应

因此，实际有效汇率变动对产出影响的效应可以描述为具有短暂的增长率效应和长期的水平效应。实际有效汇率升值对产出造成的损失是"时间"的损失，即经过几个月时间，产出的环比增长率恢复正常水平，但产出却退回到较低的基期水平增长，我们似乎丢失了时间。

五　实证结果的历史经验检验

对于"实际有效汇率升值对产出具有明确的紧缩效应"的结论，还需要从历史经验角度加以检验。由于影响产出的因素很多，而汇率往往不是影响产出的首要因素，各种影响因素对产出交织作用，从直观经验上分离出汇率对产出的影响存在一定难度。为此，可以选择汇率大幅变动、汇率对产出影响突出的阶段，这样分析过程会变得相对直观。我们选取的时间段为 1994—1997 年，在此期间，人民币实际有效汇率升值幅度达到 49%①，平均年升值率 14%，同期中国经济增长率出现较大幅度下滑，从 1993 年高达 14% 的增长率连续下降至 1997 年的 9.3%，从这一时间段的经济表现分析，基本上能够较为明确地说明实际有效汇率对我国产出具有紧缩效应。

尽管如此，如果没有在此期间国外需求增长对中国经济的拉动，实际有效汇率对中国经济的负面影响会表现得更加显著，这可以通过中国出口情况加以佐证：1991—1993 年，世界经济增长率仅为 1.5%、2% 和 2%，而在分析期间（1994—1997 年），世界经济增长率分别为 3.4%、3.3%、3.7% 和 4%。由于国外经济增长对中国出口的拉动作用（见图 3－21），1994—1997 年我国出口占 GDP 的比重并未出现大幅下降。②

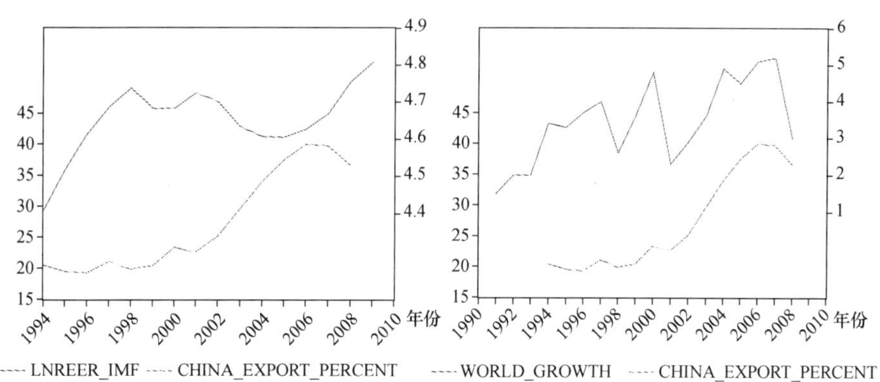

图 3－21　人民币实际有效汇率、中国出口占 GDP 比重、世界经济增长率

注：CHINA_ EXPORT_ PERCENT（左图及右图的左坐标）表示出口占 GDP 的比重，LN-REER_ IMF（右坐标）表示取对数后的人民币实际有效汇率，WORLD_ GROWTH（右图右坐标）表示世界经济增长率。1994—1997 年，实际有效汇率升值对出口的负效应被世界经济增长部分抵消；2001—2005 年，世界经济增长率连续上涨，人民币实际有效汇率连续贬值，我国出口占 GDP 的比重连续上升。

数据来源：国际货币基金 IFS、WEO。

---

① 按照 IMF 测算的实际有效汇率指数。如果按照国际清算银行的测算方法，人民币实际有效汇率升值幅度为 53%。

② 本实证模型已经加入了国外实际产出作为控制变量，因而汇率的产出效应已经剔除了国外实际产出变动对我国产出的影响。

汇率升值对产出的紧缩作用也可以从反面论证，即汇率贬值对经济具有较强的刺激作用。2001—2005 年，人民币实际有效汇率贬值阶段，中国出口占 GDP 的比重迅速上升。

本书实证得出的实际有效汇率对发电量的弹性系数为 0.4 左右，汇率对实际工业产出的弹性系数为 0.2 左右，由此测算得出汇率对中国 GDP 的弹性系数介于 0.1—0.2 之间，该结论较为接近卢万青、陈建梁（2007）的实证结论。卢万青、陈建梁（2007）采用 VECM 研究实际有效汇率与产出的关系，研究首先解得实际有效汇率与进出口的关系，然后采用贸易乘数计算得出实际有效汇率的产出效应。研究结论为“人民币实际有效汇率上升1%，出口和进口分别下降2.370%和2.192%，经济增长下降0.12 个百分点”。

对比现有研究结论，魏巍贤（2006）采用 CGE 模型研究实际有效汇率的产出效应，研究结论为“当人民币升值5%，实际 GDP 下降 0.29%；当人民币分别升值 10% 和 20% 时，实际 GDP 分别下降 0.73% 和 2.18%”；陈国伟、夏江（2002）同样采用 VECM 模型，研究得出“长期而言，实际汇率变动 1 个百分点，将带来总产出 0.019 个百分点的变化，也就是说，如果人民币实际汇率贬值 1 个百分点，总产出仅仅上升 0.019 个百分点”；陈国伟、夏江的研究侧重于贬值，但在模型中并没有区分升值与贬值的对产出效应的区别，因此结论同样适用于升值，即升值 1% 产出将下降 0.019%。

对比现有研究文献，本书实际有效汇率产出效应实证研究存在不足：为了有效解决样本数据量问题及内生性的问题，本书采用了月度数据进行实证分析，月度数据实证分析更侧重于反映实际有效汇率对产出的短期效应。从实证结果来分析，实际有效汇率升值对短期产出负效应显著，但在长期经济体可能会有自发调整过程，通过提高效率抵消实际有效汇率的负效应。

另外，现有文献与本书的结果差异较大，这些文献也可能存在遗漏变量、内生解释变量的问题以及其他不足。CGE 模型的研究结论存在着难以解释的现象，例如“人民币升值10%，出口仅下降1.9%；而当人民币升值20%，出口下降21%”（魏巍贤，2006）；陈国伟、夏江（2002）使用23 个观测值（年度数据），样本数据量明显偏少，结果的可靠性受到影响。

附录 1 **相关数据描述**

	指标	频率	数据来源	目前状态	备注
工业增加值数据	工业增加值	月度	国家统计局	停用	不再公布 2006 年 11 月以后数据，以当期价格计算
	工业增加值	年度	国家统计局	在用	以当期价格计算
工业增速数据	工业增加值增速	月度	国家统计局	在用	同比数据，2006 年及以后各年 1 月份同比增速数据空白
	工业增加值累计增速	月度	国家统计局	在用	由年初至报告期的累计增速
	工业增加值环比增长率	月度	国家统计局	在用	从 2011 年 4 月公布，数据涵盖 2011 年 2 月以后，为季节调整后的环比增速
	工业生产指数	月度	国际货币基金	在用	同比数据，变动的百分比
	工业生产指数	季度	国际货币基金	在用	同比数据，变动的百分比
	工业生产指数	年度	国际货币基金	在用	
价格指数数据	CPI	月度	国家统计局	在用	同比指数
	CPI	年度	国家统计局	在用	
	PPI：工业生产	月度	国家统计局	在用	同比指数
	企业商品价格指数（CGPI）	月度	中国人民银行	在用	定基价格指数以 1993 年 12 月为基期
	PPI	月度	国际货币基金	在用	同比变动的百分比
	CPI	年度	世界银行	在用	

附录 2 **月度定基 PPI 计算结果**

月份	1995 年	1996 年	1997 年	1998 年	1999 年	2000 年	2001 年	2002 年	2003 年
1		93.93	94.05	92.80	88.24	88.26	89.53	85.77	87.82
2		93.99	94.40	91.90	87.41	88.30	89.10	85.35	88.68
3		93.58	94.02	91.01	86.80	88.43	88.60	85.06	88.97
4		93.19	93.24	89.80	86.34	88.57	88.48	85.74	88.83
5		94.08	94.15	89.94	86.86	89.04	88.86	86.55	88.29
6		95.28	94.92	90.29	87.04	89.61	89.07	86.85	87.97
7		93.99	93.38	88.75	86.52	90.42	89.24	87.19	88.41
8		95.24	94.40	89.17	87.12	90.53	88.72	87.21	88.43
9		94.65	93.75	89.82	87.93	91.19	88.54	87.30	88.52
10	95.53	95.86	94.98	89.87	89.20	92.41	89.55	88.65	89.72
11	96.45	96.48	95.90	90.45	89.51	92.64	89.21	88.86	90.55
12	94.93	95.34	94.46	89.38	88.64	91.12	87.47	87.82	90.46

续表

月份	2004 年	2005 年	2006 年	2007 年	2008 年	2009 年	2010 年	2011 年	2012 年
1	90.90	96.17	99.10	102.37	108.59	104.95	109.48	116.75	117.61
2	91.79	96.74	99.65	102.25	109.01	104.14	109.75	117.69	117.72
3	92.44	97.62	100.05	102.70	110.87	104.22	110.38	118.45	118.08
4	93.27	98.68	100.52	103.41	111.81	104.43	111.54	119.15	118.31
5	93.32	98.82	101.22	104.02	112.57	104.46	111.91	119.51	117.84
6	93.60	98.47	101.94	104.48	113.71	104.84	111.56	119.51	117.02
7	94.07	98.96	102.50	104.96	115.49	105.99	111.12	119.50	116.08
8	94.45	99.45	102.83	105.47	116.08	106.95	111.57	119.66	115.50
9	95.52	99.82	103.26	106.06	115.74	107.65	112.31	119.64	115.38
10	97.25	101.14	104.08	107.42	114.49	107.80	113.23	118.89	115.61
11	97.88	101.01	103.82	108.54	110.70	108.40	114.97	118.10	115.50
12	96.88	100.00	103.05	108.65	107.41	109.23	115.71	117.67	115.38

月份	2013 年
1	115.68
2	115.81
3	115.81
4	115.22

说明：定基 PPI 以 2005 年 12 月为基期。

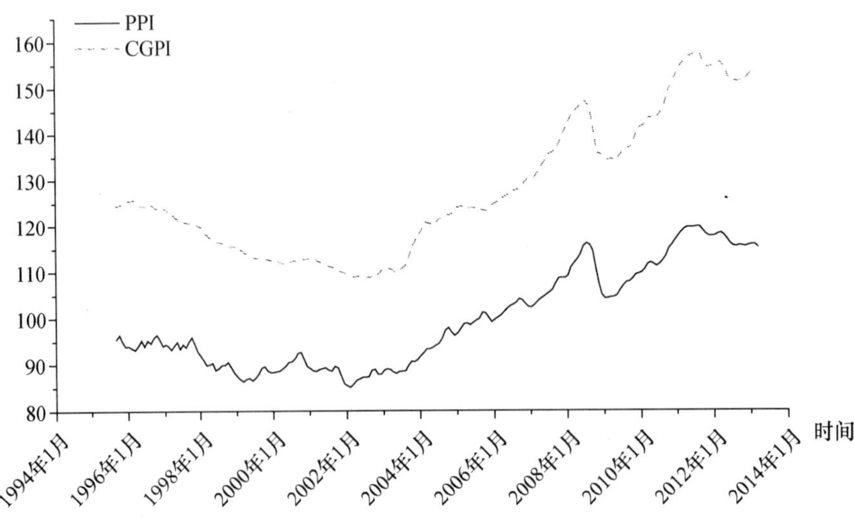

附图 1　CGPI 与本书计算得出的定基 PPI

资料来源：CEIC 数据库、笔者估算结果。

附录 3 实际工业增加值估算结果

单位：10 亿元

月份	1994 年	1995 年	1996 年	1997 年	1998 年	1999 年	2000 年	2001 年	2002 年
1	135.92	151.42	177.01	195.24	217.30	256.20	279.00	285.42	338.51
2	128.11	147.97	163.95	181.00	198.19	202.35	226.64	269.70	276.98
3	137.96	160.59	182.43	207.05	225.69	246.00	275.28	308.58	342.22
4	150.76	173.98	197.81	221.35	237.29	258.88	288.39	321.56	360.47
5	158.59	179.37	202.87	227.01	245.17	266.99	297.69	328.05	370.37
6	167.01	190.22	216.47	242.45	261.60	285.41	320.23	352.57	396.29
7	168.18	191.06	214.37	232.37	250.03	273.29	308.27	333.24	375.89
8	171.18	191.38	211.67	234.74	253.29	277.35	312.85	338.19	381.14
9	170.66	190.12	216.17	240.16	264.66	286.36	320.72	351.19	399.66
10	169.43	191.29	216.73	242.31	267.99	286.75	319.44	347.55	396.90
11	178.56	200.16	226.98	253.31	281.18	302.55	334.62	361.05	413.40
12	182.16	209.30	236.51	258.27	287.97	309.28	341.45	371.16	426.46

月份	2003 年	2004 年	2005 年	2006 年	2007 年	2008 年	2009 年	2010 年
1	388.61	416.59	503.66	568.09	704.36	812.83	794.29	1018.91
2	331.82	408.80	439.87	528.28	594.85	686.45	761.96	859.50
3	400.05	477.67	549.79	647.66	761.64	897.22	971.69	1147.56
4	414.18	493.28	572.21	667.20	783.29	906.26	972.42	1145.51
5	421.11	494.81	576.95	680.22	803.34	931.88	1014.81	1182.26
6	463.26	538.31	628.75	751.35	897.12	1040.66	1152.01	1309.83
7	437.91	505.79	587.22	685.29	808.64	927.51	1027.68	1165.39
8	446.31	517.28	600.04	694.25	815.74	920.16	1033.34	1176.97
9	464.80	539.63	628.67	729.89	867.84	966.77	1101.15	1247.61
10	465.17	538.20	624.85	716.71	845.00	914.29	1061.49	1200.54
11	487.40	559.54	652.42	749.63	879.32	926.80	1104.75	1251.68
12	503.65	576.17	671.24	769.91	903.88	955.40	1132.15	1284.99

月份	2011 年	2012 年	2013 年
1	1155.70	1189.68	1394.51
2	987.56	1197.91	1229.45
3	1317.40	1474.17	1605.37
4	1299.01	1419.82	1551.86
5	1339.50	1468.09	
6	1507.61	1650.84	
7	1328.55	1450.77	
8	1335.86	1454.75	
9	1419.78	1550.40	
10	1359.02	1489.48	
11	1406.89	1548.98	
12	1449.46	1598.76	

说明：以上数据统计口径为 2005 年定义的规模以上工业企业，实际工业增加值以 2005 年 12 月的价格水平计算。

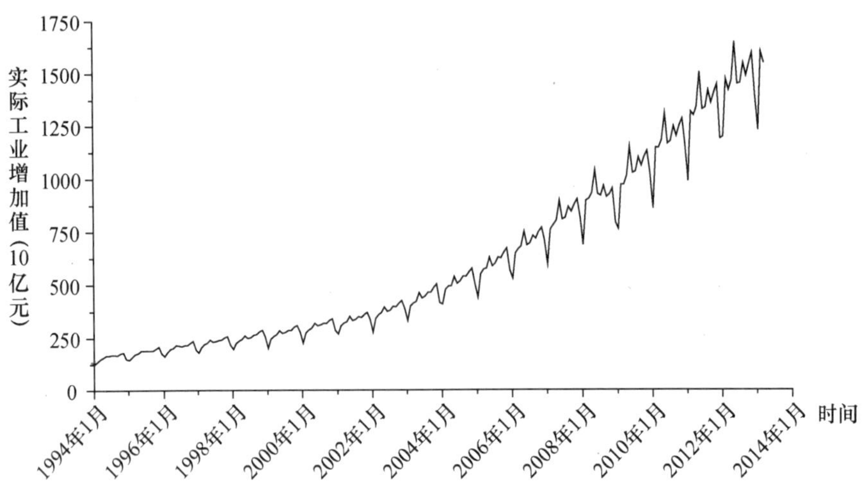

附图 2　实际工业增加值估算结果

资料来源：笔者计算得出。

附录 4　　名义工业增加值估算结果

单位：10 亿元

月份	1994 年	1995 年	1996 年	1997 年	1998 年	1999 年	2000 年	2001 年	2002 年
1	95. 68	123. 7	146. 2	150. 0	137. 8	150. 9	164. 3	169. 5	215. 8
2	83. 34	122. 2	125. 6	125. 1	135. 4	128. 2	148. 7	193. 4	188. 0
3	113. 32	155. 0	158. 8	172. 2	167. 8	167. 0	188. 2	223. 9	245. 6
4	119. 03	156. 8	162. 7	174. 3	166. 6	170. 0	192. 9	226. 6	256. 9
5	144. 7	158. 6	164. 3	178. 0	168. 1	171. 6	196. 3	227. 9	261. 7
6	150. 7	164. 7	152. 2	187. 7	176. 0	181. 7	209. 2	239. 8	278. 0
7	132. 0	146. 2	152. 4	162. 5	155. 3	162. 1	196. 0	220. 1	256. 8
8	133. 5	145. 6	150. 3	162. 1	158. 2	166. 6	201. 2	223. 3	263. 4
9	140. 0	147. 5	158. 5	170. 5	172. 9	176. 1	209. 3	235. 2	282. 5
10	142. 6	151. 3	164. 1	172. 3	178. 5	181. 8	209. 5	233. 2	283. 0
11	149. 8	164. 0	173. 7	188. 4	185. 0	191. 9	217. 1	238. 9	294. 9
12	172. 2	186. 9	196. 5	206. 9	201. 9	213. 0	235. 8	263. 2	321. 6
月份	2003 年	2004 年	2005 年	2006 年	2007 年	2008 年	2009 年	2010 年	
1	266. 2	334. 42	484. 37	563. 96	802. 75	904. 93	823. 47	1245. 56	
2	254. 7	370. 93	425. 54	547. 31	695. 48	797. 20	862. 54	1085. 81	
3	313. 4	426. 48	536. 70	667. 97	893. 98	1049. 88	1091. 18	1450. 69	
4	319. 7	437. 05	564. 65	681. 98	922. 57	1068. 78	1095. 73	1475. 26	
5	319. 0	430. 96	570. 16	705. 99	958. 34	1113. 28	1160. 68	1539. 90	

续表

月份	2003 年	2004 年	2005 年	2006 年	2007 年	2008 年	2009 年	2010 年	
6	363.3	460.79	619.14	781.78	1078.06	1251.15	1318.42	1664.82	
7	341.0	440.90	581.10	719.98	973.53	1141.90	1212.74	1514.43	
8	349.8	454.45	596.75	735.55	990.13	1138.32	1243.75	1561.53	
9	370.4	481.24	627.52	775.41	1061.80	1179.63	1330.30	1673.15	
10	375.3	488.52	631.99	760.14	1047.69	1094.21	1302.26	1650.89	
11	396.6	508.39	659.02	793.63	1096.63	1057.60	1363.08	1747.59	
12	435.1	548.84	671.24	918.91	1183.89	1114.32	1463.95	1878.57	

月份	2011 年	2012 年	2013 年
1	1506.69	1544.28	1966.06
2	1352.54	1726.62	1731.20
3	1798.55	2046.76	
4	1782.45	1943.81	
5	1857.71	2002.68	
6	2066.63	2203.34	
7	1871.35	1973.20	
8	1913.94	2011.22	
9	2036.65	2156.97	
10	1971.90	2119.76	
11	2033.56	2233.40	
12	2157.40	2324.97	

说明：以上数据为根据国家统计局统计口径变动的规模以上工业企业月度名义工业增加值。

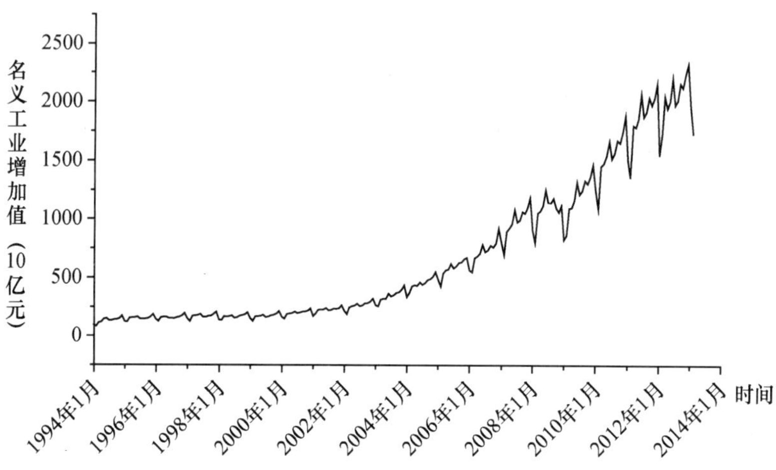

附图 3　名义工业增加值估算结果

资料来源：笔者计算得出。

附录 5 单位根检验结果

变量	检验类型	ADF 统计量	接受原假设（存在单位根）的概率
ΔPOWER	(C, 0, 1)	−17.70010	0.0000
ΔY	(C, 0, 1)	−18.49559	0.0000
ΔYF	(C, 0, 0)	−11.37508	0.0000
ΔREER	(C, 0, 0)	−11.60290	0.0000
ΔP	(C, 0, 3)	−3.733845	0.0042
ΔI	(C, 0, 2)	−14.39490	0.0000
ΔM	(C, 0, 0)	−17.28932	0.0000

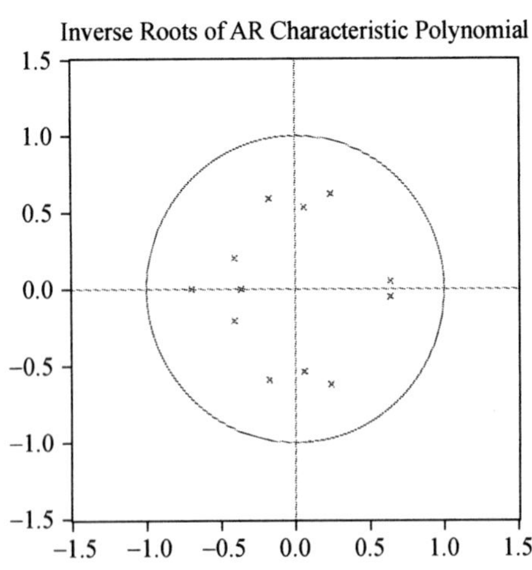

附录 6 以实际工业增加值为基础（对数差分）的 VAR 模型

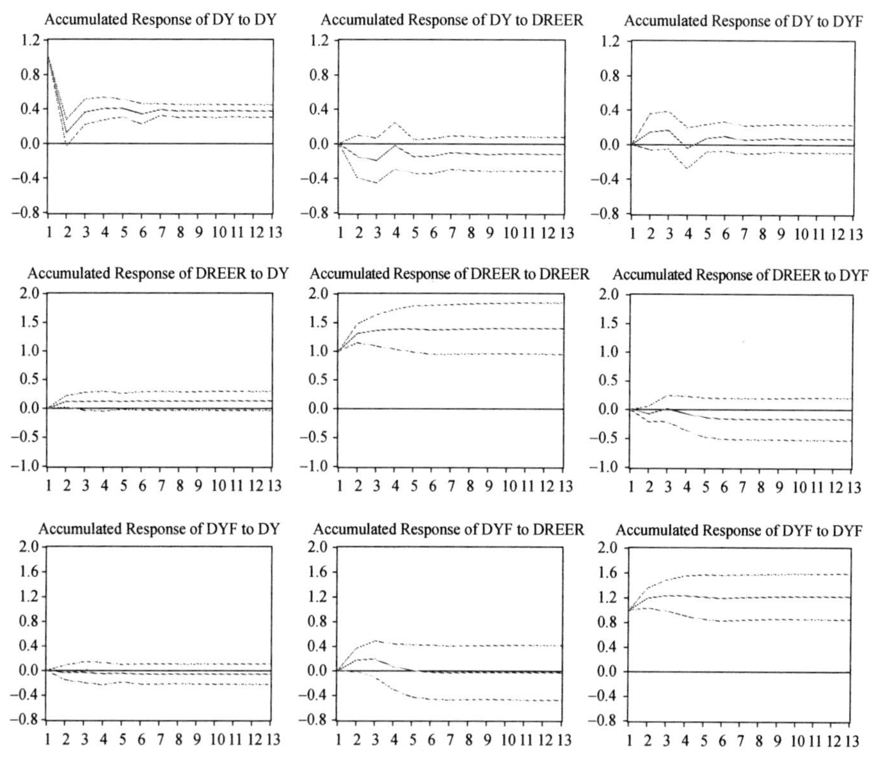

附录7　基础模型滞后阶数检验结果

VAR Lag Order Selection Criteria

Endogenousvariables：DPOWERDREERDYF

Exogenousvariables：C

Sample：1994M01 2008M08

Includedobservations：167

Lag	logL	LR	FPE	AIC	SC	HQ
0	1283. 26	NA	4. 40E－11	－15. 33246	－15. 27645	－15. 30972
1	1326. 707	84. 81271	2. 91E－11	－15. 745	－15. 52095*	－15. 65406*
2	1341. 336	28. 03141*	2. 73E－11*	－15. 81241*	－15. 42033	－15. 65327
3	1349. 164	14. 7179	2. 76E－11	－15. 79837	－15. 23825	－15. 57103
4	1355. 215	11. 16007	2. 87E－11	－15. 76305	－15. 0349	－15. 46751
5	1360. 991	10. 44615	2. 98E－11	－15. 72445	－14. 82826	－15. 3607
6	1365. 561	8. 099606	3. 15E－11	－15. 67139	－14. 60717	－15. 23945
7	1368. 892	5. 783435	3. 37E－11	－15. 60349	－14. 37123	－15. 10334
8	1372. 07	5. 405721	3. 62E－11	－15. 53378	－14. 13348	－14. 96543

附录 8　基础模型特征多项式根的倒数

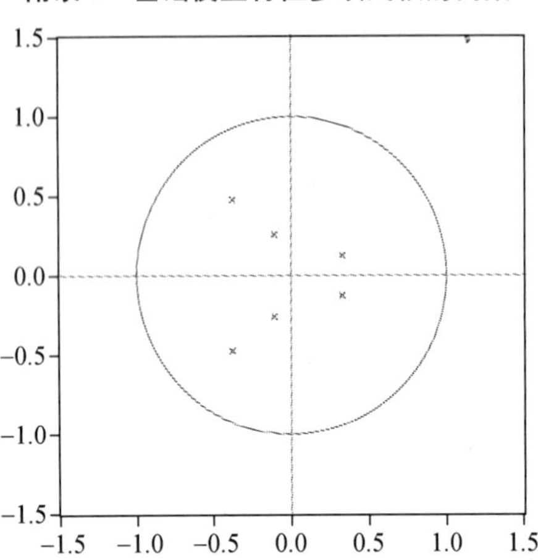

附录 9　VAR 模型滞后阶数检验

VAR Lag Order Selection Criteria

Endogenous variables: POWER REER YF

Exogenous variables: C

Sample: 1994M01 2008M08

Included observations: 168

Lag	logL	LR	FPE	AIC	SC	HQ
0	401. 7643	NA	1. 74e - 06	- 4. 747194	- 4. 691409	- 4. 724554
1	1301. 063	1755. 773	4. 34e - 11	- 15. 34598	- 15. 12284	- 15. 25542
2	1345. 535	85. 23906	2. 85e - 11	- 15. 76828	- 15. 37778 *	- 15. 60979
3	1360. 959	29. 01138	2. 64e - 11	- 15. 84475	- 15. 28690	- 15. 61835 *
4	1371. 230	18. 95288	2. 60e - 11	- 15. 85988	- 15. 13468	- 15. 56556
5	1381. 223	18. 08271 *	2. 57e - 11 *	- 15. 87171 *	- 14. 97914	- 15. 50946
6	1390. 057	15. 66949	2. 58e - 11	- 15. 86973	- 14. 80981	- 15. 43956
7	1394. 331	7. 427715	2. 73e - 11	- 15. 81346	- 14. 58619	- 15. 31537
8	1398. 827	7. 654313	2. 89e - 11	- 15. 75984	- 14. 36522	- 15. 19384

附录 10　VAR 脉冲响应

Response of POWER：

Period	POWER	REER	YF
1	1.000000 (0.00000)	0.000000 (0.00000)	0.000000 (0.00000)
2	0.060415 (0.07946)	−0.448326 (0.19841)	0.408111 (0.16182)
3	0.222579 (0.08063)	−0.516864 (0.20485)	0.149876 (0.17217)
4	0.303760 (0.07844)	−0.238066 (0.21475)	0.092053 (0.18184)
5	0.312463 (0.07052)	−0.476507 (0.21865)	−0.025637 (0.18504)
6	0.397686 (0.05979)	−0.376250 (0.16729)	0.232054 (0.14790)
7	0.265457 (0.06331)	−0.405596 (0.17194)	0.155540 (0.16034)
8	0.311775 (0.04835)	−0.407352 (0.17051)	0.102352 (0.16695)
9	0.327509 (0.04530)	−0.455021 (0.18137)	0.048316 (0.17564)
10	0.327807 (0.04344)	−0.459619 (0.18634)	0.060746 (0.18396)
11	0.344042 (0.04331)	−0.445280 (0.18607)	0.051232 (0.19133)
12	0.327558 (0.05063)	−0.459138 (0.19157)	0.033656 (0.20239)
13	0.339460 (0.04599)	−0.484375 (0.19910)	0.003432 (0.21256)

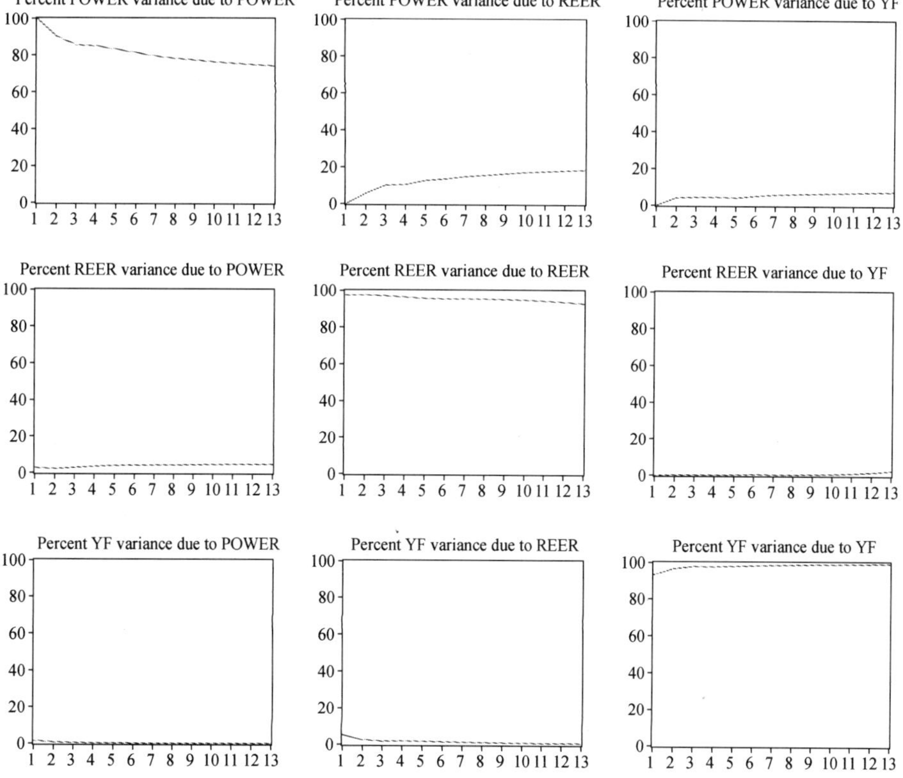

附录 11　VECM 模型方差分解

附录 12　加权实际有效汇率（WREER）

近些年来，我国外贸依存度经历了大幅度变化。1998 年外贸依存度为 35%，到 2004 年外贸依存度则高达 70%。一个自然的想法是，在不同的外贸依存度下，倘实际有效汇率变动同样幅度，对产出的影响并不相同。

因此，在计量模型中，各期实际有效汇率变动不应等同看待。外贸依存度越高，实际有效汇率变动对产出的影响越大。为此，有必要对实际有效汇率数据重新处理，以外贸依存度加权，得到“加权实际有效汇率”（Weighted Real Effective Exchange Rate，REER）。由于没有月度 GDP，无法直接计算得出月度的外贸依存度，采用三次样条插值法（使用 Matlab 软件），依据各年度的外贸依存度得出各月份的外贸依存度。

附表 1　外贸依存度

年份	进出口总额（亿元）	国内生产总值（亿元）	外贸依存度
1993	11271. 0	34560. 5	0. 33
1994	20381. 9	46670. 0	0. 44
1995	23498. 7	57494. 9	0. 41
1996	24133. 8	66850. 5	0. 36
1997	26967. 2	73142. 7	0. 37
1998	26857. 7	76967. 2	0. 35
1999	29896. 2	80579. 4	0. 37
2000	39273. 2	88254. 0	0. 45
2001	42183. 6	95727. 9	0. 44
2002	51378. 2	103935. 3	0. 49
2003	70483. 5	116741. 2	0. 60
2004	95539. 1	136584. 3	0. 70
2005	116921. 8	184088. 6	0. 64
2006	140971. 4	213131. 7	0. 66
2007	166740. 2	251483. 2	0. 66
2008	177304. 6	300670. 0	0. 59

三次样条插值（Spline 插值）是通过一系列数据点的一条光滑曲线，数学上通过求解三弯矩方程组得出曲线函数组的过程。对于给定离散测量数据（x，y）称为断点，要寻找一个三项多项式 $y=p(x)$，以逼近每对数据(x, y)点间的曲线。过两点(x_i, y_i)和(x_{i+1}, y_{i+1})只能确定一条直线，而三次多项式有无穷多条。为使通过中间断点的三次多项式曲线具有唯一

性，要增加条件①：第一，三次多项式在点(x_i, y_i)处有：$p'_i(x_i)=p''_i(x_i)$；第二，三次多项式在点(x_{i+1}, y_{i+1})处有：$p'_i(x_{i+1})=p''_i(x_{i+1})$；第三，$P(x)$在点$(x_i, y_i)$处的斜率是连续的；第四，$P(x)$在点$(x_i, y_i)$处的曲率是连续的。采用三次样条插值法平滑之后的各月份外贸依存度数值表请见附表1。

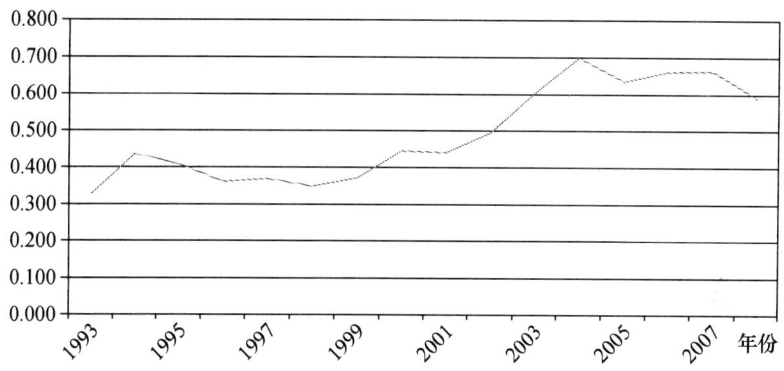

附图4　各年度外贸依存度

资料来源：商务部网站。

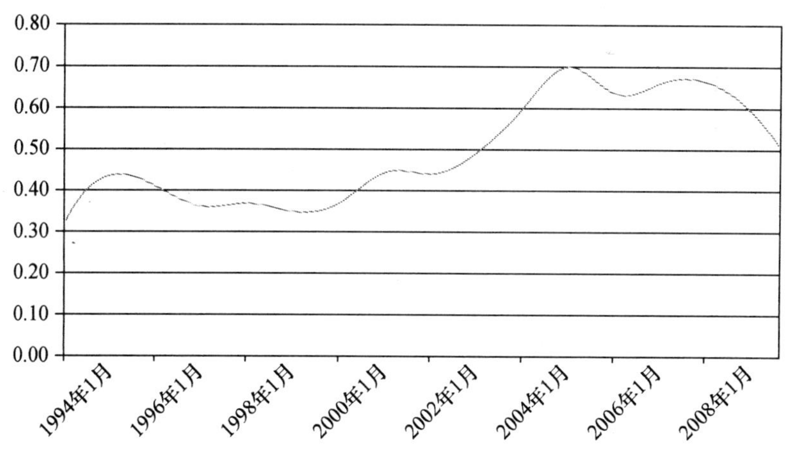

附图5　采用三次样条插值法平滑之后的各月份外贸依存度

资料来源：笔者计算得出。

---

①　王正林、刘明：《精通MATLAB7》，电子工业出版社2007年版。

汇率对产出的作用与对外贸易依存度具有密切关系，本书假定，产出变动与汇率变动成比例（假设其他变量不变），并与对外贸易依存度成比例（假设其他变量不变）。以对外贸易依存度乘以“实际有效汇率变动”，得出对外贸易依存度加权的实际有效汇率变动，即：

Δ加权的实际有效汇率 = 对外贸易依存度 × Δlog（实际有效汇率）

当汇率变动同样幅度时，对外贸易依存度较高的时间段加权后的变量变动幅度较大，因而对产出作用较大，而对外贸易依存度较低的时间段汇率变动同样幅度对产出的作用也应较小。应用 WREER 方法对模型重新进行实证分析，结果如附表 2 所示。

附表 2　　实际有效汇率加权后的实证检验结果

解释变量	被解释变量				
	ΔPOWER			ΔY	
	模型 1	模型 2	模型 3	模型 4	模型 5
C	0.015005	0.016614	0.017697	0.01878	0.020259
	(0.004716)	(0.002714)	(0.002506)	(0.003301)	(0.002119)
	[3.181518]	[6.122028]	[7.063136]	[5.688837]	[9.561036]
ΔPOWER（-1）	-0.71152	-0.72656	-0.780681		
	(0.074613)	(0.07269)	(0.072518)		
	[-9.53608]	[-9.995276]	[-10.76533]		
ΔPOWER（-2）	-0.39228	-0.403953	-0.376306		
	(0.074202)	(0.071182)	(0.073116)		
	[-5.28666]	[-5.674896]	[-5.146722]		
ΔY（-1）				-0.792643	-0.798264
				(0.074556)	(0.071767)
				[-10.63148]	[-11.12302]
ΔY（-2）				-0.396426	-0.345856
				(0.075471)	(0.069849)
				[-5.252681]	[-4.951511]
ΔWREER（-1）	-1.03085	-1.060374	-0.723051	-0.534195	-0.541212
	(0.401199)	(0.39688)	(0.387855)	(0.265294)	(0.254148)
	[-2.56942]	[-2.671777]	[-1.86423]	[-2.013595]	[-2.129514]
ΔWREER（-2）	-0.50963	-0.553788	-0.77666	-0.167106	
	(0.414626)	(0.408119)	(0.398528)	(0.270651)	
	[-1.22914]	[-1.356929]	[-1.948822]	[-0.617425]	

续表

解释变量	被解释变量				
	ΔPOWER			ΔY	
	模型 1	模型 2	模型 3	模型 4	模型 5
ΔYF（-1）	0.481856	0.419414	0.441454	0.188436	0.191246
	(0.159756)	(0.155833)	(0.160282)	(0.105574)	(0.102892)
	[3.016206]	[2.691437]	[2.754234]	[1.784872]	[1.858698]
ΔYF（-2）	-0.08878		-0.000613	0.075172	
	(0.164564)		(0.163574)	(0.107536)	
	[-0.53948]		[-0.003745]	[0.699038]	
ΔP（-1）	1.69212	1.568364		0.826401	0.518646
	(0.553022)	(0.526215)		(0.377989)	(0.263318)
	[3.05977]	[2.980461]		[2.186311]	[1.969656]
ΔP（-2）	-1.33422	-1.195444		-0.489019	
	(0.542562)	(0.521619)		(0.366357)	
	[-2.45911]	[-2.291794]		[-1.334816]	
ΔI（-1）	0.041831	0.016614		0.038826	0.03555
	(0.020967)	(0.002714)		(0.013835)	(0.013089)
	[1.995048]	[6.122028]		[2.80637]	[2.716099]
ΔI（-2）	0.020811	-0.72656		0.026701	0.02235
	(0.020671)	(0.07269)		(0.013779)	(0.013098)
	[1.006752]	[-9.995276]		[1.937828]	[1.706364]
ΔM（-1）	0.0384	-0.403953		0.111903	
	(0.196469)	(0.071182)		(0.129066)	
	[0.195453]	[-5.674896]		[0.867019]	
ΔM（-2）	0.004182	-1.060374		0.070386	
	(0.197311)	(0.39688)		(0.130905)	
	[0.021195]	[-2.671777]		[0.537687]	
R^2	0.470207	0.455641	0.425704	0.483064	0.468172
调整的 R^2	0.430472	0.432547	0.408509	0.444294	0.44561
F 统计量	11.83372	19.72985	24.75814	12.4597	20.7501

注：WREER 为加权实际有效汇率。

采用加权有效汇率方法实证效果尚不清晰，加权后的 F 统计量多数有所上升，ΔWREER（-2）的 T 值较之 ΔREER（-2）的 T 值也有所上升，但其 ΔWREER（-1）的 T 值较之 ΔREER（-1）的 T 值却有所下降。究其原因，本书认为，外贸依存度本身存在一定不足，外贸依存度的提高，一定程度源于中国加工贸易的大进大出，贸易额的变动并不实质反映我国自身需求的变动和国外对我国产品需求的变动。由于进口不是源于我国自身需求，加工贸易具有更加典型的进出口额双降或双升的特征。简单以进出口额计算开放度会造成实际开放度的高估，从而使 WREER 方法造成估计偏差。由于采用 WREER 指标存在着这样不足，本书 WREER 方法主要作为实证结论的比较参考，未来需要更加细腻的处理方法。

附表 3　　实际有效汇率加权前后显著性水平比较

	模型 1	模型 2	模型 3	模型 4	模型 5
ΔREER（-1）	[-2.57305]	[-2.7042]	[-1.86559]	[-2.09013]	[-2.20161]
ΔWREER（-1）	[-2.56942]	[-2.67178]	[-1.86423]	[-2.0136]	[-2.12951]
ΔREER（-2）	[-1.10642]	[-1.20005]	[-1.7798]	[-0.36399]	
ΔWREER（-2）	[-1.22914]	[-1.35693]	[-1.94882]	[-0.61743]	
加权前 R^2	0.469229	0.45596	0.424214	0.482631	0.46915
加权后 R^2	0.470207	0.455641	0.425704	0.483064	0.468172
加权前调整的 R^2	0.429422	0.429421	0.403403	0.443828	0.446629
加权后调整的 R^2	0.430472	0.432547	0.408509	0.444294	0.44561
加权前 F 统计量	11.78737	17.18102	20.38362	12.43807	20.83173
加权后 F 统计量	11.83372	19.72985	24.75814	12.4597	20.7501

注：[ ] 内数值为 T 值。

附录 13　VAR 模型和 VECM 模型的实证过程

说明：各变量均取自然对数，D 表示差分（例如 DY 表示实际工业增加值的对数差分），差分数据序列 VAR 模型取累积脉冲响应结果，水平数据序列模型取脉冲响应结果。WREER 为以对外贸易依存度加权的实际有效汇率，WREER 升值 1% 约等于实际有效汇率升值 2%（按对外贸易依存度为 50% 计算，50% 这一数值取自 1994—2008 年年度对外贸易依存度的平均水平）。变量顺序为：实际产出（或发电量）、实际有效汇率（或加权实际有效汇率）、国外实际产出、价格、实际投资，各变量取对数（或依据模型取对数差分），三变量模型取前三个变量，四变量模型、五变量模型依此类推。

1. VAR 3 变量，被解释变量：DPOWER

VAR Lag Order Selection Criteria

Endogenous variables: DPOWER DREER DYF

Exogenous variables: C

Sample: 1994M01 2008M08

Included observations: 167

Lag	logL	LR	FPE	AIC	SC	HQ
0	1283.260	NA	4.40e-11	-15.33246	-15.27645	-15.30972
1	1326.707	84.81271	2.91e-11	-15.74500	-15.52095 *	-15.65406 *
2	1341.336	28.03141 *	2.73e-11 *	-15.81241 *	-15.42033	-15.65327
3	1349.164	14.71790	2.76e-11	-15.79837	-15.23825	-15.57103
4	1355.215	11.16007	2.87e-11	-15.76305	-15.03490	-15.46751
5	1360.991	10.44615	2.98e-11	-15.72445	-14.82826	-15.36070
6	1365.561	8.099606	3.15e-11	-15.67139	-14.60717	-15.23945
7	1368.892	5.783435	3.37e-11	-15.60349	-14.37123	-15.10334
8	1372.070	5.405721	3.62e-11	-15.53378	-14.13348	-14.96543

* indicates lag order selected by the criterion

LR: sequential modified LR test statistic (each test at 5% level)

FPE: Final prediction error

AIC: Akaike information criterion

SC: Schwarz information criterion

HQ: Hannan - Quinn information criterion

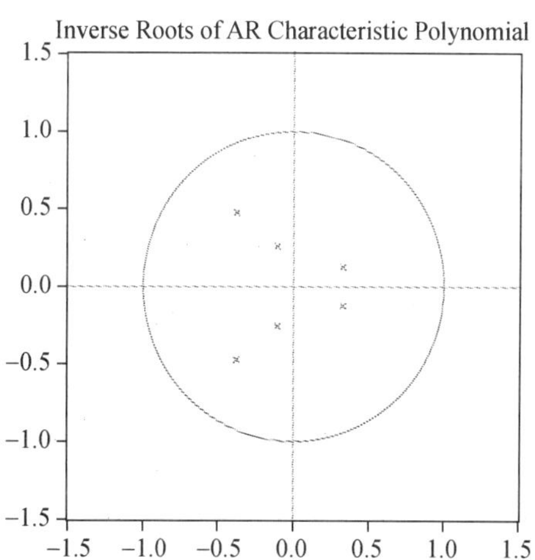

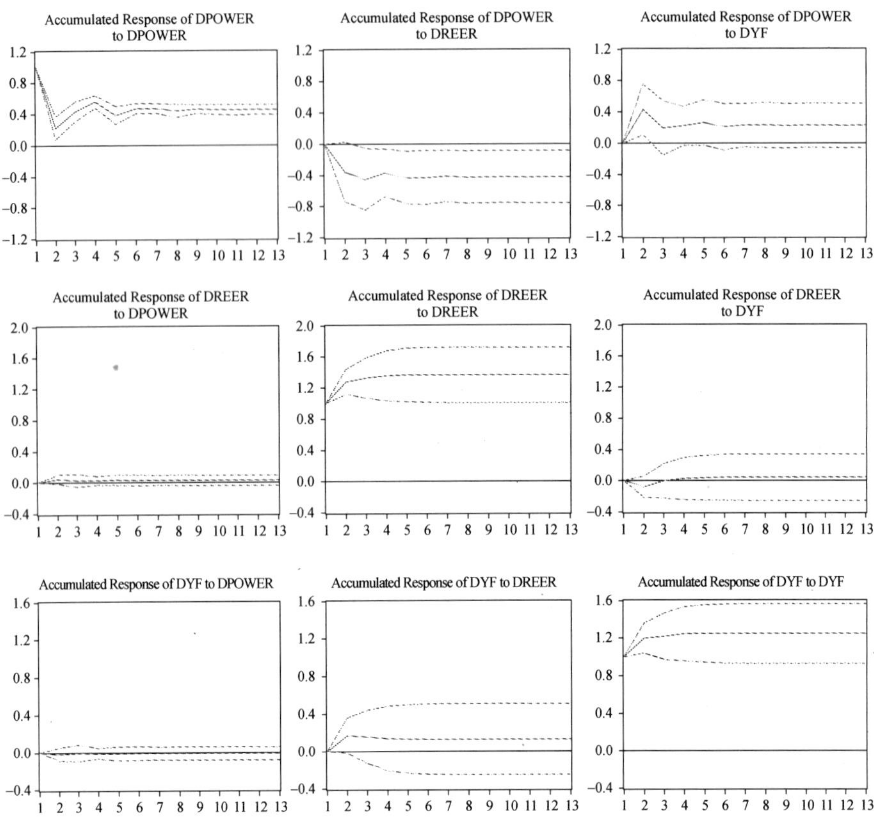

Period	Accumulated Response of DPOWER:		
	DPOWER	DREER	DYF
1	1.000000 (0.00000)	0.000000 (0.00000)	0.000000 (0.00000)
2	0.220987 (0.07256)	−0.356537 (0.19111)	0.426839 (0.16185)
3	0.427952 (0.06361)	−0.452933 (0.19759)	0.193069 (0.17341)
4	0.555972 (0.03997)	−0.366995 (0.15203)	0.220860 (0.12431)
5	0.383253 (0.05648)	−0.432331 (0.16966)	0.260898 (0.14510)
6	0.465959 (0.03257)	−0.429236 (0.17381)	0.207018 (0.14633)
7	0.467196 (0.03068)	−0.411212 (0.16516)	0.227673 (0.13744)
8	0.435952 (0.04135)	−0.426376 (0.16903)	0.229756 (0.14280)
9	0.458994 (0.02866)	−0.421593 (0.16860)	0.219869 (0.14135)
10	0.453145 (0.03185)	−0.419545 (0.16730)	0.226341 (0.14020)
11	0.449090 (0.03450)	−0.422781 (0.16827)	0.225059 (0.14146)
12	0.454284 (0.03057)	−0.421074 (0.16794)	0.223643 (0.14086)
13	0.451868 (0.03240)	−0.421160 (0.16781)	0.225180 (0.14082)

2. VAR 4 变量，被解释变量：DPOWER

VAR Lag Order Selection Criteria

Endogenous variables：DPOWERDREERDYFDP

Exogenous variables：C

Sample：1994M01 2008M08

Included observations：167

Lag	logL	LR	FPE	AIC	SC	HQ
0	1947.946	NA	9.11e-16	-23.28079	-23.20611	-23.25048
1	2020.544	140.8474	4.62e-16	-23.95861	-23.58519 *	-23.80705
2	2047.015	50.08938	4.08e-16	-24.08401	-23.41187	-23.81120 *
3	2065.338	33.79407 *	3.97e-16 *	-24.11184 *	-23.14096	-23.71778
4	2079.742	25.87511	4.06e-16	-24.09272	-22.82312	-23.57742
5	2089.272	16.66260	4.39e-16	-24.01523	-22.44690	-23.37868
6	2098.143	15.08622	4.80e-16	-23.92985	-22.06279	-23.17205
7	2105.963	12.92508	5.32e-16	-23.83190	-21.66611	-22.95285
8	2112.094	9.838081	6.03e-16	-23.71370	-21.24918	-22.71340

* indicates lag order selected by the criterion

LR：sequential modified LR test statistic（each test at 5% level）

FPE：Final prediction error

AIC：Akaike information criterion

SC：Schwarz information criterion

HQ：Hannan-Quinn information criterion

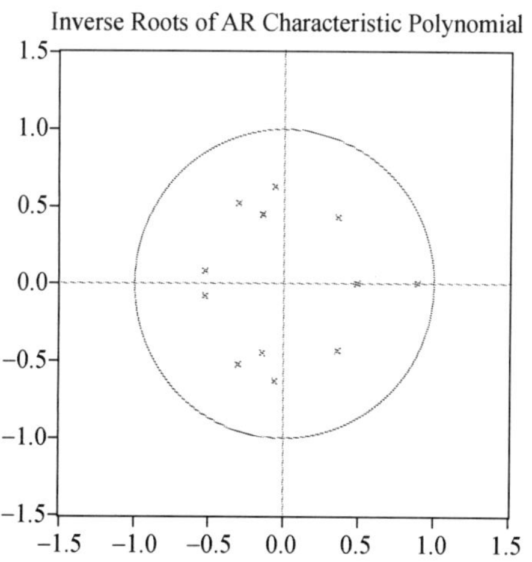

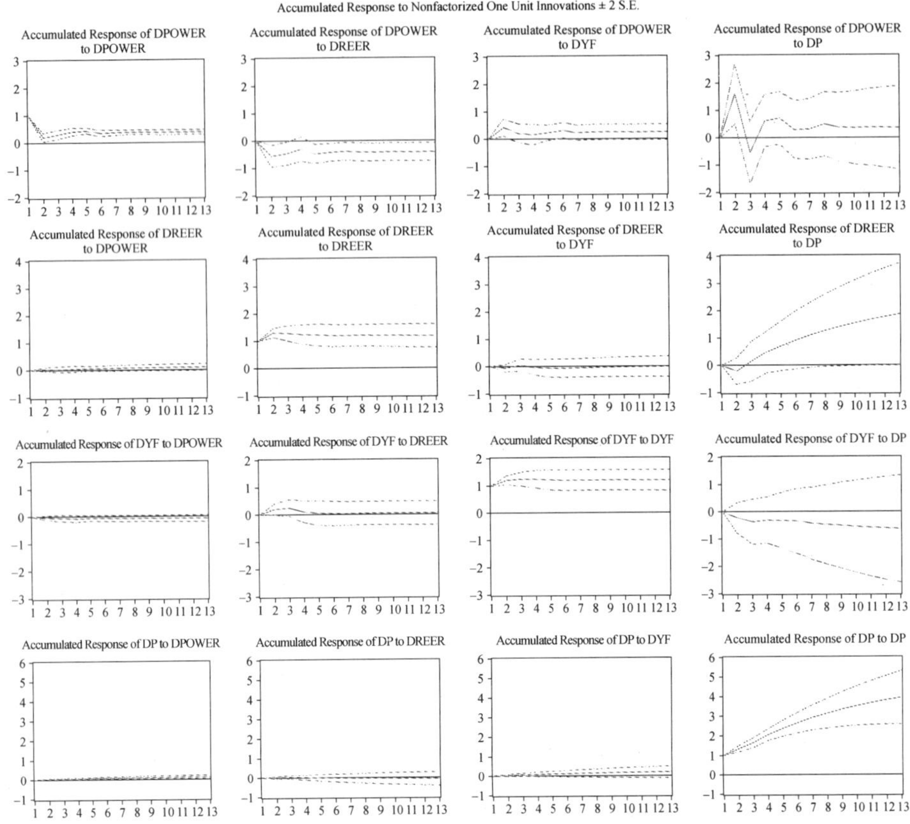

Accumulated Response of DPOWER：

Period	DPOWER	DREER	DYF	DP
1	1.000000 (0.00000)	0.000000 (0.00000)	0.000000 (0.00000)	0.000000 (0.00000)
2	0.204272 (0.07865)	−0.558738 (0.19791)	0.424362 (0.15795)	1.602815 (0.54976)
3	0.300379 (0.07950)	−0.472487 (0.21277)	0.204248 (0.17382)	−0.540614 (0.57043)
4	0.400932 (0.07071)	−0.307620 (0.22472)	0.159823 (0.18686)	0.613436 (0.47728)
5	0.437958 (0.05176)	−0.480714 (0.17314)	0.224019 (0.14025)	0.714653 (0.47931)
6	0.349045 (0.05908)	−0.429496 (0.16279)	0.306691 (0.14129)	0.287783 (0.52997)
7	0.371315 (0.04999)	−0.390848 (0.16009)	0.220867 (0.13937)	0.313430 (0.55298)
8	0.383495 (0.04270)	−0.424304 (0.16500)	0.244760 (0.14092)	0.493001 (0.58716)
9	0.383265 (0.04163)	−0.428923 (0.16031)	0.253573 (0.13881)	0.381356 (0.62758)
10	0.374307 (0.04751)	−0.415134 (0.16048)	0.247815 (0.13991)	0.362059 (0.66733)
11	0.375604 (0.04600)	−0.421793 (0.16186)	0.243084 (0.14106)	0.381933 (0.70110)
12	0.378709 (0.04490)	−0.421622 (0.16216)	0.246798 (0.14133)	0.372741 (0.73195)
13	0.377726 (0.04591)	−0.419523 (0.16128)	0.245808 (0.14132)	0.362507 (0.75977)

3. VAR 5 变量，被解释变量：Dpower

VAR Lag Order Selection Criteria

Endogenous variables：DPOWERDREERDYFDIDP

Exogenous variables：C

Sample：1994M01 2008M08

Included observations：167

Lag	logL	LR	FPE	AIC	SC	HQ
0	2057. 900	NA	1. 45e - 17	- 24. 58563	- 24. 49227	- 24. 54774
1	2159. 562	196. 0186	5. 78e - 18	- 25. 50373	- 24. 94361 *	- 25. 27639 *
2	2198. 059	71. 92283	4. 92e - 18	- 25. 66537	- 24. 63849	- 25. 24858
3	2223. 955	46. 83104 *	4. 87e - 18 *	- 25. 67611 *	- 24. 18246	- 25. 06987
4	2241. 212	30. 17305	5. 37e - 18	- 25. 58338	- 23. 62296	- 24. 78769
5	2257. 318	27. 19633	6. 01e - 18	- 25. 47686	- 23. 04968	- 24. 49172
6	2272. 317	24. 42975	6. 83e - 18	- 25. 35709	- 22. 46314	- 24. 18250
7	2285. 440	20. 58938	7. 98e - 18	- 25. 21486	- 21. 85414	- 23. 85082
8	2297. 652	18. 42630	9. 46e - 18	- 25. 06170	- 21. 23422	- 23. 50821

* indicates lag order selected by the criterion

LR：sequential modified LR test statistic （each test at 5% level）

FPE：Final prediction error

AIC：Akaike information criterion

SC：Schwarz information criterion

HQ：Hannan – Quinn information criterion

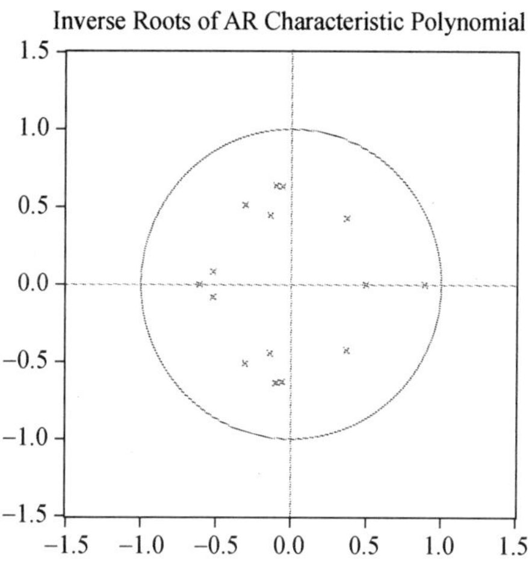

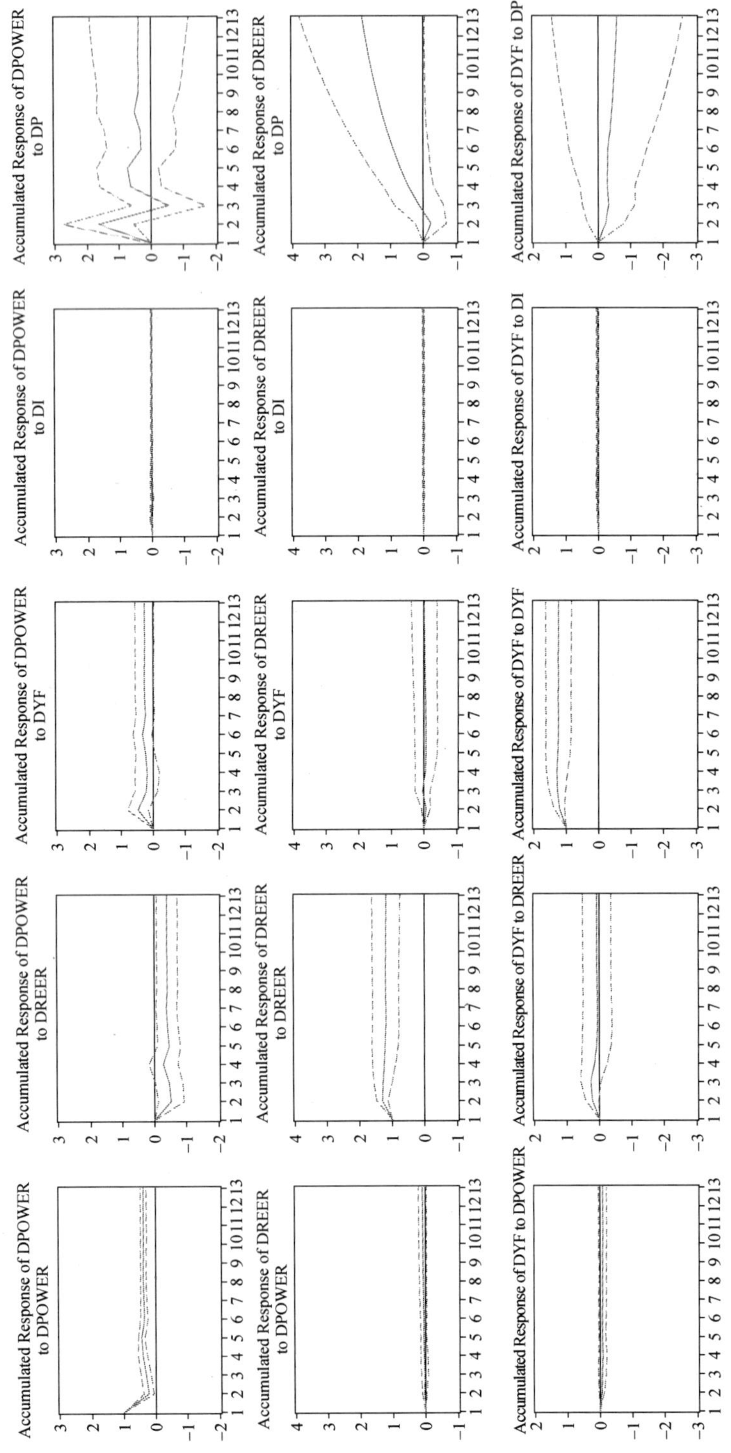
Accumulated Response to Nonf actorized One Unit Innov ations ± 2 S.E.
Accumulated Response of DPOWER to DPOWER
Accumulated Response of DPOWER to DREER
Accumulated Response of DPOWER to DYF
Accumulated Response of DPOWER to DI
Accumulated Response of DPOWER to DP
Accumulated Response of DREER to DPOWER
Accumulated Response of DREER to DREER
Accumulated Response of DREER to DYF
Accumulated Response of DREER to DI
Accumulated Response of DREER to DP
Accumulated Response of DYF to DPOWER
Accumulated Response of DYF to DREER
Accumulated Response of DYF to DYF
Accumulated Response of DYF to DI
Accumulated Response of DYF to DP

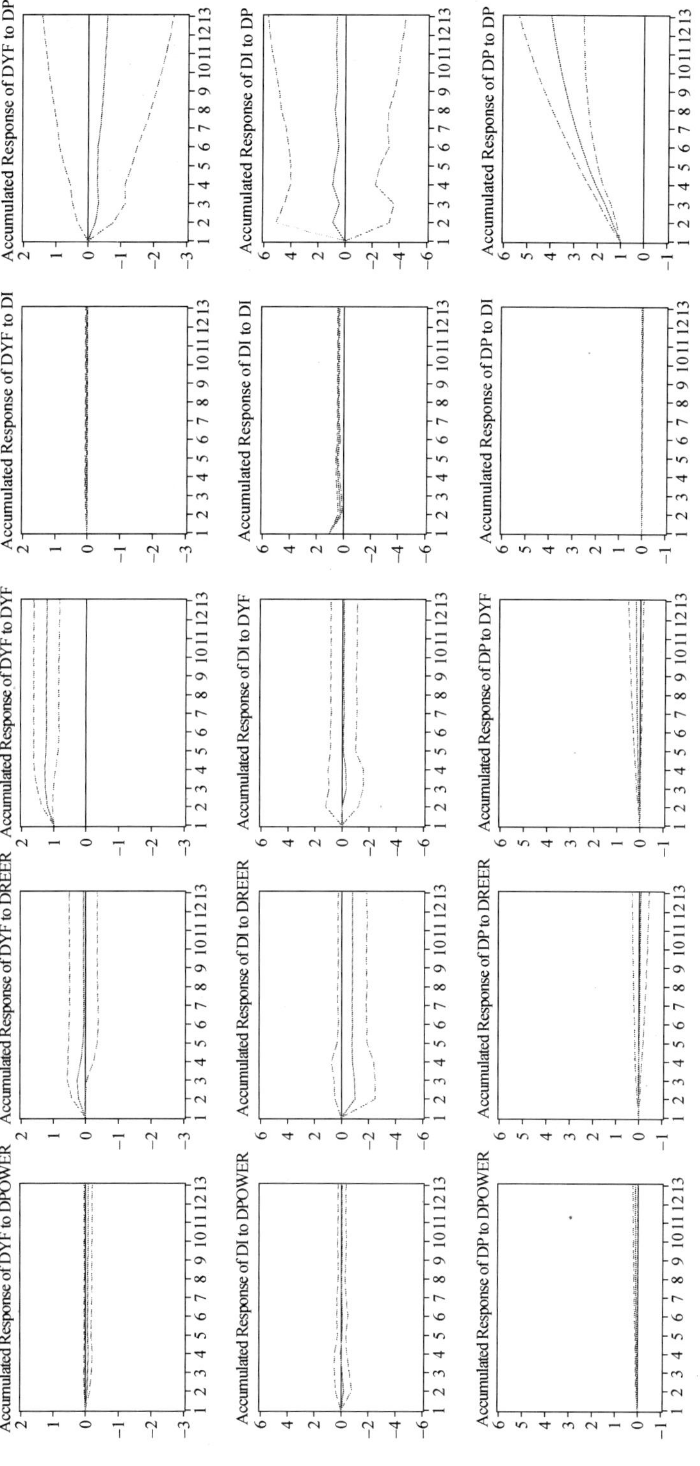
Accumulated Response of DYF to DPOWER
Accumulated Response of DYF to DREER
Accumulated Response of DYF to DYF
Accumulated Response of DYF to DI
Accumulated Response of DYF to DP
Accumulated Response of DI to DPOWER
Accumulated Response of DI to DREER
Accumulated Response of DI to DYF
Accumulated Response of DI to DI
Accumulated Response of DI to DP
Accumulated Response of DP to DPOWER
Accumulated Response of DP to DREER
Accumulated Response of DP to DYF
Accumulated Response of DP to DI
Accumulated Response of DP to DP

Accumulated Response of DPOWER:

Period	DPOWER	DREER	DYF	DI	DP
1	1.000000(0.00000)	0.000000(0.00000)	0.000000(0.00000)	0.000000(0.00000)	0.000000(0.00000)
2	0.216014(0.07947)	-0.526659(0.19893)	0.472604(0.16036)	0.035975(0.02086)	1.644216(0.55215)
3	0.298513(0.08111)	-0.465823(0.21577)	0.209999(0.17801)	0.004391(0.02160)	-0.539936(0.57859)
4	0.404342(0.07190)	-0.290939(0.22769)	0.185105(0.19117)	0.019025(0.02024)	0.633306(0.48549)
5	0.440258(0.05294)	-0.470876(0.17708)	0.237500(0.14675)	0.015343(0.01473)	0.731193(0.48567)
6	0.352912(0.05944)	-0.416990(0.16436)	0.327657(0.14719)	0.016122(0.01598)	0.304375(0.53618)
7	0.373314(0.05131)	-0.378873(0.16185)	0.238359(0.14542)	0.016550(0.01348)	0.333744(0.56023)
8	0.387069(0.04334)	-0.410999(0.16618)	0.264101(0.14637)	0.017285(0.01121)	0.508390(0.59416)
9	0.385385(0.04238)	-0.416197(0.16198)	0.272389(0.14462)	0.016107(0.01045)	0.395884(0.63568)
10	0.376997(0.04803)	-0.402916(0.16173)	0.266917(0.14581)	0.016278(0.01214)	0.379072(0.67579)
11	0.378775(0.04673)	-0.408748(0.16331)	0.261827(0.14702)	0.016978(0.01134)	0.398005(0.71033)
12	0.381376(0.04547)	-0.409112(0.16355)	0.265697(0.14718)	0.016300(0.01074)	0.387869(0.74176)
13	0.380239(0.04650)	-0.407117(0.16272)	0.264618(0.14735)	0.016366(0.01094)	0.377249(0.77017)

4. VAR 3 变量，被解释变量：DY

VAR Lag Order Selection Criteria

Endogenous variables: DYDREERDYF

Exogenous variables: C

Sample: 1994M01 2008M08

Included observations: 167

Lag	logL	LR	FPE	AIC	SC	HQ
0	1351.533	NA	1.94e-11	-16.15009	-16.09408	-16.12736
1	1399.514	93.66354	1.22e-11	-16.61693	-16.39288*	-16.52600
2	1414.416	28.55441	1.14e-11	-16.68761	-16.29553	-16.52847*
3	1423.447	16.98125*	1.14e-11*	-16.68799*	-16.12787	-16.46065
4	1427.934	8.274641	1.20e-11	-16.63394	-15.90578	-16.33839
5	1432.513	8.281376	1.27e-11	-16.58100	-15.68481	-16.21725
6	1436.206	6.546034	1.35e-11	-16.51744	-15.45322	-16.08550
7	1438.740	4.400246	1.46e-11	-16.44000	-15.20774	-15.93986
8	1444.376	9.583648	1.52e-11	-16.39971	-14.99941	-15.83136

* indicates lag order selected by the criterion

LR: sequential modified LR test statistic (each test at 5% level)

FPE: Final prediction error

AIC: Akaike information criterion

SC: Schwarz information criterion

HQ: Hannan-Quinn information criterion

Inverse Roots of AR Characteristic Polynomial
1.5
1.0
0.5
0.0
−0.5
−1.0
−1.5
−1.5 −1.0 −0.5 0.0 0.5 1.0 1.5

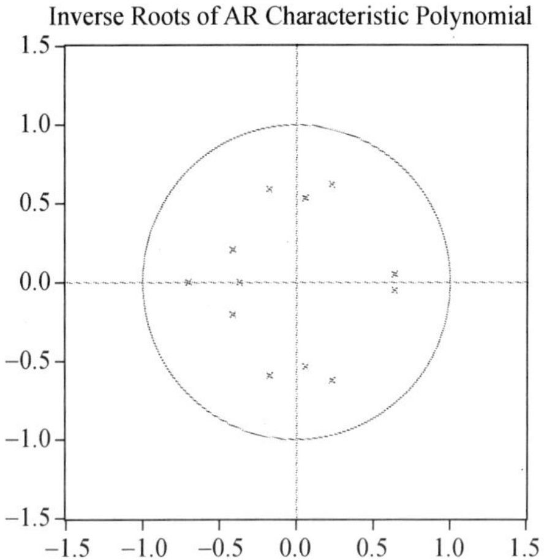

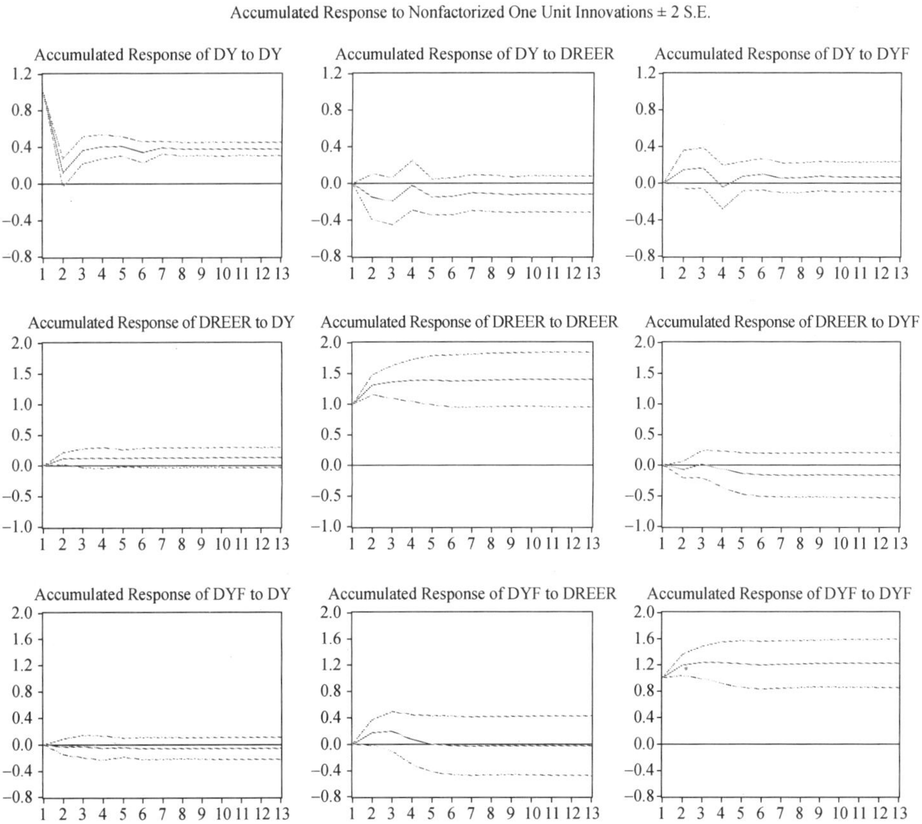

Accumulated Response to Nonfactorized One Unit Innovations ± 2 S.E.
Accumulated Response of DY to DY
Accumulated Response of DY to DREER
Accumulated Response of DY to DYF
Accumulated Response of DREER to DY
Accumulated Response of DREER to DREER
Accumulated Response of DREER to DYF
Accumulated Response of DYF to DY
Accumulated Response of DYF to DREER
Accumulated Response of DYF to DYF
1 2 3 4 5 6 7 8 9 10 11 12 13

Accumulated Response of DY：

Period	DY	DREER	DYF
1	1. 000000 (0. 00000)	0. 000000 (0. 00000)	0. 000000 (0. 00000)
2	0. 123058 (0. 07718)	-0. 151147 (0. 12684)	0. 147285 (0. 10586)
3	0. 363979 (0. 07320)	-0. 194643 (0. 12931)	0. 166765 (0. 10970)
4	0. 404806 (0. 06621)	-0. 022014 (0. 13562)	-0. 041248 (0. 11886)
5	0. 407258 (0. 05123)	-0. 148813 (0. 09761)	0. 074643 (0. 08004)
6	0. 342151 (0. 05908)	-0. 143529 (0. 10103)	0. 097422 (0. 08628)
7	0. 393288 (0. 03402)	-0. 103186 (0. 09811)	0. 056573 (0. 08095)
8	0. 376746 (0. 03743)	-0. 112545 (0. 09985)	0. 061412 (0. 08145)
9	0. 378740 (0. 03589)	-0. 126594 (0. 09739)	0. 077493 (0. 07983)
10	0. 376956 (0. 03928)	-0. 115927 (0. 09938)	0. 067467 (0. 08169)
11	0. 379762 (0. 03472)	-0. 117507 (0. 09901)	0. 067015 (0. 08090)
12	0. 377587 (0. 03672)	-0. 119651 (0. 09930)	0. 069456 (0. 08129)
13	0. 378789 (0. 03602)	-0. 118751 (0. 09905)	0. 068924 (0. 08106)

5. VAR 4 变量，被解释变量：DY

VAR Lag Order Selection Criteria

Endogenous variables：DYDREERDYFDP

Exogenous variables：C

Sample：1994M01 2008M08

Included observations：167

Lag	logL	LR	FPE	AIC	SC	HQ
0	2018. 555	NA	3. 91e-16	-24. 12640	-24. 05172	-24. 09609
1	2096. 684	151. 5814	1. 86e-16	-24. 87047	-24. 49706*	-24. 71891
2	2123. 915	51. 52653	1. 62e-16	-25. 00497	-24. 33283	-24. 73217*
3	2146. 214	41. 12504*	1. 51e-16*	-25. 08040*	-24. 10953	-24. 68635
4	2157. 074	19. 51066	1. 61e-16	-25. 01886	-23. 74925	-24. 50355
5	2164. 612	13. 17989	1. 78e-16	-24. 91751	-23. 34918	-24. 28096
6	2175. 426	18. 38892	1. 90e-16	-24. 85540	-22. 98833	-24. 09760
7	2180. 195	7. 882949	2. 19e-16	-24. 72090	-22. 55511	-23. 84185
8	2190. 429	16. 42223	2. 36e-16	-24. 65184	-22. 18732	-23. 65154

* indicates lag order selected by the criterion

LR：sequential modified LR test statistic (each test at 5% level)

FPE：Final prediction error

AIC：Akaike information criterion

SC：Schwarz information criterion

HQ：Hannan-Quinn information criterion

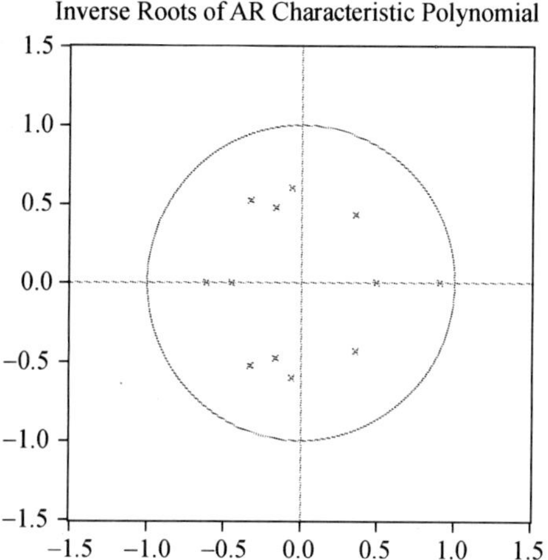
Inverse Roots of AR Characteristic Polynomial

Accumulated Response to Nonfactorized One Unit Innovations ± 2 S.E.

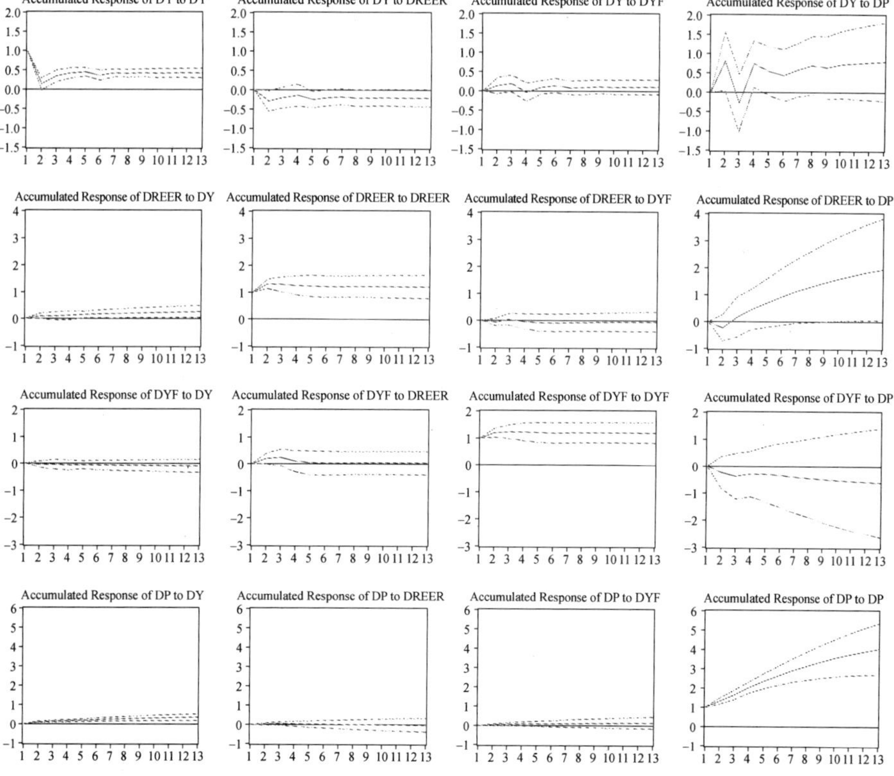
Accumulated Response of DY to DY
Accumulated Response of DY to DREER
Accumulated Response of DY to DYF
Accumulated Response of DY to DP
Accumulated Response of DREER to DY
Accumulated Response of DREER to DREER
Accumulated Response of DREER to DYF
Accumulated Response of DREER to DP
Accumulated Response of DYF to DY
Accumulated Response of DYF to DREER
Accumulated Response of DYF to DYF
Accumulated Response of DYF to DP
Accumulated Response of DP to DY
Accumulated Response of DP to DREER
Accumulated Response of DP to DYF
Accumulated Response of DP to DP

Accumulated Response of DY:

Period	DY	DREER	DYF	DP
1	1. 000000(0. 00000)	0. 000000(0. 00000)	0. 000000(0. 00000)	0. 000000(0. 00000)
2	0. 140656(0. 07714)	-0. 288840(0. 13113)	0. 134434(0. 10391)	0. 800673(0. 38107)
3	0. 345557(0. 07532)	-0. 201239(0. 13450)	0. 191162(0. 10952)	-0. 279314(0. 36905)
4	0. 424712(0. 06690)	-0. 142030(0. 14340)	-0. 034255(0. 11891)	0. 739637(0. 30461)
5	0. 448457(0. 05582)	-0. 251772(0. 10426)	0. 096236(0. 08615)	0. 545504(0. 31171)
6	0. 364613(0. 06524)	-0. 203964(0. 10564)	0. 137969(0. 09273)	0. 441591(0. 34068)
7	0. 424320(0. 04969)	-0. 181863(0. 10226)	0. 081492(0. 08940)	0. 581126(0. 34737)
8	0. 413469(0. 04967)	-0. 210490(0. 10745)	0. 093081(0. 09097)	0. 694710(0. 37984)
9	0. 424812(0. 05098)	-0. 208684(0. 10425)	0. 111853(0. 08918)	0. 637090(0. 40617)
10	0. 420211(0. 05723)	-0. 201882(0. 10671)	0. 100327(0. 09201)	0. 714962(0. 43466)
11	0. 427040(0. 05569)	-0. 208461(0. 10787)	0. 102816(0. 09243)	0. 744893(0. 46063)
12	0. 429273(0. 05855)	-0. 207935(0. 10905)	0. 105854(0. 09346)	0. 769340(0. 48616)
13	0. 433110(0. 06038)	-0. 207477(0. 10922)	0. 105620(0. 09407)	0. 795079(0. 50852)

6. VAR 5 变量，被解释变量：DY

VAR Lag Order Selection Criteria

Endogenous variables: DYDREERDYFDIDP

Exogenous variables: C

Sample: 1994M01 2008M08

Included observations: 167

Lag	logL	LR	FPE	AIC	SC	HQ
0	2128. 388	NA	6. 22e - 18	-25. 42979	-25. 33644	-25. 39190
1	2236. 082	207. 6503	2. 31e - 18	-26. 42015	-25. 86003*	-26. 19281*
2	2275. 599	73. 82835	1. 94e - 18	-26. 59400	-25. 56712	-26. 17721
3	2307. 713	58. 07393*	1. 79e - 18*	-26. 67920*	-25. 18555	-26. 07296
4	2321. 975	24. 93732	2. 04e - 18	-26. 55060	-24. 59018	-25. 75491
5	2336. 421	24. 39292	2. 33e - 18	-26. 42420	-23. 99702	-25. 43906
6	2352. 489	26. 17091	2. 62e - 18	-26. 31723	-23. 42328	-25. 14264
7	2362. 597	15. 85877	3. 17e - 18	-26. 13889	-22. 77818	-24. 77485
8	2379. 284	25. 18036	3. 56e - 18	-26. 03933	-22. 21185	-24. 48584

* indicates lag order selected by the criterion

LR: sequential modified LR test statistic (each test at 5% level)

FPE: Final prediction error

AIC: Akaike information criterion

SC: Schwarz information criterion

HQ: Hannan - Quinn information criterion

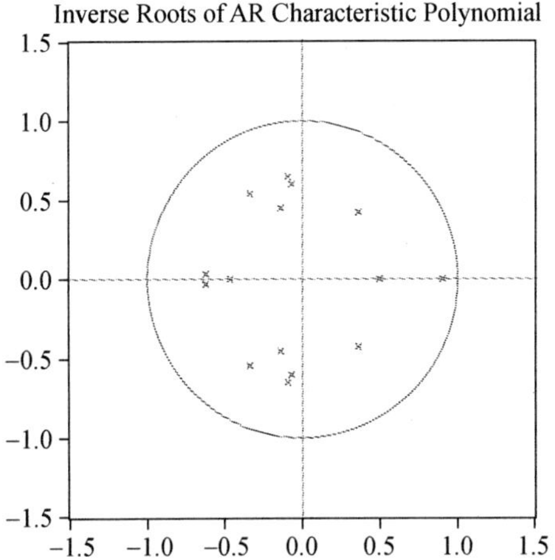
Inverse Roots of AR Characteristic Polynomial

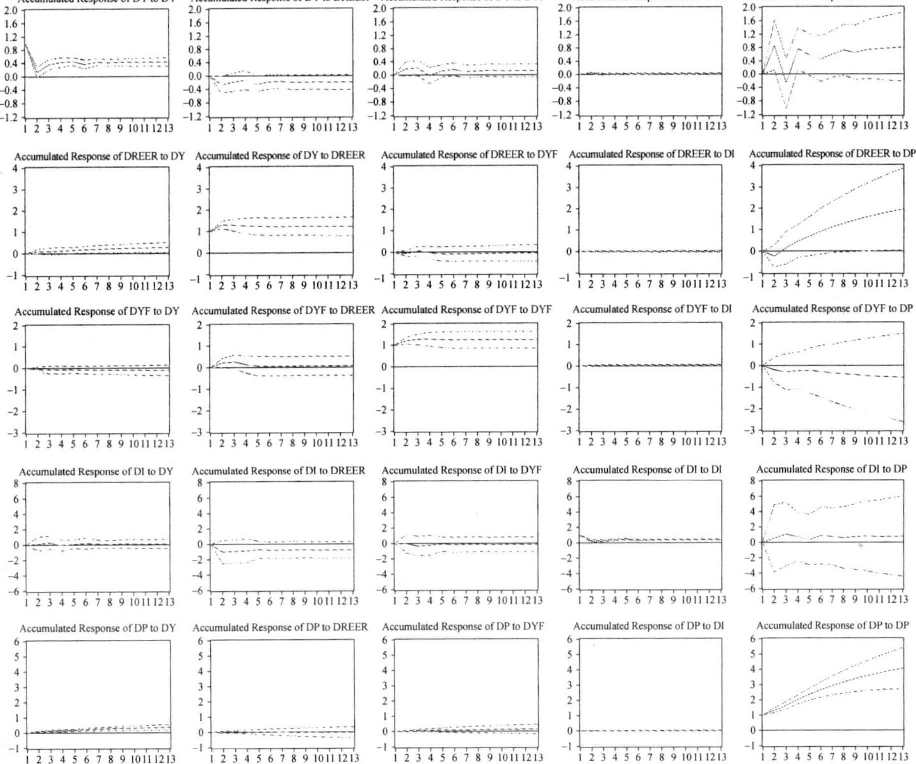
Accumulated Response to Nonfactorized One Unit Innovations ± 2 S.E.
Accumulated Response of DY to DY
Accumulated Response of DY to DREER
Accumulated Response of DY to DYF
Accumulated Response of DY to DI
Accumulated Response of DY to DP
Accumulated Response of DREER to DY
Accumulated Response of DY to DREER
Accumulated Response of DREER to DYF
Accumulated Response of DREER to DI
Accumulated Response of DREER to DP
Accumulated Response of DYF to DY
Accumulated Response of DYF to DREER
Accumulated Response of DYF to DYF
Accumulated Response of DYF to DI
Accumulated Response of DYF to DP
Accumulated Response of DI to DY
Accumulated Response of DI to DREER
Accumulated Response of DI to DYF
Accumulated Response of DI to DI
Accumulated Response of DI to DP
Accumulated Response of DP to DY
Accumulated Response of DP to DREER
Accumulated Response of DP to DYF
Accumulated Response of DP to DI
Accumulated Response of DP to DP

Accumulated Response of DY:

Period	DY	DREER	DYF	DI	DP
1	1.000000(0.00000)	0.000000(0.00000)	0.000000(0.00000)	0.000000(0.00000)	0.000000(0.00000)
2	0.125084(0.07753)	-0.260639(0.12976)	0.180732(0.10408)	0.037646(0.01356)	0.865068(0.37659)
3	0.354348(0.07726)	-0.192594(0.13630)	0.208611(0.11214)	0.007382(0.01362)	-0.271303(0.37452)
4	0.421228(0.06897)	-0.128681(0.14561)	-0.019549(0.12205)	0.011750(0.01299)	0.760474(0.31303)
5	0.443871(0.05788)	-0.250154(0.10855)	0.112421(0.09227)	0.013327(0.00979)	0.576094(0.31742)
6	0.360266(0.06686)	-0.189547(0.10764)	0.159410(0.09733)	0.019914(0.01112)	0.455050(0.34548)
7	0.424350(0.05150)	-0.175097(0.10405)	0.095852(0.09386)	0.010060(0.00844)	0.605746(0.35428)
8	0.408651(0.05099)	-0.200683(0.10875)	0.111580(0.09536)	0.016950(0.00752)	0.720217(0.38559)
9	0.421029(0.05219)	-0.198935(0.10626)	0.130840(0.09393)	0.014625(0.00707)	0.647717(0.41308)
10	0.417390(0.05809)	-0.191068(0.10798)	0.118105(0.09644)	0.015341(0.00828)	0.736254(0.44144)
11	0.423276(0.05673)	-0.199966(0.10947)	0.120647(0.09702)	0.014617(0.00739)	0.765029(0.46793)
12	0.425367(0.05938)	-0.197659(0.11047)	0.124545(0.09805)	0.015643(0.00730)	0.783258(0.49379)
13	0.429453(0.06129)	-0.197773(0.11075)	0.123417(0.09875)	0.014921(0.00748)	0.812107(0.51657)

7. VAR 3 变量，被解释变量：POWER

VAR Lag Order Selection Criteria

Endogenous variables: POWERREERYF

Exogenous variables: C

Sample: 1994M01 2008M08

Included observations: 168

Lag	logL	LR	FPE	AIC	SC	HQ
0	401.7643	NA	1.74e-06	-4.747194	-4.691409	-4.724554
1	1301.063	1755.773	4.34e-11	-15.34598	-15.12284	-15.25542
2	1345.535	85.23906	2.85e-11	-15.76828	-15.37778*	-15.60979
3	1360.959	29.01138	2.64e-11	-15.84475	-15.28690	-15.61835*
4	1371.230	18.95288	2.60e-11	-15.85988	-15.13468	-15.56556
5	1381.223	18.08271*	2.57e-11*	-15.87171*	-14.97914	-15.50946
6	1390.057	15.66949	2.58e-11	-15.86973	-14.80981	-15.43956
7	1394.331	7.427715	2.73e-11	-15.81346	-14.58619	-15.31537
8	1398.827	7.654313	2.89e-11	-15.75984	-14.36522	-15.19384

* indicates lag order selected by the criterion

LR: sequential modified

LR test statistic (each test at 5% level)

FPE: Final prediction error

AIC: Akaike information criterion

SC: Schwarz information criterion

HQ: Hannan - Quinn information criterion

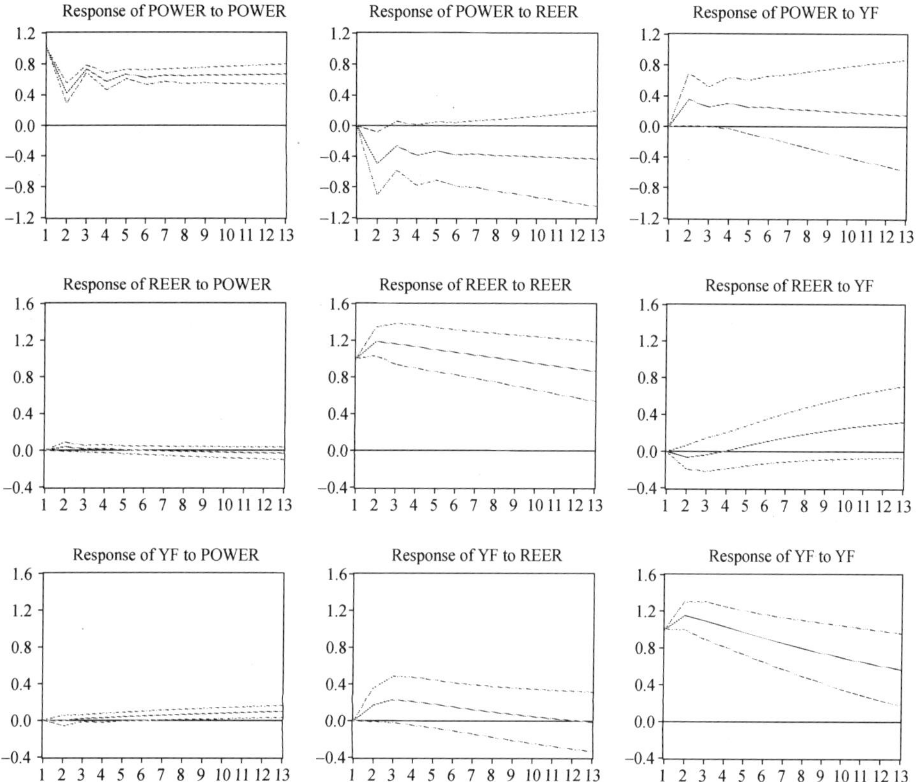

Response of POWER：

Period	POWER	REER	YF
1	1. 000000 (0. 00000)	0. 000000 (0. 00000)	0. 000000 (0. 00000)
2	0. 421899 (0. 06492)	−0. 495771 (0. 20558)	0. 351782 (0. 17157)
3	0. 734646 (0. 02432)	−0. 264712 (0. 16020)	0. 254637 (0. 12999)
4	0. 572908 (0. 05460)	−0. 387724 (0. 19781)	0. 304112 (0. 16786)
5	0. 667407 (0. 02964)	−0. 330987 (0. 19114)	0. 252693 (0. 17573)
6	0. 623133 (0. 04767)	−0. 377383 (0. 20949)	0. 253620 (0. 20235)
7	0. 653474 (0. 04025)	−0. 369196 (0. 21859)	0. 227538 (0. 22385)
8	0. 643340 (0. 04944)	−0. 389920 (0. 23470)	0. 217424 (0. 24870)
9	0. 654892 (0. 04944)	−0. 394165 (0. 24884)	0. 199904 (0. 27213)
10	0. 654587 (0. 05488)	−0. 406434 (0. 26487)	0. 187492 (0. 29560)
11	0. 660539 (0. 05728)	−0. 413551 (0. 28044)	0. 173374 (0. 31815)
12	0. 662976 (0. 06135)	−0. 422678 (0. 29644)	0. 161184 (0. 34001)
13	0. 667177 (0. 06442)	−0. 429993 (0. 31219)	0. 148921 (0. 36100)

8. VAR 4 变量，被解释变量：POWER

VAR Lag Order Selection Criteria

Endogenous variables：POWERREERYFP

Exogenous variables：C

Sample：1994M01 2008M08

Included observations：168

Lag	logL	LR	FPE	AIC	SC	HQ
0	785.6501	NA	1.07e-09	-9.305359	-9.230979	-9.275172
1	2008.441	2372.797	6.16e-16	-23.67192	-23.30002	-23.52099
2	2063.692	104.5814	3.86e-16	-24.13919	-23.46977*	-23.86751*
3	2086.533	42.14755	3.56e-16*	-24.22063*	-23.25369	-23.82820
4	2101.489	26.88466*	3.61e-16	-24.20820	-22.94374	-23.69502
5	2116.337	25.98461	3.67e-16	-24.19449	-22.63251	-23.56056
6	2127.808	19.52803	3.89e-16	-24.14057	-22.28107	-23.38590
7	2134.330	10.79175	4.38e-16	-24.02774	-21.87071	-23.15231
8	2145.391	17.77636	4.67e-16	-23.96894	-21.51439	-22.97276

* indicates lag order selected by the criterion

LR：sequential modified LR test statistic（each test at 5% level）

FPE：Final prediction error

AIC：Akaike information criterion

SC：Schwarz information criterion

HQ：Hannan-Quinn information criterion

Response of POWER：

Period	POWER	REER	YF	P
1	1.000000(0.00000)	0.000000(0.00000)	0.000000(0.00000)	0.000000(0.00000)
2	0.448597(0.06738)	-0.554521(0.21434)	0.360015(0.17161)	0.942096(0.63450)
3	0.758390(0.03011)	-0.252448(0.17297)	0.284848(0.13154)	0.666452(0.51827)
4	0.606308(0.05973)	-0.365793(0.21059)	0.328910(0.16725)	0.786199(0.64024)
5	0.700087(0.03975)	-0.279649(0.21348)	0.278851(0.17520)	0.659965(0.61493)
6	0.661185(0.05696)	-0.312536(0.23834)	0.276250(0.20120)	0.677251(0.66267)
7	0.693035(0.05314)	-0.283784(0.25799)	0.250247(0.22257)	0.626987(0.67758)
8	0.686603(0.06287)	-0.287190(0.28255)	0.238825(0.24728)	0.616875(0.71332)
9	0.700341(0.06527)	-0.272085(0.30599)	0.221196(0.27069)	0.586849(0.74042)
10	0.702885(0.07193)	-0.265863(0.33006)	0.208329(0.29420)	0.568613(0.77239)
11	0.711049(0.07617)	-0.254065(0.35342)	0.194294(0.31687)	0.545196(0.80131)
12	0.715818(0.08164)	-0.244624(0.37628)	0.182257(0.33891)	0.525813(0.83053)
13	0.722029(0.08628)	-0.233436(0.39832)	0.170507(0.36012)	0.505615(0.85789)

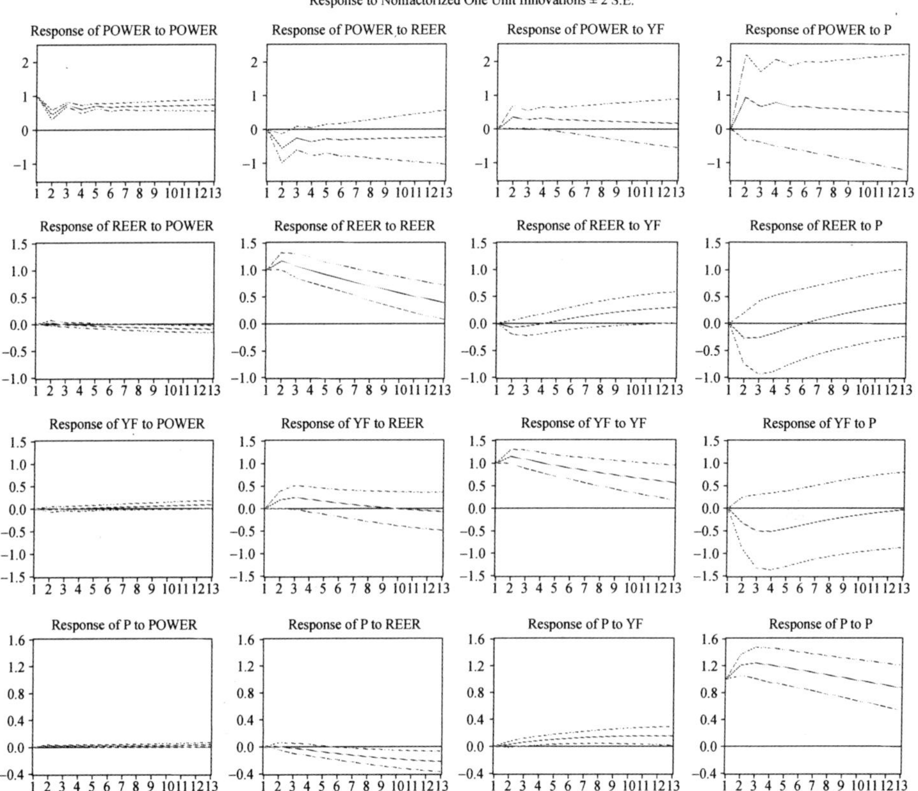

9. VAR 5 变量，被解释变量：POWER

VAR Lag Order Selection Criteria

Endogenous variables：POWERREERYFPI

Exogenous variables：C

Sample：1994M01 2008M08

Included observations：168

Lag	logL	LR	FPE	AIC	SC	HQ
0	923.9017	NA	1.22e-11	-10.93931	-10.84633	-10.90157
1	2182.455	2427.210	5.12e-18	-25.62447	-25.06662*	-25.39806
2	2239.771	107.1256	3.49e-18*	-26.00918*	-24.98645	-25.59411*
3	2263.511	42.95855*	3.55e-18	-25.99418	-24.50658	-25.39044
4	2279.655	28.25097	3.95e-18	-25.88874	-23.93627	-25.09633

续表

Lag	logL	LR	FPE	AIC	SC	HQ
5	2301. 118	36. 28368	4. 15e - 18	-25. 84664	-23. 42929	-24. 86556
6	2314. 439	21. 72640	4. 81e - 18	-25. 70761	-22. 82538	-24. 53786
7	2326. 892	19. 56874	5. 66e - 18	-25. 55824	-22. 21114	-24. 19982
8	2341. 594	22. 22816	6. 50e - 18	-25. 43565	-21. 62367	-23. 88856

* indicates lag order selected by the criterion

LR：sequential modified LR test statistic （each test at 5% level）

FPE：Final prediction error

AIC：Akaike information criterion

SC：Schwarz information criterion

HQ：Hannan - Quinn information criterion

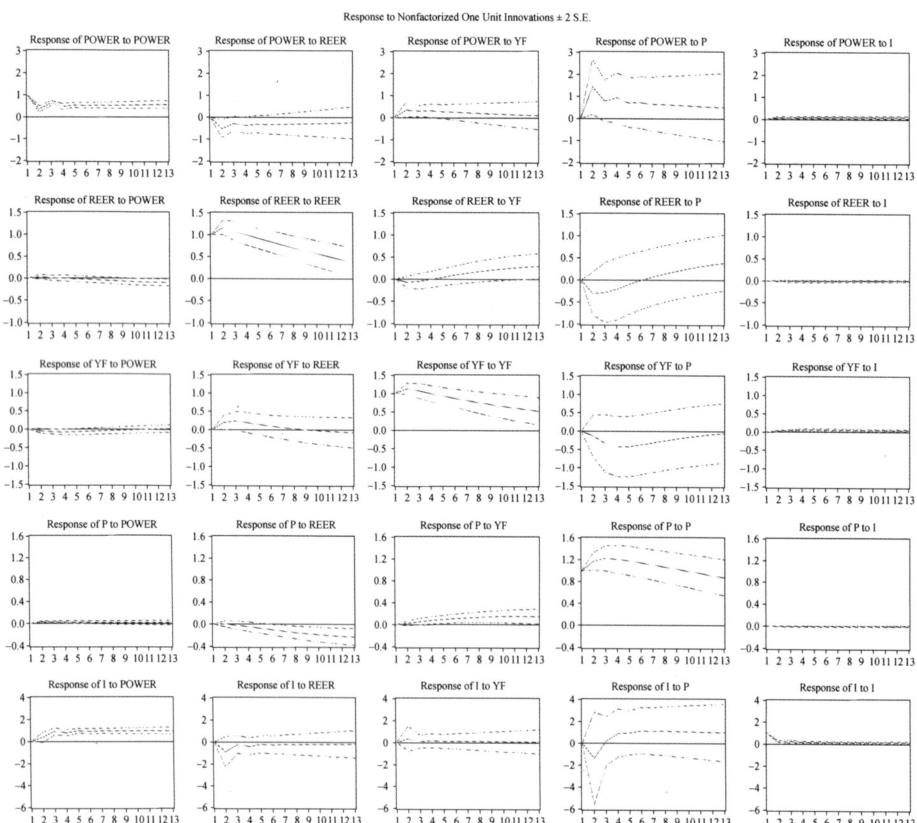

Response of POWER：

Period	POWER	REER	YF	P	I
1	1.000000(0.00000)	0.000000(0.00000)	0.000000(0.00000)	0.000000(0.00000)	0.000000(0.00000)
2	0.360667(0.06946)	-0.519765(0.20632)	0.347393(0.16715)	1.434221(0.62126)	0.084152(0.02270)
3	0.620670(0.05254)	-0.287593(0.16250)	0.297366(0.12391)	0.797171(0.47784)	0.071720(0.02392)
4	0.472908(0.06389)	-0.369668(0.18833)	0.318860(0.14830)	0.943572(0.56109)	0.097432(0.02149)
5	0.539796(0.05676)	-0.318616(0.19487)	0.275259(0.15934)	0.716691(0.55570)	0.092777(0.02316)
6	0.513894(0.06456)	-0.334243(0.21455)	0.257532(0.17940)	0.724949(0.58704)	0.098663(0.02281)
7	0.536193(0.06517)	-0.316187(0.23302)	0.229000(0.19911)	0.655139(0.60777)	0.097246(0.02363)
8	0.537317(0.07102)	-0.310529(0.25421)	0.207500(0.22001)	0.639105(0.63573)	0.098554(0.02385)
9	0.548663(0.07444)	-0.296638(0.27532)	0.184722(0.24074)	0.604948(0.66240)	0.098243(0.02438)
10	0.554999(0.07941)	-0.284941(0.29675)	0.164523(0.26122)	0.582769(0.69013)	0.098587(0.02476)
11	0.563241(0.08364)	-0.271104(0.31782)	0.145110(0.28117)	0.557058(0.71720)	0.098584(0.02524)
12	0.570086(0.08825)	-0.257467(0.33847)	0.127301(0.30050)	0.534641(0.74369)	0.098737(0.02568)
13	0.577048(0.09261)	-0.243171(0.35849)	0.110682(0.31914)	0.512223(0.76916)	0.098823(0.02616)

10. VECM 3 变量，被解释变量：POWER

Vector Error Correction Estimates

Sample (adjusted)：1994M04 2008M08

Included observations：173afteradjustments

Standard errors in ( ) & t - statistics in [ ]

Cointegrating Eq：	CointEq1		
POWER (-1)	1.000000		
REER (-1)	3.965825 (1.20052) [3.30342]		
YF (-1)	-4.532882 (0.90328) [-5.01824]		
C	-4.438552		
Error Correction：	D (POWER)	D (REER)	D (YF)
CointEq1	-0.007103 (0.00582) [-1.21950]	-0.008398 (0.00237) [-3.54881]	0.003241 (0.00287) [1.13125]

续表

Error Correction:	D (POWER)	D (REER)	D (YF)
D (POWER (-1))	-0.780745 (0.07246) [-10.7743]	0.043183 (0.02944) [1.46681]	-0.018256 (0.03564) [-0.51217]
D (POWER (-2))	-0.378354 (0.07300) [-5.18276]	-0.001478 (0.02966) [-0.04984]	-0.005452 (0.03591) [-0.15182]
D (REER (-1))	-0.390845 (0.19289) [-2.02621]	0.236339 (0.07837) [3.01578]	0.186690 (0.09488) [1.96762]
D (REER (-2))	-0.381125 (0.19731) [-1.93162]	-0.035961 (0.08016) [-0.44861]	-0.088298 (0.09705) [-0.90979]
D (YF (-1))	0.406991 (0.16243) [2.50567]	-0.104795 (0.06599) [-1.58804]	0.205910 (0.07990) [2.57725]
D (YF (-2))	-0.044875 (0.16644) [-0.26962]	0.061461 (0.06762) [0.90894]	0.017046 (0.08187) [0.20822]
C	0.018031 (0.00253) [7.13857]	0.001537 (0.00103) [1.49804]	0.001343 (0.00124) [1.08117]
R - squared	0.429358	0.166078	0.055258
Adj. R - squared	0.405149	0.130699	0.015178
Sumsq. resids	0.136722	0.022567	0.033080
S. E. equation	0.028786	0.011695	0.014159
F - statistic	17.73540	4.694311	1.378698
log likelihood	372.4016	528.2287	495.1481
AkaikeAIC	-4.212736	-6.014205	-5.631770
SchwarzSC	-4.066919	-5.868388	-5.485953
Meandependent	0.007789	0.002222	0.001751
S. D. dependent	0.037323	0.012543	0.014268

续表

Error Correction:	D (POWER)	D (REER)	D (YF)
Determinant resid covariance (dofadj.)		2.11E-11	
Determinant resid covariance		1.83E-11	
log likelihood		1402.364	
Akaike information criterion		-15.90016	
Schwarz criterion		-15.40803	

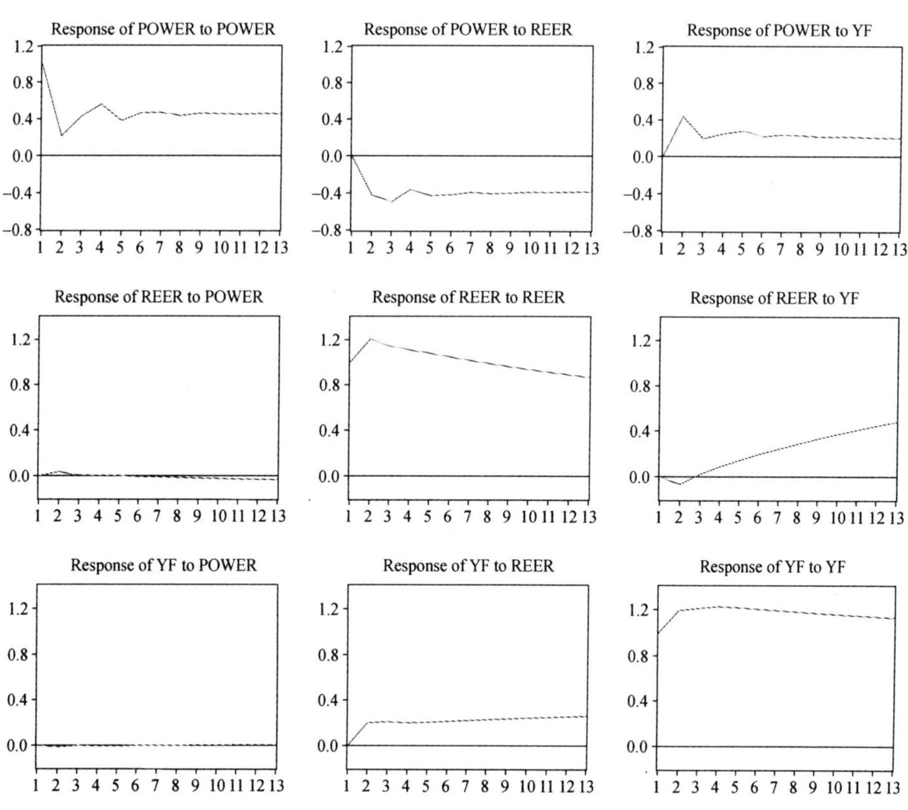

Response of POWER:

Period	POWER	REER	YF
1	1.000000	0.000000	0.000000
2	0.074128	-0.488495	0.434293
3	0.235499	-0.558789	0.206146
4	0.313875	-0.289166	0.178956

续表

Period	POWER	REER	YF
5	0. 311512	-0. 550826	0. 069853
6	0. 382335	-0. 434466	0. 348051
7	0. 263628	-0. 445493	0. 300928
8	0. 303309	-0. 426827	0. 286508
9	0. 313021	-0. 470979	0. 257648
10	0. 305366	-0. 468298	0. 284118
11	0. 315600	-0. 440731	0. 291411
12	0. 301648	-0. 436405	0. 294864
13	0. 308142	-0. 447915	0. 287238

11. VECM 4 变量，被解释变量：POWER

Vector Error Correction Estimates

Sample (adjusted): 1994M04 2008M08

Included observations: 173afteradjustments

Standard errors in ( ) & t - statistics in [ ]

Cointegrating Eq:	CointEq1			
POWER (-1)	1. 000000			
REER (-1)	-240. 9650			
	(60. 9938)			
	[-3. 95065]			
YF (-1)	134. 7495			
	(46. 1614)			
	[2. 91909]			
P (-1)	-218. 6345			
	(73. 3722)			
	[-2. 97980]			
C	1499. 761			
Error Correction:	D (POWER)	D (REER)	D (YF)	D (P)
CointEq1	8. 98E -05	9. 90E -05	3. 13E -05	9. 84E -05
	(0. 00012)	(4. 9E -05)	(5. 8E -05)	(1. 5E -05)
	[0. 77579]	[2. 03725]	[0. 53646]	[6. 37955]

续表

Error Correction:	D (POWER)	D (REER)	D (YF)	D (P)
D (POWER (-1))	-0. 725639 (0. 07434) [-9. 76098]	0. 024800 (0. 03121) [0. 79468]	-0. 028675 (0. 03750) [-0. 76469]	0. 036238 (0. 00990) [3. 65890]
D (POWER (-2))	-0. 406566 (0. 07252) [-5. 60643]	0. 000345 (0. 03044) [0. 01134]	-0. 005630 (0. 03658) [-0. 15390]	0. 024158 (0. 00966) [2. 50054]
D (REER (-1))	-0. 526589 (0. 19748) [-2. 66658]	0. 286603 (0. 08290) [3. 45727]	0. 207758 (0. 09961) [2. 08568]	0. 016568 (0. 02631) [0. 62976]
D (REER (-2))	-0. 232237 (0. 20597) [-1. 12752]	-0. 040039 (0. 08646) [-0. 46307]	-0. 095899 (0. 10390) [-0. 92303]	0. 052956 (0. 02744) [1. 92984]
D (YF (-1))	0. 387973 (0. 16176) [2. 39851]	-0. 090182 (0. 06790) [-1. 32810]	0. 188630 (0. 08159) [2. 31183]	0. 007538 (0. 02155) [0. 34979]
D (YF (-2))	-0. 094300 (0. 16330) [-0. 57747]	0. 098012 (0. 06855) [1. 42978]	0. 013125 (0. 08237) [0. 15934]	-0. 009826 (0. 02176) [-0. 45165]
D (P (-1))	1. 437605 (0. 59711) [2. 40759]	-0. 357519 (0. 25066) [-1. 42630]	-0. 347732 (0. 30120) [-1. 15450]	0. 196526 (0. 07955) [2. 47044]
D (P (-2))	-1. 414594 (0. 59906) [-2. 36135]	0. 238409 (0. 25148) [0. 94803]	0. 036083 (0. 30218) [0. 11941]	0. 062435 (0. 07981) [0. 78229]
C	0. 017967 (0. 00325) [5. 53395]	0. 001811 (0. 00136) [1. 32889]	0. 002373 (0. 00164) [1. 44902]	0. 001501 (0. 00043) [3. 46975]
R - squared	0. 457961	0. 154292	0. 056275	0. 595119
Adj. R - squared	0. 428032	0. 107596	0. 004167	0. 572764
Sumsq. resids	0. 129869	0. 022886	0. 033044	0. 002305
S. E. equation	0. 028227	0. 011849	0. 014238	0. 003761

续表

Error Correction:	D (POWER)	D (REER)	D (YF)	D (P)
F - statistic	15. 30181	3. 304208	1. 079976	26. 62087
log likelihood	376. 8499	527. 0147	495. 2412	725. 5675
AkaikeAIC	-4. 241039	-5. 977049	-5. 609725	-8. 272456
SchwarzSC	-4. 058768	-5. 794778	-5. 427454	-8. 090185
Meandependent	0. 007789	0. 002222	0. 001751	0. 002910
S. D. dependent	0. 037323	0. 012543	0. 014268	0. 005753
Determinant resid covariance (dofadj.)	2. 64E - 16			
Determinant resid covariance	2. 08E - 16			
log likelihood	2141. 614			
Akaike information criterion	-24. 24988			
Schwarz criterion	-23. 44788			

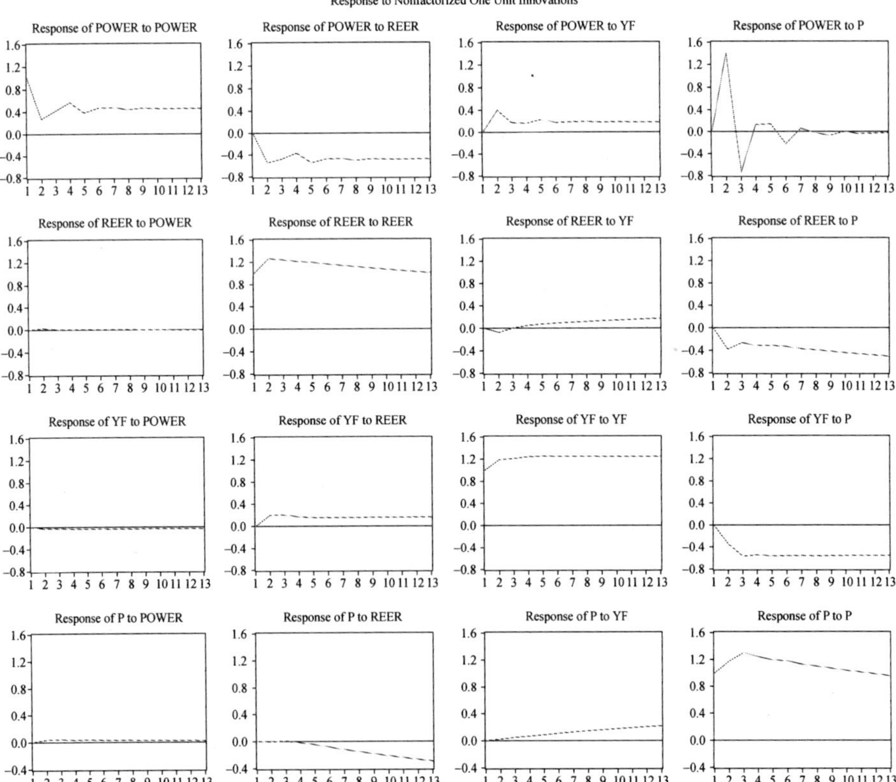

Response of POWER:

Period	POWER	REER	YF	P
1	1. 000000	0. 000000	0. 000000	0. 000000
2	0. 274451	-0. 548236	0. 400078	1. 417963
3	0. 420810	-0. 478429	0. 176383	-0. 730906
4	0. 571602	-0. 372087	0. 164241	0. 125253
5	0. 386090	-0. 546186	0. 232845	0. 136871
6	0. 474324	-0. 477051	0. 177415	-0. 224390
7	0. 475747	-0. 472013	0. 190599	0. 054760
8	0. 440320	-0. 502802	0. 197557	-0. 029216
9	0. 468107	-0. 478262	0. 184125	-0. 069455
10	0. 459798	-0. 483435	0. 190236	-0. 002343
11	0. 455770	-0. 486237	0. 189028	-0. 037644
12	0. 462337	-0. 479448	0. 186249	-0. 032928
13	0. 458778	-0. 481357	0. 187680	-0. 020506

12. VECM 5 变量，被解释变量：POWER

Vector Error Correction Estimates

Sample (adjusted): 1994M04 2008M08

Included observations: 173afteradjustments

Standard errors in ( ) & t - statistics in [ ]

Cointegrating Eq:	CointEq1
POWER (-1)	1. 000000
REER (-1)	-0. 314335
	(0. 16852)
	[-1. 86525]
YF (-1)	0. 236690
	(0. 15663)
	[1. 51110]
P (-1)	-0. 660612
	(0. 22604)
	[-2. 92252]

续表

Cointegrating Eq:	CointEq1				
I (-1)	-0.565433 (0.02905) [-19.4670]				
C	5.405229				
Error Correction:	D (POWER)	D (REER)	D (YF)	D (P)	D (I)
CointEq1	-0.044004 (0.04122) [-1.06765]	0.027299 (0.01762) [1.54925]	-0.034243 (0.02078) [-1.64795]	0.031423 (0.00568) [5.53084]	0.576764 (0.14969) [3.85318]
D (POWER (-1))	-0.675297 (0.08135) [-8.30146]	0.009285 (0.03478) [0.26699]	8.35E-05 (0.04101) [0.00204]	0.015007 (0.01121) [1.33831]	-0.715117 (0.29543) [-2.42059]
D (POWER (-2))	-0.369533 (0.07439) [-4.96734]	-0.006147 (0.03180) [-0.19327]	0.014977 (0.03751) [0.39933]	0.015213 (0.01025) [1.48352]	-0.522638 (0.27017) [-1.93445]
D (REER (-1))	-0.515140 (0.19650) [-2.62160]	0.280420 (0.08401) [3.33807]	0.202505 (0.09907) [2.04412]	0.008424 (0.02709) [0.31101]	-0.769108 (0.71363) [-1.07774]
D (REER (-2))	-0.243904 (0.20380) [-1.19681]	-0.063331 (0.08713) [-0.72689]	-0.097766 (0.10275) [-0.95153]	0.037500 (0.02809) [1.33486]	-0.392990 (0.74013) [-0.53097]
D (YF (-1))	0.463235 (0.16030) [2.88988]	-0.068807 (0.06853) [-1.00406]	0.209786 (0.08081) [2.59588]	0.028044 (0.02210) [1.26917]	-0.101573 (0.58215) [-0.17448]
D (YF (-2))	-0.104373 (0.16448) [-0.63456]	0.102449 (0.07032) [1.45693]	0.022627 (0.08292) [0.27286]	0.002949 (0.02267) [0.13006]	-0.091800 (0.59735) [-0.15368]
D (P (-1))	1.969186 (0.58455) [3.36871]	-0.299584 (0.24991) [-1.19878]	-0.040709 (0.29471) [-0.13813]	0.240238 (0.08058) [2.98141]	-2.857806 (2.12294) [-1.34615]
D (P (-2))	-0.988226 (0.59498) [-1.66095]	0.305509 (0.25436) [1.20107]	0.305631 (0.29996) [1.01889]	0.092305 (0.08202) [1.12545]	-3.114349 (2.16080) [-1.44129]

续表

Error Correction:	D (POWER)	D (REER)	D (YF)	D (P)	D (I)
D (I (-1))	0. 022739	0. 007599	-0. 001077	0. 010070	-0. 475717
	(0. 02529)	(0. 01081)	(0. 01275)	(0. 00349)	(0. 09186)
	[0. 89895]	[0. 70273]	[-0. 08449]	[2. 88802]	[-5. 17843]
D (I (-2))	0. 011787	0. 000662	0. 007936	0. 006976	-0. 248979
	(0. 02111)	(0. 00902)	(0. 01064)	(0. 00291)	(0. 07666)
	[0. 55840]	[0. 07335]	[0. 74572]	[2. 39767]	[-3. 24789]
C	0. 013756	0. 001505	8. 40E-05	0. 001268	0. 055268
	(0. 00322)	(0. 00138)	(0. 00162)	(0. 00044)	(0. 01170)
	[4. 27150]	[1. 09343]	[0. 05171]	[2. 85599]	[4. 72539]
R-squared	0. 472729	0. 146753	0. 082932	0. 578354	0. 410015
Adj. R-squared	0. 436704	0. 088457	0. 020275	0. 549546	0. 369705
Sumsq. resids	0. 126330	0. 023090	0. 032111	0. 002401	1. 666244
S. E. equation	0. 028012	0. 011976	0. 014122	0. 003861	0. 101732
F-statistic	13. 12233	2. 517369	1. 323591	20. 07611	10. 17164
log likelihood	379. 2392	526. 2471	497. 7197	722. 0579	156. 1189
AkaikeAIC	-4. 245540	-5. 945053	-5. 615257	-8. 208762	-1. 666114
SchwarzSC	-4. 026815	-5. 726328	-5. 396532	-7. 990036	-1. 447389
Meandependent	0. 007789	0. 002222	0. 001751	0. 002910	0. 014211
S. D. dependent	0. 037323	0. 012543	0. 014268	0. 005753	0. 128140
Determinant resid covariance (dofadj.)	2. 77E-18				
Determinant resid covariance	1. 93E-18				
log likelihood	2300. 766				
Akaike information criterion	-25. 84701				
Schwarz criterion	-24. 66224				

Response of POWER:

Period	POWER	REER	YF	P	I
1	1. 000000	0. 000000	0. 000000	0. 000000	0. 000000
2	0. 280699	-0. 501308	0. 452819	1. 998256	0. 047620
3	0. 436939	-0. 458654	0. 207463	0. 037129	0. 008677
4	0. 578725	-0. 334024	0. 202137	0. 735961	0. 026942

续表

Period	POWER	REER	YF	P	I
5	0. 407564	−0. 455519	0. 255498	0. 819513	0. 027011
6	0. 473287	−0. 413582	0. 196858	0. 439062	0. 023735
7	0. 480581	−0. 397334	0. 205952	0. 639613	0. 028660
8	0. 443378	−0. 421964	0. 209961	0. 589469	0. 028482
9	0. 462197	−0. 406264	0. 194350	0. 517756	0. 029214
10	0. 456358	−0. 405893	0. 196770	0. 561094	0. 030787
11	0. 448560	−0. 409380	0. 194021	0. 529492	0. 031188
12	0. 452130	−0. 404380	0. 189137	0. 514217	0. 031997
13	0. 448331	−0. 404629	0. 188513	0. 517446	0. 032729

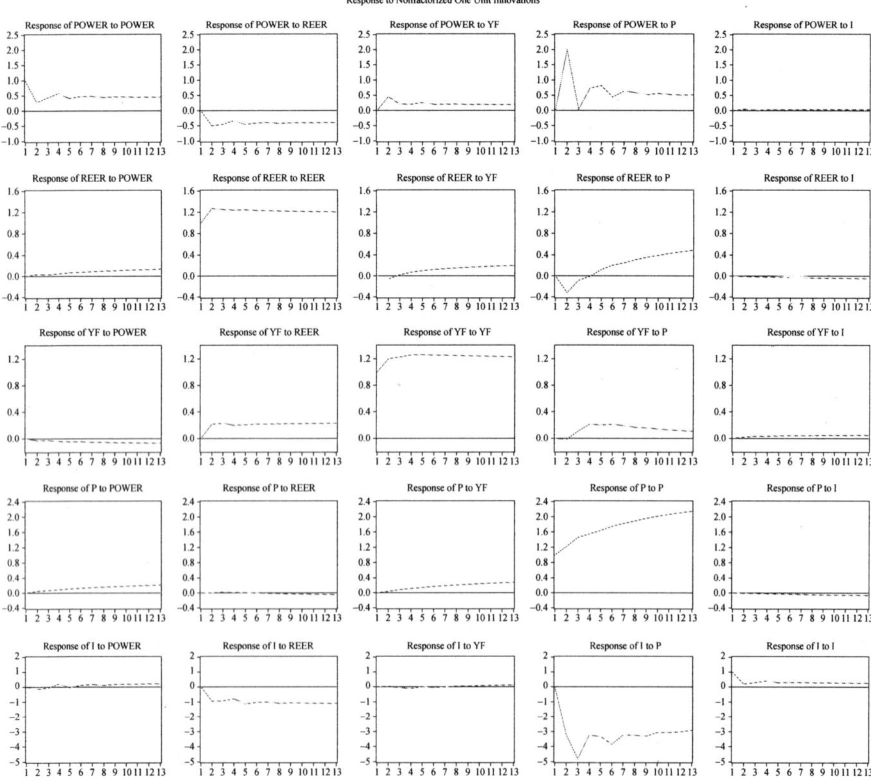

13. VECM 3 变量，被解释变量：Y

Vector Error Correction Estimates

Sample（adjusted）：1994M04 2008M08

Included observations：173afteradjustments

Standard errors in（）& t－statistics in [ ]

Cointegrating Eq：	CointEq1		
Y（－1）	1.000000		
REER（－1）	10.19092 (2.59958) [3.92022]		
YF（－1）	－7.045191 (1.94875) [－3.61524]		
C	－23.88501		
Error Correction：	D（Y）	D（REER）	D（YF）
CointEq1	－0.003520 (0.00159) [－2.21415]	－0.003295 (0.00098) [－3.34559]	0.000745 (0.00120) [0.62220]
D（Y（－1））	－0.835436 (0.07264) [－11.5014]	0.079985 (0.04500) [1.77741]	－0.020076 (0.05472) [－0.36690]
D（Y（－2））	－0.384109 (0.07338) [－5.23468]	0.018922 (0.04546) [0.41625]	－0.006063 (0.05527) [－0.10970]
D（REER（－1））	－0.233917 (0.12721) [－1.83882]	0.247656 (0.07881) [3.14247]	0.178470 (0.09582) [1.86246]
D（REER（－2））	－0.117997 (0.12893) [－0.91518]	－0.029289 (0.07988) [－0.36669]	－0.092052 (0.09712) [－0.94780]

续表

Error Correction:	D (Y)	D (REER)	D (YF)
D (YF (-1))	0. 106788 (0. 10596) [1. 00781]	-0. 099046 (0. 06564) [-1. 50881]	0. 199234 (0. 07982) [2. 49611]
D (YF (-2))	0. 069429 (0. 10767) [0. 64486]	0. 071211 (0. 06670) [1. 06762]	0. 006328 (0. 08110) [0. 07803]
C	0. 023650 (0. 00206) [11. 4706]	0. 000772 (0. 00128) [0. 60441]	0. 001485 (0. 00155) [0. 95634]
R - squared	0. 454342	0. 168229	0. 049612
Adj. R - squared	0. 431193	0. 132942	0. 009293
Sumsq. resids	0. 058646	0. 022509	0. 033277
S. E. equation	0. 018853	0. 011680	0. 014201
F - statistic	19. 62673	4. 767432	1. 230474
loglikelihood	445. 6183	528. 4522	494. 6327
AkaikeAIC	-5. 059171	-6. 016788	-5. 625811
SchwarzSC	-4. 913354	-5. 870971	-5. 479994
Meandependent	0. 010512	0. 002222	0. 001751
S. D. dependent	0. 024997	0. 012543	0. 014268
Determinant resid covariance (dofadj.)		8. 90E - 12	
Determinant resid covariance		7. 72E - 12	
loglikelihood		1476. 841	
Akaike information criterion		-16. 76117	
Schwarz criterion		-16. 26904	

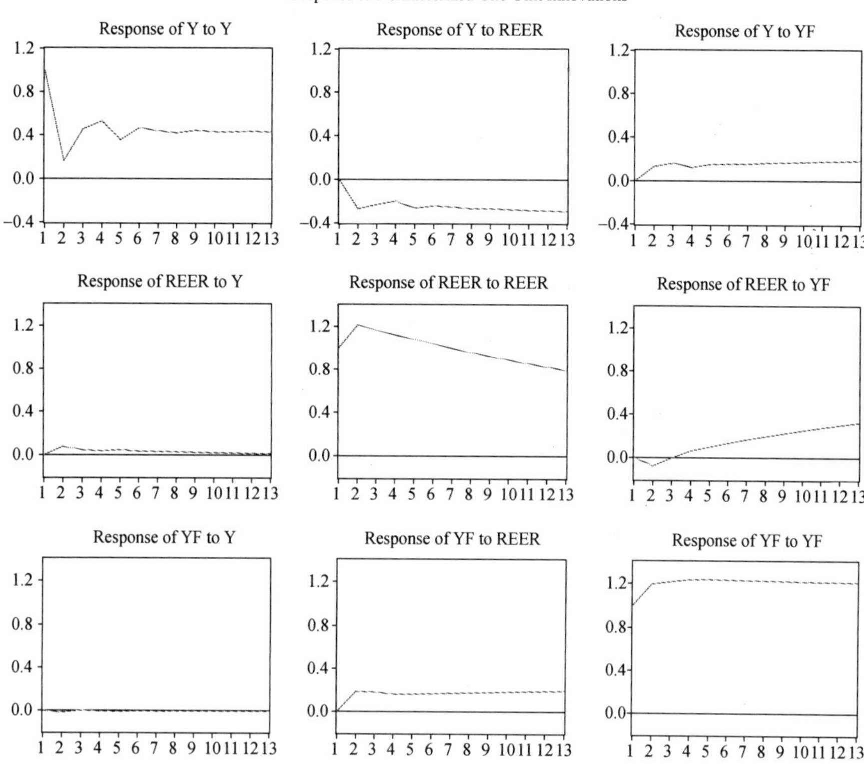

Response of Y：

Period	Y	REER	YF
1	1. 000000	0. 000000	0. 000000
2	0. 161045	-0. 269786	0. 131585
3	0. 454028	-0. 230586	0. 161401
4	0. 527426	-0. 196624	0. 123178
5	0. 356497	-0. 262049	0. 151227
6	0. 465904	-0. 242240	0. 154278
7	0. 439545	-0. 250285	0. 153378
8	0. 418665	-0. 266240	0. 164492
9	0. 444114	-0. 264724	0. 166986
10	0. 430009	-0. 273722	0. 171526
11	0. 430736	-0. 280048	0. 177115
12	0. 434269	-0. 283980	0. 180592
13	0. 430042	-0. 290244	0. 184916

14. VECM 4 变量，被解释变量：Y

Vector Error Correction Estimates

Sample (adjusted): 1994M04 2008M08

Included observations: 173afteradjustments

Standard errors in ( ) & t - statistics in [ ]

Cointegrating Eq:	CointEq1			
Y (-1)	1.000000			
REER (-1)	54.17556 (13.2932) [4.07544]			
YF (-1)	-31.97978 (9.93397) [-3.21923]			
P (-1)	44.07162 (15.7924) [2.79068]			
C	-315.1446			
Error Correction:	D (Y)	D (REER)	D (YF)	D (P)
CointEq1	-0.000529 (0.00036) [-1.48455]	-0.000443 (0.00022) [-1.98607]	-0.000123 (0.00027) [-0.45774]	-0.000414 (6.8E-05) [-6.12738]
D (Y (-1))	-0.801971 (0.07512) [-10.6762]	0.065413 (0.04705) [1.39024]	-0.038007 (0.05685) [-0.66849]	0.079744 (0.01424) [5.59929]
D (Y (-2))	-0.410946 (0.07521) [-5.46415]	0.035843 (0.04711) [0.76087]	-0.004356 (0.05692) [-0.07652]	0.059647 (0.01426) [4.18316]
D (REER (-1))	-0.273676 (0.13174) [-2.07741]	0.289994 (0.08252) [3.51437]	0.203296 (0.09971) [2.03887]	0.022374 (0.02498) [0.89579]
D (REER (-2))	-0.053179 (0.13580) [-0.39159]	-0.034720 (0.08506) [-0.40817]	-0.089464 (0.10279) [-0.87039]	0.051897 (0.02575) [2.01564]

续表

Error Correction:	D (Y)	D (REER)	D (YF)	D (P)
D (YF (−1))	0.098661 (0.10763) [0.91670]	−0.090655 (0.06741) [−1.34477]	0.187224 (0.08146) [2.29838]	0.009479 (0.02041) [0.46455]
D (YF (−2))	0.059136 (0.10772) [0.54896]	0.096982 (0.06747) [1.43732]	0.008343 (0.08153) [0.10232]	−0.005676 (0.02042) [−0.27791]
D (P (−1))	0.544395 (0.40734) [1.33645]	−0.360201 (0.25515) [−1.41174]	−0.339187 (0.30831) [−1.10015]	0.210152 (0.07723) [2.72112]
D (P (−2))	−0.664507 (0.40583) [−1.63738]	0.248418 (0.25420) [0.97725]	0.043551 (0.30717) [0.14178]	0.081612 (0.07694) [1.06068]
C	0.023984 (0.00256) [9.36089]	0.000916 (0.00160) [0.57106]	0.002499 (0.00194) [1.28867]	0.000404 (0.00049) [0.83144]
R − squared	0.462656	0.162704	0.055136	0.635364
Adj. R − squared	0.432987	0.116473	0.002965	0.615231
Sumsq. resids	0.057752	0.022658	0.033084	0.002076
S. E. equation	0.018823	0.011790	0.014247	0.003569
F − statistic	15.59379	3.519365	1.056834	31.55797
loglikelihood	446.9465	527.8795	495.1369	734.6235
AkaikeAIC	−5.051405	−5.987046	−5.608519	−8.377150
SchwarzSC	−4.869134	−5.804775	−5.426247	−8.194879
Meandependent	0.010512	0.002222	0.001751	0.002910
S. D. dependent	0.024997	0.012543	0.014268	0.005753
Determinant resid covariance (dofadj.)	1.06E−16			
Determinant resid covariance	8.34E−17			
loglikelihood	2220.560			
Akaike information criterion	−25.16255			
Schwarz criterion	−24.36055			

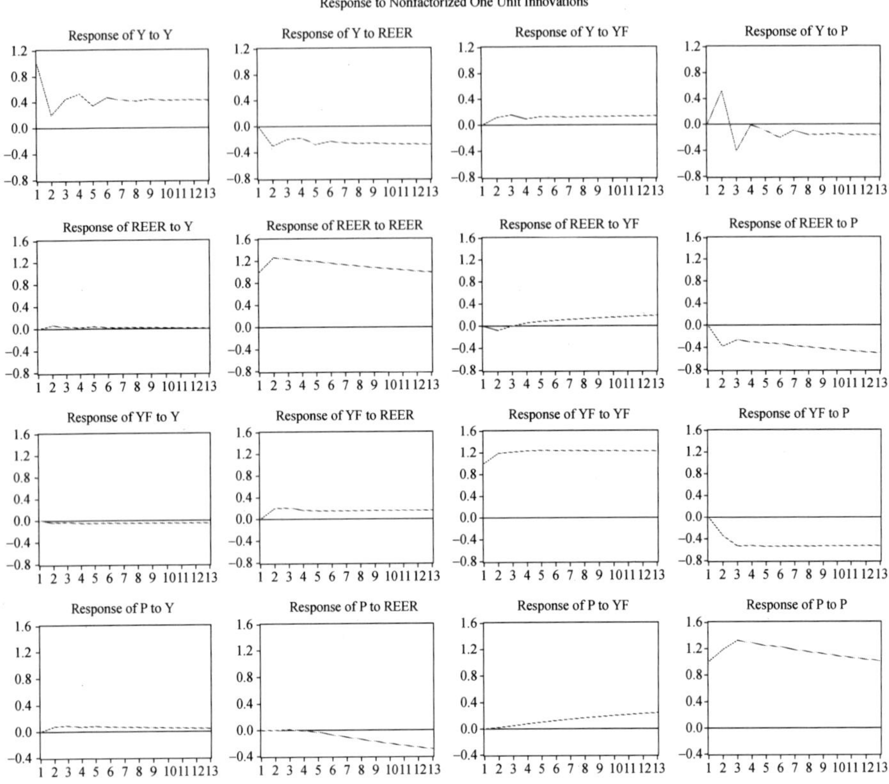

Response of Y:

Period	Y	REER	YF	P
1	1. 000000	0. 000000	0. 000000	0. 000000
2	0. 197500	-0. 302326	0. 115573	0. 521088
3	0. 447320	-0. 199254	0. 155927	-0. 409922
4	0. 527466	-0. 180369	0. 091122	-0. 014571
5	0. 343536	-0. 281010	0. 125853	-0. 096305
6	0. 468194	-0. 235007	0. 127394	-0. 209710
7	0. 429008	-0. 256002	0. 117168	-0. 093900
8	0. 412246	-0. 269927	0. 129725	-0. 164383
9	0. 440937	-0. 261176	0. 127404	-0. 159778
10	0. 421019	-0. 273898	0. 129357	-0. 146037
11	0. 425933	-0. 275892	0. 133358	-0. 169192
12	0. 428354	-0. 278159	0. 133660	-0. 162919
13	0. 423211	-0. 283864	0. 136156	-0. 167352

15. VECM 5 变量，被解释变量：Y

Vector Error Correction Estimates

Sample（adjusted）：1994M04 2008M08

Included observations：173afteradjustments

Standard errors in（）& t – statistics in [ ]

Cointegrating Eq：	CointEq1				
Y（-1）	1.000000				
REER（-1）	-0.128765				
	(0.14569)				
	[-0.88384]				
YF（-1）	-0.313490				
	(0.13426)				
	[-2.33487]				
P（-1）	0.533812				
	(0.19325)				
	[2.76226]				
I（-1）	-0.711856				
	(0.02486)				
	[-28.6349]				
C	2.474314				
Error Correction：	D（Y）	D（REER）	D（YF）	D（P）	D（I）
CointEq1	-0.048563	-0.024179	-0.051861	-0.023600	0.903896
	(0.03210)	(0.02070)	(0.02435)	(0.00663)	(0.17058)
	[-1.51276]	[-1.16792]	[-2.12982]	[-3.56209]	[5.29890]
D（Y（-1））	-0.771814	0.094883	-0.019128	0.102915	-0.517728
	(0.07546)	(0.04866)	(0.05724)	(0.01557)	(0.40098)
	[-10.2279]	[1.94974]	[-0.33418]	[6.60827]	[-1.29115]
D（Y（-2））	-0.389104	0.052752	-0.000277	0.072576	0.007802
	(0.07360)	(0.04746)	(0.05582)	(0.01519)	(0.39107)
	[-5.28703]	[1.11148]	[-0.00495]	[4.77827]	[0.01995]
D（REER（-1））	-0.275736	0.276697	0.190578	0.006613	-0.653565
	(0.13027)	(0.08401)	(0.09881)	(0.02689)	(0.69222)
	[-2.11665]	[3.29363]	[1.92872]	[0.24598]	[-0.94416]

续表

Error Correction:	D (Y)	D (REER)	D (YF)	D (P)	D (I)
D (REER (-2))	-0.054177 (0.13294) [-0.40752]	-0.063703 (0.08573) [-0.74303]	-0.077876 (0.10084) [-0.77228]	0.030224 (0.02744) [1.10157]	-0.435192 (0.70643) [-0.61605]
D (YF (-1))	0.135413 (0.10878) [1.24485]	-0.088839 (0.07015) [-1.26641]	0.167376 (0.08251) [2.02857]	0.009176 (0.02245) [0.40873]	0.592318 (0.57802) [1.02474]
D (YF (-2))	0.052632 (0.10804) [0.48714]	0.090829 (0.06968) [1.30359]	0.001601 (0.08195) [0.01953]	-0.004269 (0.02230) [-0.19147]	0.107977 (0.57411) [0.18808]
D (P (-1))	0.717073 (0.37374) [1.91862]	-0.222315 (0.24102) [-0.92238]	-0.403441 (0.28349) [-1.42313]	0.346295 (0.07713) [4.48958]	3.079907 (1.98597) [1.55084]
D (P (-2))	-0.574126 (0.36353) [-1.57932]	0.432408 (0.23444) [1.84447]	-0.058711 (0.27574) [-0.21292]	0.243122 (0.07502) [3.24056]	3.279749 (1.93168) [1.69787]
D (I (-1))	0.010976 (0.02062) [0.53239]	-0.015339 (0.01330) [-1.15370]	-0.013188 (0.01564) [-0.84333]	-0.014422 (0.00425) [-3.38957]	-0.240206 (0.10955) [-2.19264]
D (I (-2))	0.011476 (0.01555) [0.73805]	-0.011662 (0.01003) [-1.16299]	0.001076 (0.01179) [0.09122]	-0.006235 (0.00321) [-1.94302]	-0.118265 (0.08263) [-1.43133]
C	0.022282 (0.00231) [9.65768]	-7.59E-05 (0.00149) [-0.05099]	0.002990 (0.00175) [1.70851]	-0.000517 (0.00048) [-1.08499]	0.006132 (0.01226) [0.50020]
R-squared	0.486510	0.151852	0.093180	0.587120	0.448246
Adj. R-squared	0.451427	0.093904	0.031224	0.558910	0.410549
Sumsq. resids	0.055188	0.022952	0.031752	0.002351	1.558270
S. E. equation	0.018514	0.011940	0.014043	0.003821	0.098380
F-statistic	13.86734	2.620481	1.503961	20.81303	11.89062
loglikelihood	450.8743	526.7655	498.6918	723.8750	161.9140
AkaikeAIC	-5.073691	-5.951047	-5.626495	-8.229769	-1.733110

续表

Error Correction:	D（Y）	D（REER）	D（YF）	D（P）	D（I）
SchwarzSC	-4.854966	-5.732321	-5.407770	-8.011043	-1.514385
Meandependent	0.010512	0.002222	0.001751	0.002910	0.014211
S. D. dependent	0.024997	0.012543	0.014268	0.005753	0.128140
Determinant resid covariance（dofadj.）			1.10E-18		
Determinant resid covariance			7.70E-19		
loglikelihood			2380.373		
Akaike information criterion			-26.76732		
Schwarz criterion			-25.58255		

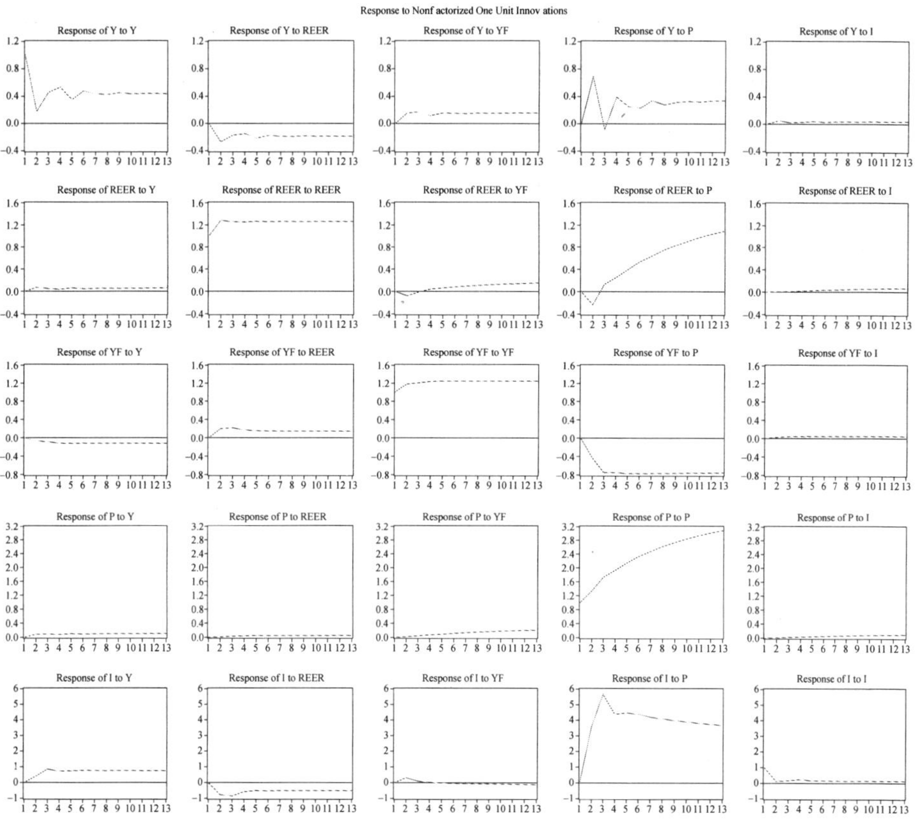

Response of Y：

Period	Y	REER	YF	P	I
1	1. 000000	0. 000000	0. 000000	0. 000000	0. 000000
2	0. 179623	-0. 269483	0. 150637	0. 691149	0. 045546
3	0. 457635	-0. 170417	0. 170001	-0. 084570	0. 018694
4	0. 533603	-0. 151570	0. 116134	0. 392375	0. 027516
5	0. 350183	-0. 213190	0. 153375	0. 255392	0. 038854
6	0. 480643	-0. 172625	0. 147333	0. 227569	0. 026512
7	0. 437484	-0. 187697	0. 142011	0. 342865	0. 034782
8	0. 425590	-0. 190181	0. 152126	0. 278177	0. 034127
9	0. 452777	-0. 182104	0. 148098	0. 315600	0. 032739
10	0. 433880	-0. 188232	0. 150257	0. 329229	0. 035366
11	0. 440324	-0. 185856	0. 152170	0. 321586	0. 034622
12	0. 442101	-0. 185523	0. 151656	0. 339398	0. 035147
13	0. 438300	-0. 186660	0. 153107	0. 340926	0. 035745

16. VAR WREER 3 变量，被解释变量：DPOWER

VAR Lag Order Selection Criteria

Endogenous variables：DPOWEROP_ DLNREER1DYF

Exogenous variables：C

Sample：1994M01 2008M08

Included observations：167

Lag	logL	LR	FPE	AIC	SC	HQ
0	1399. 802	NA	1. 09e - 11	- 16. 72817	- 16. 67215	- 16. 70543
1	1441. 805	81. 99335	7. 34e - 12	- 17. 12341	- 16. 89936 *	- 17. 03247 *
2	1455. 784	26. 78658 *	6. 92e - 12 *	- 17. 18304 *	- 16. 79096	- 17. 02390
3	1462. 737	13. 07356	7. 09e - 12	- 17. 15853	- 16. 59841	- 16. 93119
4	1471. 436	16. 04403	7. 12e - 12	- 17. 15492	- 16. 42677	- 16. 85938
5	1476. 431	9. 033035	7. 48e - 12	- 17. 10696	- 16. 21077	- 16. 74322
6	1481. 357	8. 730957	7. 86e - 12	- 17. 05817	- 15. 99394	- 16. 62622
7	1483. 732	4. 124043	8. 53e - 12	- 16. 97883	- 15. 74656	- 16. 47868
8	1485. 494	2. 996219	9. 32e - 12	- 16. 89214	- 15. 49185	- 16. 32379

* indicates lag order selected by the criterion

LR：sequential modified LR test statistic （each test at 5% level）

FPE：Final prediction error

AIC：Akaike information criterion

SC：Schwarz information criterion

HQ：Hannan - Quinn information criterion

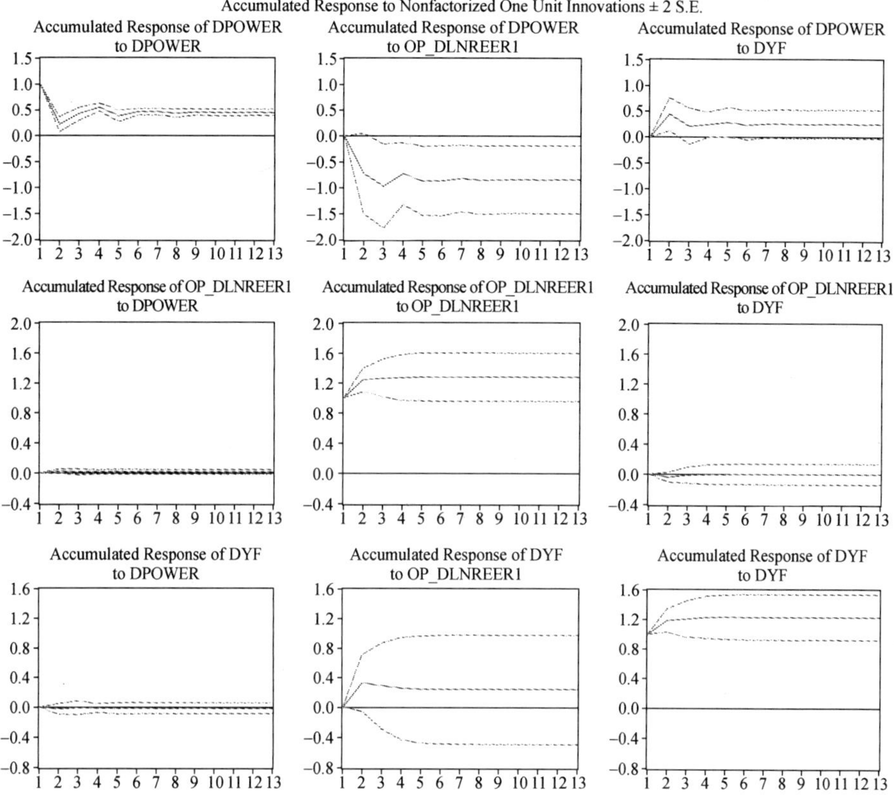

Accumulated Response of DPOWER：

Period	DPOWER	OP_ DLNREER1	DYF
1	1. 000000 (0. 00000)	0. 000000 (0. 00000)	0. 000000 (0. 00000)
2	0. 219319 (0. 07252)	-0. 723051 (0. 38785)	0. 441454 (0. 16028)
3	0. 425157 (0. 06359)	-0. 964851 (0. 40396)	0. 207815 (0. 17196)
4	0. 550614 (0. 04058)	-0. 726162 (0. 29830)	0. 242368 (0. 12149)
5	0. 381454 (0. 05592)	-0. 861422 (0. 33140)	0. 285796 (0. 14130)
6	0. 462628 (0. 03230)	-0. 862505 (0. 33680)	0. 232592 (0. 14185)
7	0. 463094 (0. 03090)	-0. 815605 (0. 31950)	0. 254213 (0. 13334)
8	0. 433351 (0. 04084)	-0. 850170 (0. 32719)	0. 256360 (0. 13843)
9	0. 455485 (0. 02868)	-0. 841043 (0. 32590)	0. 246634 (0. 13701)
10	0. 449676 (0. 03188)	-0. 835245 (0. 32374)	0. 253091 (0. 13597)
11	0. 446010 (0. 03421)	-0. 842844 (0. 32552)	0. 251768 (0. 13715)
12	0. 450863 (0. 03058)	-0. 839232 (0. 32485)	0. 250420 (0. 13658)
13	0. 448554 (0. 03233)	-0. 839181 (0. 32470)	0. 251911 (0. 13656)

17. VAR WREER 4 变量，被解释变量：DPOWER

VAR Lag Order Selection Criteria

Endogenous variables：DPOWEROP_ DLNREER1DYFDP

Exogenous variables：C

Sample：1994M01 2008M08

Included observations：167

Lag	logL	LR	FPE	AIC	SC	HQ
0	2064. 295	NA	2. 26e – 16	– 24. 67420	– 24. 59951	– 24. 64388
1	2135. 567	138. 2762	1. 17e – 16	– 25. 33614	– 24. 96272 *	– 25. 18458 *
2	2160. 988	48. 10143	1. 04e – 16	– 25. 44896	– 24. 77682	– 25. 17615
3	2178. 700	32. 66550	1. 02e – 16 *	– 25. 46946 *	– 24. 49858	– 25. 07540
4	2193. 635	26. 83033 *	1. 04e – 16	– 25. 45671	– 24. 18711	– 24. 94140
5	2202. 601	15. 67609	1. 13e – 16	– 25. 37246	– 23. 80413	– 24. 73591
6	2211. 603	15. 30924	1. 23e – 16	– 25. 28866	– 23. 42159	– 24. 53086
7	2218. 199	10. 90153	1. 39e – 16	– 25. 17604	– 23. 01024	– 24. 29699
8	2222. 595	7. 054230	1. 61e – 16	– 25. 03706	– 22. 57254	– 24. 03677

* indicates lag order selected by the criterion

LR：sequential modified LR test statistic（each test at 5% level）

FPE：Final prediction error

AIC：Akaike information criterion

SC：Schwarz information criterion

HQ：Hannan – Quinn information criterion

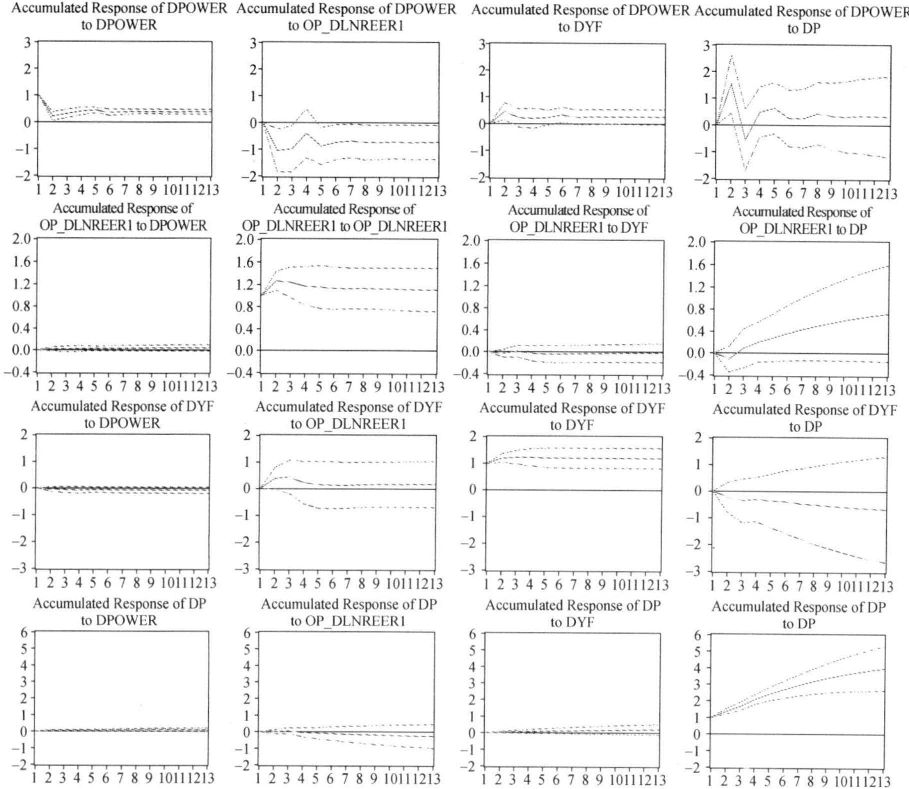

Accumulated Response of DPOWER:

Period	DPOWER	OP_DLNREER1	DYF	DP
1	1.000000(0.00000)	0.000000(0.00000)	0.000000(0.00000)	0.000000(0.00000)
2	0.211121(0.07888)	-1.057698(0.39948)	0.449094(0.15669)	1.530065(0.54838)
3	0.308435(0.07963)	-0.987471(0.42950)	0.209396(0.17258)	-0.555951(0.56869)
4	0.400359(0.07109)	-0.403974(0.45589)	0.190957(0.18581)	0.479352(0.46995)
5	0.432337(0.05108)	-0.882228(0.34332)	0.226606(0.13805)	0.623540(0.47641)
6	0.357062(0.05802)	-0.739097(0.32406)	0.323527(0.13852)	0.247881(0.52670)
7	0.374575(0.04896)	-0.687034(0.31359)	0.229576(0.13687)	0.243443(0.54870)
8	0.385278(0.04269)	-0.742367(0.32531)	0.255510(0.13833)	0.429332(0.58278)
9	0.385542(0.04116)	-0.751445(0.31577)	0.261378(0.13698)	0.332735(0.62315)
10	0.378758(0.04624)	-0.720988(0.31580)	0.259073(0.13742)	0.307145(0.66251)
11	0.378799(0.04519)	-0.738694(0.31869)	0.254103(0.13857)	0.335358(0.69643)
12	0.382057(0.04424)	-0.735752(0.31941)	0.257337(0.13884)	0.328800(0.72698)
13	0.381233(0.04502)	-0.731049(0.31851)	0.256646(0.13904)	0.319156(0.75488)

18. VAR WREER 5 变量，被解释变量：DPOWER

VAR Lag Order Selection Criteria

Endogenous variables：DPOWEROP_ DLNREER1DYFDPDI

Exogenous variables：C

Sample：1994M01 2008M08

Included observations：167

Lag	logL	LR	FPE	AIC	SC	HQ
0	2174.115	NA	3.60e-18	-25.97742	-25.88407	-25.93953
1	2274.473	193.5055	1.46e-18	-26.87992	-26.31980*	-26.65258*
2	2311.805	69.74511	1.26e-18	-27.02760	-26.00072	-26.61081
3	2337.037	45.62982*	1.26e-18*	-27.03038*	-25.53674	-26.42415
4	2354.656	30.80695	1.38e-18	-26.94199	-24.98157	-26.14630
5	2369.871	25.69128	1.56e-18	-26.82480	-24.39762	-25.83966
6	2385.528	25.50266	1.76e-18	-26.71291	-23.81897	-25.53833
7	2397.406	18.63453	2.09e-18	-26.55576	-23.19505	-25.19172
8	2407.580	15.35291	2.53e-18	-26.37821	-22.55073	-24.82472

* indicates lag order selected by the criterion

LR：sequential modified LR test statistic（each test at 5% level）

FPE：Final prediction error

AIC：Akaike information criterion

SC：Schwarz information criterion

HQ：Hannan-Quinn information criterion

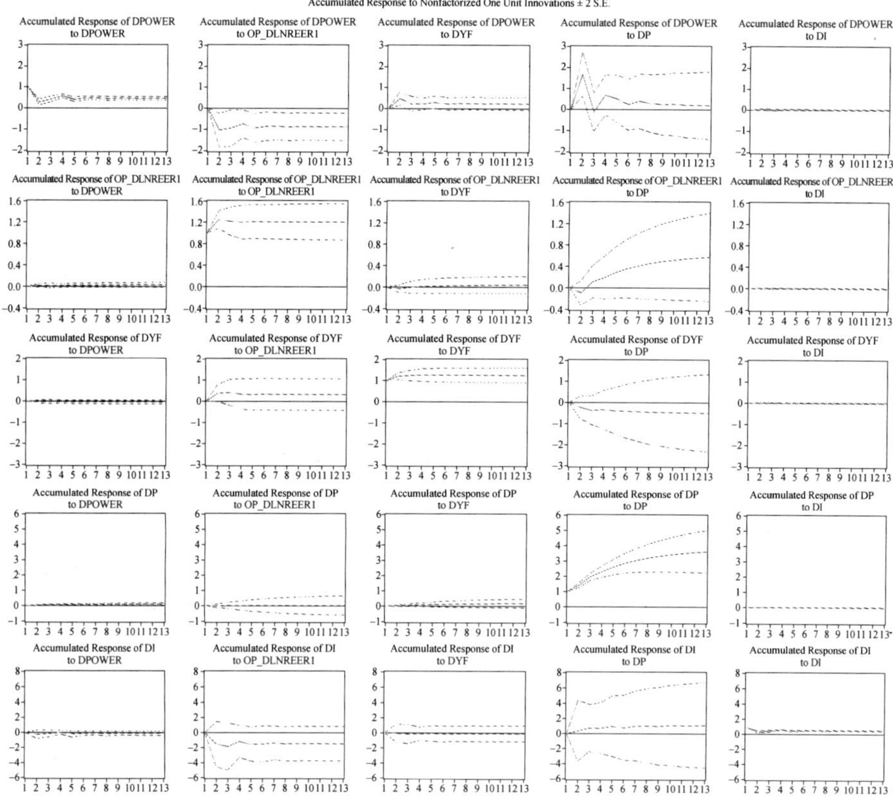

Accumulated Response of DPOWER：

Period	DPOWER	OP_ DLNREER1	DYF	DP	DI
1	1.000000(0.00000)	0.000000(0.00000)	0.000000(0.00000)	0.000000(0.00000)	0.000000(0.00000)
2	0.287823(0.07408)	-1.028310(0.39672)	0.481113(0.15872)	1.684690(0.53207)	0.040551(0.01977)
3	0.429230(0.06721)	-0.937166(0.43271)	0.226571(0.17706)	-0.111951(0.45782)	0.007436(0.01896)
4	0.583425(0.04390)	-0.736711(0.32975)	0.224171(0.13636)	0.688115(0.48254)	0.019543(0.01173)
5	0.407255(0.05811)	-0.935528(0.33199)	0.301406(0.14865)	0.511003(0.56189)	0.023646(0.01519)
6	0.480744(0.04286)	-0.853392(0.33837)	0.225774(0.15055)	0.239948(0.60581)	0.014713(0.01112)
7	0.484285(0.03887)	-0.847234(0.32066)	0.245860(0.14379)	0.395338(0.64951)	0.019723(0.00886)
8	0.452499(0.04689)	-0.880055(0.32371)	0.251040(0.14782)	0.290222(0.69296)	0.019286(0.01134)
9	0.472264(0.03945)	-0.858364(0.32408)	0.234809(0.14734)	0.243615(0.72236)	0.017425(0.00931)
10	0.466770(0.04107)	-0.863362(0.32101)	0.240908(0.14680)	0.260037(0.74843)	0.018900(0.00921)
11	0.462252(0.04324)	-0.867443(0.32195)	0.238855(0.14804)	0.219372(0.76997)	0.018407(0.00996)
12	0.466157(0.04132)	-0.863024(0.32165)	0.235585(0.14795)	0.207838(0.78619)	0.018123(0.00934)
13	0.463802(0.04247)	-0.865076(0.32105)	0.236595(0.14813)	0.201688(0.79992)	0.018461(0.00945)

19. VAR WREER 3 变量，被解释变量：DY

VAR Lag Order Selection Criteria

Endogenous variables：DYOP_ DLNREER1DYF

Exogenous variables：C

Sample：1994M01 2008M08

Included observations：167

Lag	logL	LR	FPE	AIC	SC	HQ
0	1467.414	NA	4.85e－12	－17.53789	－17.48188	－17.51516
1	1513.626	90.20985	3.11e－12	－17.98354	－17.75949*	－17.89261*
2	1527.573	26.72570*	2.93e－12*	－18.04279*	－17.65071	－17.88366
3	1535.628	15.14500	2.96e－12	－18.03147	－17.47136	－17.80413
4	1543.071	13.72667	3.02e－12	－18.01282	－17.28467	－17.71728
5	1547.341	7.722244	3.20e－12	－17.95618	－17.05999	－17.59244
6	1551.238	6.907073	3.41e－12	－17.89506	－16.83084	－17.46312
7	1553.444	3.830700	3.70e－12	－17.81370	－16.58144	－17.31355
8	1558.041	7.818673	3.91e－12	－17.76098	－16.36068	－17.19263

* indicates lag order selected by the criterion

LR：sequential modified LR test statistic（each test at 5% level）

FPE：Final prediction error

AIC：Akaike information criterion

SC：Schwarz information criterion

HQ：Hannan－Quinn information criterion

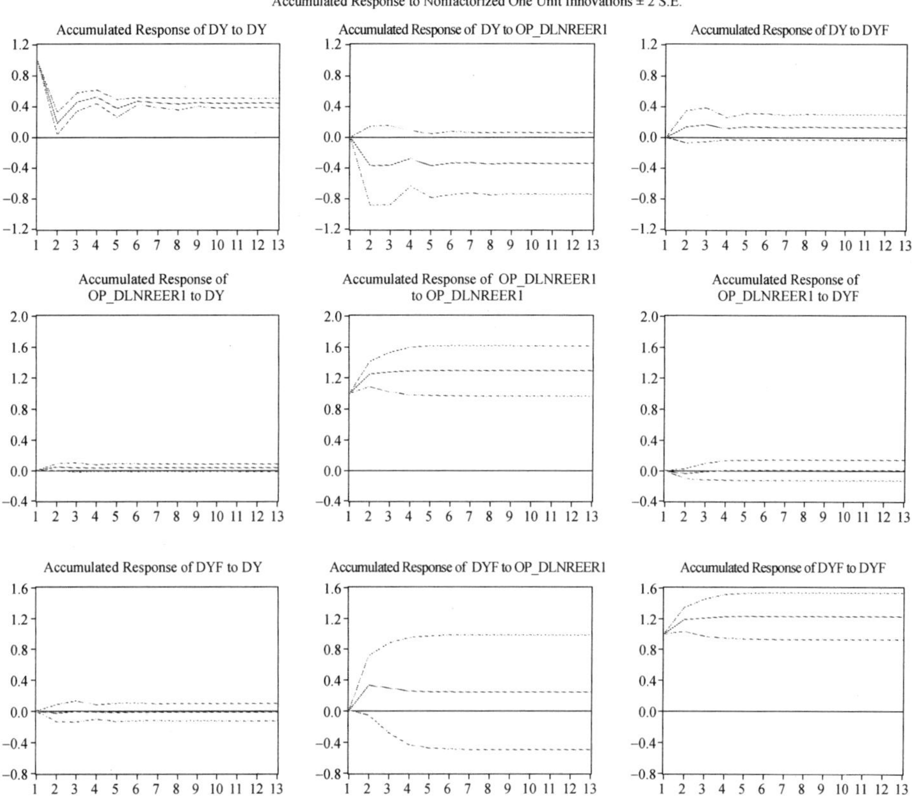

Accumulated Response of DY：

Period	DY	OP_ DLNREER1	DYF
1	1. 000000 (0. 00000)	0. 000000 (0. 00000)	0. 000000 (0. 00000)
2	0. 184278 (0. 07272)	−0. 370993 (0. 25753)	0. 137389 (0. 10585)
3	0. 460955 (0. 06018)	−0. 363761 (0. 25819)	0. 165922 (0. 10966)
4	0. 526573 (0. 04282)	−0. 276199 (0. 18030)	0. 113915 (0. 07257)
5	0. 376813 (0. 05779)	−0. 370394 (0. 20759)	0. 137899 (0. 08746)
6	0. 471812 (0. 02272)	−0. 337115 (0. 20655)	0. 135113 (0. 08573)
7	0. 449106 (0. 03214)	−0. 331878 (0. 19672)	0. 127967 (0. 08133)
8	0. 433779 (0. 03875)	−0. 347796 (0. 20302)	0. 134041 (0. 08481)
9	0. 453867 (0. 02498)	−0. 337059 (0. 20042)	0. 131584 (0. 08315)
10	0. 443349 (0. 03201)	−0. 339930 (0. 20002)	0. 131367 (0. 08312)
11	0. 444631 (0. 03126)	−0. 341394 (0. 20111)	0. 132392 (0. 08369)
12	0. 447304 (0. 02876)	−0. 339221 (0. 20035)	0. 131656 (0. 08323)
13	0. 444740 (0. 03111)	−0. 340424 (0. 20055)	0. 131880 (0. 08338)

20. VAR WREER 4 变量，被解释变量：DY

VAR Lag Order Selection Criteria

Endogenous variables：DYOP_ DLNREER1DYFDP

Exogenous variables：C

Sample：1994M01 2008M08

Included observations：167

Lag	logL	LR	FPE	AIC	SC	HQ
0	2134. 483	NA	9. 75e – 17	– 25. 51476	– 25. 44008	– 25. 48445
1	2211. 099	148. 6451	4. 72e – 17	– 26. 24071	– 25. 86730 *	– 26. 08915 *
2	2236. 973	48. 95927	4. 20e – 17	– 26. 35896	– 25. 68682	– 26. 08615
3	2258. 417	39. 54790 *	3. 93e – 17 *	– 26. 42415 *	– 25. 45328	– 26. 03009
4	2269. 824	20. 49281	4. 16e – 17	– 26. 36915	– 25. 09955	– 25. 85385
5	2277. 254	12. 99108	4. 62e – 17	– 26. 26652	– 24. 69818	– 25. 62996
6	2288. 151	18. 53104	4. 93e – 17	– 26. 20540	– 24. 33834	– 25. 44760
7	2292. 391	7. 007232	5. 71e – 17	– 26. 06456	– 23. 89877	– 25. 18551
8	2301. 561	14. 71717	6. 24e – 17	– 25. 98277	– 23. 51825	– 24. 98248

* indicates lag order selected by the criterion

LR：sequential modified LR test statistic（each test at 5% level）

FPE：Final prediction error

AIC：Akaike information criterion

SC：Schwarz information criterion

HQ：Hannan – Quinn information criterion

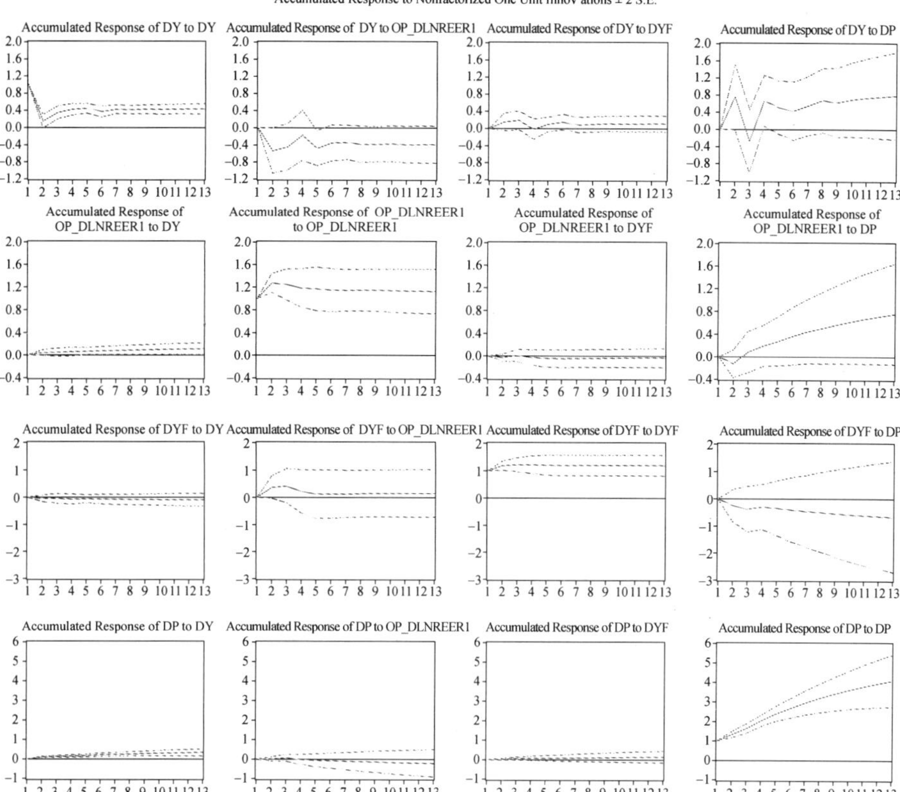

Accumulated Response of DY：

Period	DY	OP_ DLNREER1	DYF	DP
1	1. 000000(0. 00000)	0. 000000(0. 00000)	0. 000000(0. 00000)	0. 000000(0. 00000)
2	0. 148199(0. 07713)	−0. 535024(0. 26402)	0. 148764(0. 10306)	0. 755374(0. 38050)
3	0. 351282(0. 07523)	−0. 443699(0. 27094)	0. 191031(0. 10870)	−0. 271840(0. 36851)
4	0. 423314(0. 06702)	−0. 171487(0. 29047)	−0. 017843(0. 11793)	0. 669902(0. 29967)
5	0. 445261(0. 05511)	−0. 476020(0. 20484)	0. 094012(0. 08389)	0. 510166(0. 30967)
6	0. 371791(0. 06389)	−0. 349441(0. 20972)	0. 148818(0. 09044)	0. 430086(0. 33849)
7	0. 425058(0. 04856)	−0. 337386(0. 20004)	0. 083133(0. 08760)	0. 549443(0. 34547)
8	0. 414639(0. 04904)	−0. 381740(0. 21142)	0. 100013(0. 08917)	0. 673498(0. 37718)
9	0. 427247(0. 04980)	−0. 382794(0. 20514)	0. 113586(0. 08788)	0. 624554(0. 40433)
10	0. 422819(0. 05558)	−0. 368643(0. 20991)	0. 106839(0. 09038)	0. 695933(0. 43273)
11	0. 428858(0. 05444)	−0. 387950(0. 21228)	0. 107922(0. 09089)	0. 732412(0. 45878)
12	0. 431650(0. 05712)	−0. 384381(0. 21498)	0. 111267(0. 09202)	0. 759608(0. 48435)
13	0. 435381(0. 05874)	−0. 386561(0. 21570)	0. 110981(0. 09274)	0. 785257(0. 50709)

21. VAR WREER 5 变量，被解释变量：DY

VAR Lag Order Selection Criteria

Endogenous variables：DYOP_ DLNREER1DYFDPDI

Exogenous variables：C

Sample：1994M01 2008M08

Included observations：167

Lag	logL	LR	FPE	AIC	SC	HQ
0	2244.184	NA	1.55e－18	－26.81658	－26.72322	－26.77869
1	2350.353	204.7097	5.88e－19	－27.78866	－27.22854*	－27.56132*
2	2388.539	71.34036	5.02e－19	－27.94657	－26.91969	－27.52978
3	2419.955	56.81193*	4.66e－19*	－28.02341*	－26.52976	－27.41717
4	2434.678	25.74414	5.29e－19	－27.90034	－25.93992	－27.10465
5	2448.672	23.63050	6.07e－19	－27.76853	－25.34135	－26.78339
6	2465.063	26.69643	6.79e－19	－27.66542	－24.77148	－26.49084
7	2474.747	15.19309	8.27e－19	－27.48200	－24.12129	－26.11796
8	2490.173	23.27687	9.43e－19	－27.36734	－23.53986	－25.81385

* indicates lag order selected by the criterion

LR：sequential modified LR test statistic（each test at 5% level）

FPE：Final prediction error

AIC：Akaike information criterion

SC：Schwarz information criterion

HQ：Hannan－Quinn information criterion

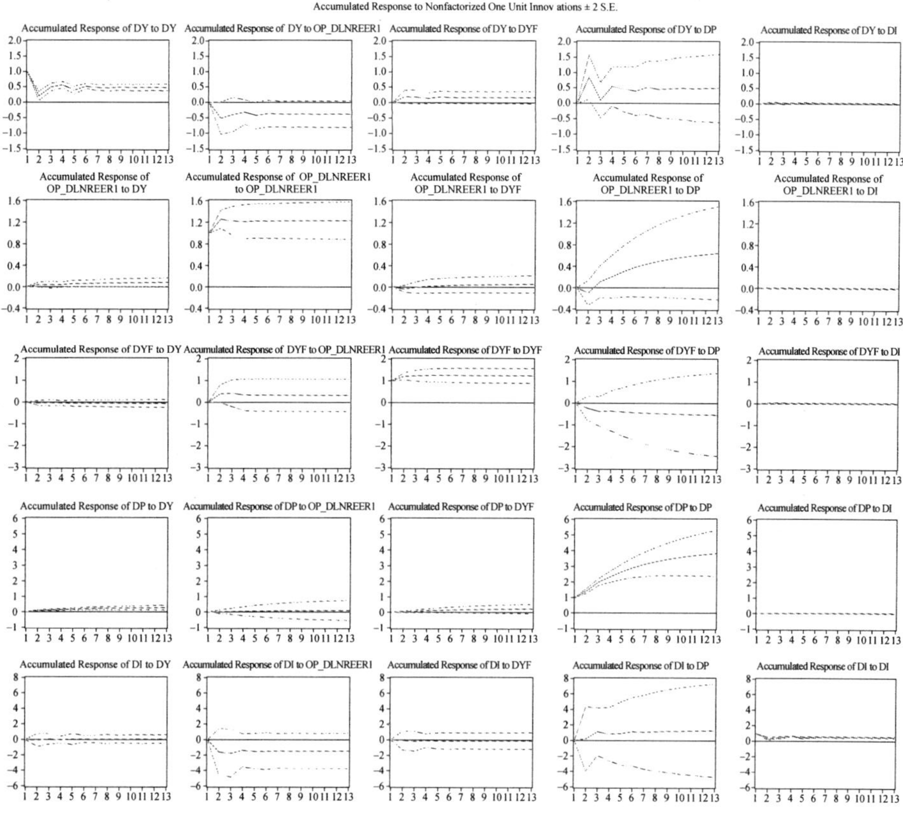

Accumulated Response of DY：

Period	DY	OP_DLNREER1	DYF	DP	DI
1	1.000000(0.00000)	0.000000(0.00000)	0.000000(0.00000)	0.000000(0.00000)	0.000000(0.00000)
2	0.207140(0.07419)	−0.514516(0.26305)	0.186659(0.10519)	0.847976(0.36196)	0.035478(0.01310)
3	0.489047(0.06343)	−0.396460(0.27547)	0.185535(0.11274)	0.105745(0.28780)	0.007648(0.01205)
4	0.563084(0.05019)	−0.315993(0.20094)	0.138351(0.08385)	0.551915(0.32031)	0.011279(0.00791)
5	0.388879(0.06424)	−0.423097(0.21638)	0.180469(0.09610)	0.456952(0.36560)	0.025740(0.01043)
6	0.515770(0.04144)	−0.362118(0.21700)	0.163824(0.09576)	0.395923(0.39428)	0.010033(0.00660)
7	0.473692(0.04839)	−0.378318(0.20803)	0.163025(0.09343)	0.510953(0.43480)	0.016950(0.00643)
8	0.462958(0.05384)	−0.384935(0.21285)	0.172153(0.09690)	0.451538(0.46462)	0.018494(0.00777)
9	0.489848(0.04626)	−0.372244(0.21097)	0.165696(0.09602)	0.472377(0.48710)	0.013931(0.00594)
10	0.471543(0.05186)	−0.380970(0.21107)	0.168672(0.09698)	0.490283(0.51049)	0.017236(0.00640)
11	0.477900(0.05172)	−0.377530(0.21203)	0.169582(0.09794)	0.476219(0.52732)	0.016410(0.00659)
12	0.480157(0.05159)	−0.376917(0.21156)	0.168329(0.09804)	0.489624(0.54180)	0.015724(0.00618)
13	0.476281(0.05378)	−0.378644(0.21199)	0.169636(0.09870)	0.490326(0.55452)	0.016667(0.00640)

第四章　人民币汇率变动对我国产出波动的效应

本章研究实际有效汇率变动是加剧产出波动还是平抑产出波动。基于第三章“升值紧缩”的结论，如果经济体受到某一种冲击，产出上升而实际有效汇率升值，则实际有效汇率升值平抑产出波动，对经济体起着稳定作用；相反，如果经济体受到某一种冲击，产出上升而实际有效汇率贬值，则实际有效汇率变动而加剧产出波动。

本章将结构冲击分为实际需求冲击、要素成本冲击与名义冲击。实际需求冲击是指需求上升所导致的冲击，如受到国内政策、消费信贷、年龄结构等方面影响，国内边际消费倾向上升所导致的需求上升，或者国外需求上升所导致的本国出口上升；要素成本冲击是指由于非贸易部门相对于贸易部门单位产出的土地成本、劳动成本上升；名义冲击是指国内货币供给量增加的冲击。

本章采用 SVAR 施加长期约束的方法研究实际需求冲击、实际供给冲击和名义冲击对产出和实际汇率的动态效应。在现实中，经济体往往同时受到复合冲击，并且既可能受到正向冲击，又可能受负向冲击，为此，我们需要分清冲击的类型和方向。

第一节　汇率波动与产出波动来源的理论分析

本节讨论在已知的资产市场和长期汇率行为中，在产品价格黏性或缓慢调整时产品市场和资产市场的均衡，在 DD—AA 曲线分析的基础上，重点对汇率与产出之间的关系、各因素对汇率与产出的冲击展开分析。由于本节内容属于国际经济学基本理论，本书只对该部分内容作简要介绍。

一　短期产品市场均衡

图 4 – 1 说明了汇率贬值对产出的影响，本币贬值后①，总需求上升，产出上升。如果以汇率作为纵坐标、产出作为横坐标，汇率与产出之间的关系可以表示为图 4 – 2。随着汇率的贬值，产出上升，汇率与产出的组合点沿着 *DD* 曲线移动。

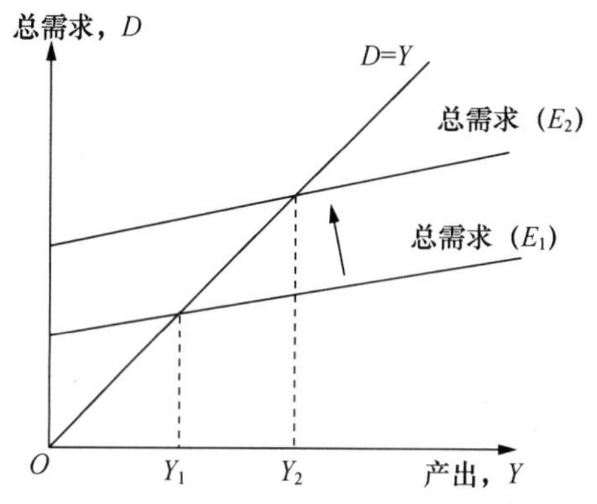

图 4 – 1　货币贬值对产出的影响

除了汇率之外，其他影响产出的因素发生变动时，*DD* 曲线将发生整体移动。例如，当国内价格上升时，本国产品相对国外产品会变得更加昂贵，本国出口下降，*DD* 曲线向左移动；同理，国外价格上升，会使外国产品竞争力下降，本国出口上升，*DD* 曲线向右移动。

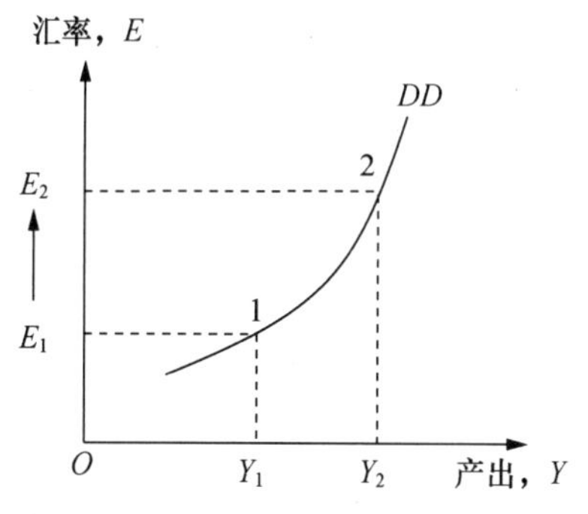

图 4 – 2　*DD* 曲线

① 本节汇率标价法采用 *DD—AA* 曲线分析所使用的直接标价法，即数值上升表示本币贬值，在此特别说明。

二 短期资产市场均衡

资产市场的分析如图 4 – 3 所示。从资产市场角度分析，当实际产出由 Y_1 上升至 Y_2 时，货币市场利率将由 R_1 上升至 R_2 以便使货币市场出清，外汇市场汇率将由 E_1 升值至 E_2 使外汇市场出清。

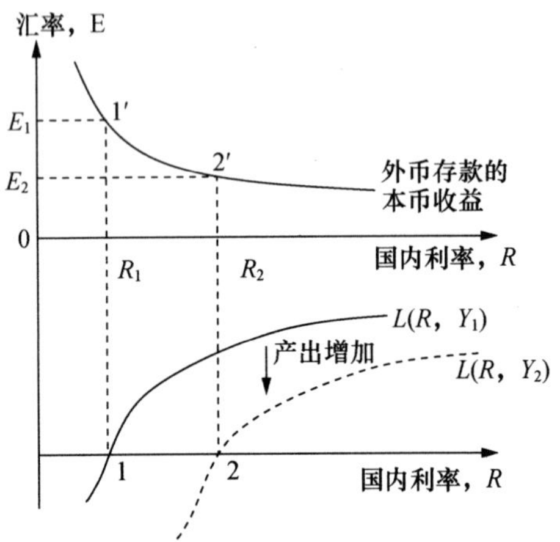

图 4 – 3 资产市场均衡时的产出与汇率

由图 4 – 3 可以推导出资产市场均衡曲线 *AA* 曲线，如图 4 – 4 所示。*AA* 曲线为负斜率的曲线，表明随着产出上升，汇率升值。

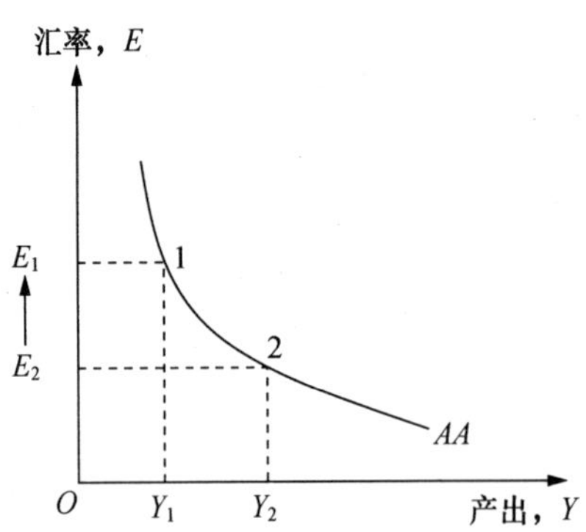

图 4 – 4 *AA* 曲线

三　产品市场与资产市场综合分析

将 DD 曲线与 AA 曲线结合起来，可以综合分析各种因素对汇率与产出的作用效果。

DD 曲线方程：

$$Y = D\left(\frac{EP^*}{P},\ Y - T,\ I,\ G\right) \tag{4.1}$$

该方程中，E 变动会使产出沿着曲线变动，其他影响 Y 的因素，例如 P、P^*、T、I、G 发生变动，DD 曲线整体移动。

AA 曲线方程：

$$E = E\left(R^*,\ L_2\left(\frac{M}{P},\ Y\right)\right) \tag{4.2}$$

其中，$L_2\left(\frac{M}{P},\ Y\right)$是货币需求函数，$Y$ 变动会引起 E 沿着曲线移动，其他影响 E 的因素发生变动将引起曲线移动，这些因素包括 M、P、R^* 以及实际货币需求。国外价格水平 P^* 变动也会引起曲线移动，其作用方式是 P^* 变动导致实际货币供应量变动进而 R^*、E 变动。

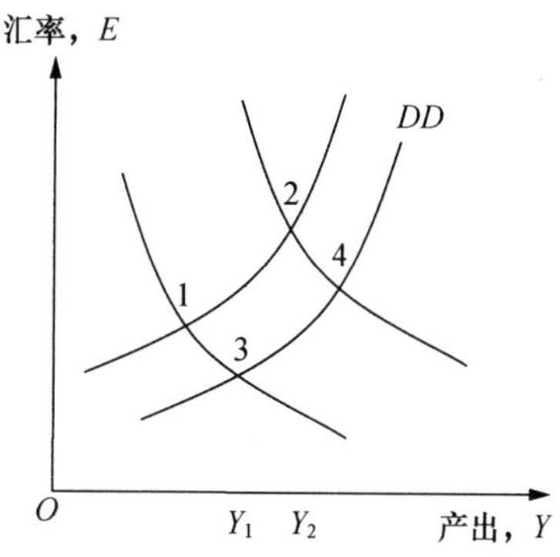

图 4－5　*DD—AA* 曲线移动示意

根据图 4－5 可以分析各曲线移动使产出和汇率的变动情况，引起曲线变动的因素如表 4－1 所示。产出与名义汇率会受国内财政政策、货币政策、居民的消费习惯、国外经济政策、对汇率预期等多种因素的影响。

表 4－1　　　　各因素变动对产出和汇率的影响

变量或参数	AA 曲线移动方向	DD 曲线移动方向	产出 Y	名义汇率
M^s ↑	↑	不变	↑	贬值
P↑	↓	←	↓	不确定
E^e ↑	↑	不变	↑	贬值
R^* ↑	↑	不变	↑	贬值
实际货币需求↑	↓	不变	↓	升值
G↑	不变	→	↑	升值
T↑	不变	←	↓	贬值
I↑	不变	→	↑	升值
P^* ↑	↑	→	↑	不确定
边际消费倾向↑	不变	→	↑	升值
偏向于购买国内商品	不变	→	↑	升值

对上述各项冲击重新按照本章冲击类型的划分方法进行大致分类，分析各项冲击对实际汇率的影响，由于存在着产品价格黏性，短期内名义汇率的变动方向与实际汇率的变动方向相同，结果如表 4－2 所示。

表 4－2　　　　各项冲击对产出与名义汇率的作用效果

	变量或参数	产出	实际汇率
名义冲击	M^s ↑	↑	贬值
要素成本冲击	P↑	↓	不确定
实际需求冲击	G↑	↑	升值
	I↑	↑	升值
	边际消费倾向↑	↑	升值
	偏向于购买国内商品	↑	升值

名义冲击短期内将使产出上升，实际汇率升值。要素成本冲击短期内使产出下降，对实际汇率的影响方向从 *DD—AA* 曲线角度分析并不能给出明确答案，下文将结合哈罗德—巴拉萨—萨缪尔森效应加以分析。实际需求冲击短期内将使产出上升，本币实际汇率升值。

第二节　施加长期约束的SVAR模型

一　理论模型

SVAR模型实际上是VAR模型的结构式，即在模型中包含变量之间的当期关系。本节采用的SVAR施加长期约束的方法最早是由Blanchard和Quah（1989）提出的。Amisano和Giannini（1997）比较透彻地总结了SVAR模型的设立、识别、估计以及应用等内容。Clarida和Galí（1994）构建三变量的SVAR模型研究相对产出、相对价格和实际有效汇率。Canzoneri等（1996）、Chadha和Prasad（1997）、Thomas（1997）采用类似的方法研究工业化国家的实际有效汇率与产出波动的来源。

本节SVAR模型包括实际有效汇率、实际产出和价格水平三个内生变量，结构性冲击分为要素成本冲击、实际需求冲击和名义冲击。采用SVAR模型的一个优点是可以识别难以直接测定的结构性冲击因素，如下文的实际需求因素与要素成本因素；另一个优点是可以进行方差分解以分析宏观经济变量变动在多大程度上由冲击因素引起。本书的宏观经济模型是在Blanchard和Quah（1989）封闭经济模型和Bjørnland（2004）开放经济模型的基础上发展而来的：

$$y_t = m_t - p_t + \theta d_t + \alpha l_t + \beta(p - e - p^*)_t \quad (4.3)$$

$$p_t = m_t + \mu l_t + \gamma d_t \quad (4.4)$$

$$(p - e - p^*)_t = -\Delta m_t + \pi d_t + \delta l_t \quad (4.5)$$

其中，y_t 表示实际产出，m_t 表示货币供应量，p_t 表示国内价格，p_t^* 表示国外价格，e_t 表示名义汇率，上述变量均取对数。d_t 表示实际需求因素，l_t 表示要素成本因素，θ、α、β、μ、γ、π、δ 为系数，Δ 则为差分算子 $1-L$。

（4.3）式表示实际产出取决于实际货币供给 $m_t - p$、实际需求因素 d、要素成本因素 l_t 和实际有效汇率 $(p-e-p^*)_t$；（4.4）式表示价格水平取决于名义因素（货币供应量）m_t、要素成本因素 l_t 和实际需求 d_t；（4.5）式表示实际有效汇率取决于货币供应量的增长率 Δm_t、实际需求的变动 Δd_t 和要素成本因素 l_t。

（4.3）式为产出模型。在产出模型设计中，Clarida和Galí（1994）、

Bjørnland（2004）的产出模型隐含的长期约束条件是实际需求对产出的长期效应为零。其体现的设计思想是以真实经济周期理论为核心的新古典宏观经济学派的萨伊定律，即认为在具有自主增长机制的市场经济中，实际需求会自发调整，产出的波动轨迹就是持续移动的充分就业均衡（殷剑峰，2006）。本书从中国劳动力极其丰富这一禀赋特征角度出发，采取一种新的分析方式，即认为中国的产出实际上主要取决于实际需求因素，实际供给的变动适应实际需求的变动。因而在本书模型设定中，实际需求因素对产出具有长期效应［下文（4.9）式将说明上述结论］。

本书还需要对（4.5）式作进一步说明。按照国外 SVAR 的一般研究方法，（4.5）式中的 l_t 常被解释为技术进步因素。但技术进步因素是否为导致人民币实际有效汇率升值（1994—2007）的最主要因素需要进一步论证。许多学者对中国的进步率进行了研究，徐瑛（2006）的研究表明，1987—2003 年中国的技术进步非常小，中国经济增长的主要特征是外延性增长高速扩张，内涵式发展非常滞后。陈勇、李小平（2007）的研究表明，1985—2003 年，我国工业行业技术进步总体上比较缓慢，没有成为推动工业经济增长的主要因素。上述研究可以说明，中国技术进步因素较弱，从而对实际有效汇率总体升值的效应也较小。即使考虑技术进步因素，也不能得出技术进步必然会导致实际有效汇率升值。根据林毅夫（2007）的研究，哈罗德—巴拉萨—萨缪尔森效应假说中阐述的劳动生产率的相对变化对实际有效汇率的影响在中国并不成立，其原因是从技术进步到非贸易品价格上升之间的传导关系受到阻滞。

从更为严密的逻辑角度分析，除了技术进步的可能性之外，引起非贸易部门产品相对价格上升的原因还包括以下几个方面：第一，出口偏向型的政策导致非贸易品供应相对不足，从而使非贸易品价格上升；第二，贸易部门与非贸易部门各层次劳动力构成比例变化以及各种要素使用密度变化，导致非贸易部门相对要素成本上升，从而使非贸易部门产品价格上升；第三，整个社会收入上升导致城市偏向的要素成本出现较大比例上升，带动城市偏向的非贸易品价格上升。

贸易条件、开放度、政府支出也可能影响贸易品和非贸易品的相对价格从而使实际有效汇率发生变动（魏巍贤、李丕东，2007）。尽管我国技术进步因素对实际有效汇率升值的作用可能十分有限，本书仍借鉴巴拉萨（1964）和萨缪尔森（1964）的论证方法，认为贸易部门产品价格受制于一价定律，以相对 CPI 衡量的实际有效汇率升值需要借助于非贸易部门产品价格相对于贸易部门产品价格上升来实现。或者更为准确地说，相对于其他国家而言，非贸易部门产品价格相对贸易部门产品价格上升幅度较大，即相对的相对价格上升，则实际有效汇率升值。

无论是通过何种方式，实际有效汇率升值最终的传导路径要通过非贸易部门相对要素成本上升推动非贸易品价格上升来实现。因此在模型设定中，影响实际有效汇率的因素 l_t 确定为非贸易部门相对要素成本因素（以下简称“要素成本因素”）。与技术进步因素的概念相比，要素成本因素概念可以有更广泛、更直观的解释，它强调对实际有效汇率变动的直接传导。

模型假定 m_t、l_t、d_t、m_t、θ_t、$d_t m_t$、θ_t、d_t 服从随机游走，各变量的正交冲击为名义冲击 ε_t^m、实际需求冲击 ε_t^d 和要素成本冲击 ε_t^l：

$$m_t = m_{t-1} + \varepsilon_t^m \tag{4.6}$$

$$l_t = l_{t-1} + \varepsilon_t^l \tag{4.7}$$

$$d_t = d_{t-1} + \varepsilon_t^d \tag{4.8}$$

解（4.6）式、（4.7）式、（4.8）式，得到差分后的各内生变量（为了叙述方便，下文的实际有效汇率 $p-e-p^*$ 用 s 表示）：

$$\Delta y_t = -\beta\Delta\varepsilon_t^m + (\alpha-\mu+\beta\delta)\varepsilon_t^l + (\theta-\gamma)\varepsilon_t^d + \beta\pi\Delta\varepsilon_t^d \tag{4.9}$$

$$\Delta p_t = \varepsilon_t^m + \mu\varepsilon_t^l + \gamma\varepsilon_t^d \tag{4.10}$$

$$\Delta s_t = -\Delta\varepsilon_t^m + \delta\varepsilon_t^l + \pi\Delta\varepsilon_t^d \tag{4.11}$$

（4.9）式表示除了名义因素（货币因素）之外，实际需求因素和要素成本因素都会影响长期产出水平；（4.10）式表示各项冲击都会影响长期价格水平；（4.11）式中的表示实际有效汇率 $(p-e-p^*)_t$，该式表示只有要素成本因素才会影响长期的实际有效汇率水平。假设实际需求因素不影响长期实际有效汇率水平稍显苛刻，由于中国远没有达到真正的充分就业，本书认为，实际需求对价格的冲击主要体现在短期，因此可以假设实际需求对长期相对价格没有影响。

上述模型是静态的模型，下文的推导过程引入滞后项使模型动态化，并在（4.6）式至（4.8）式的随机游走模型中引入了漂移项。在实证中本书也加入了常数项。

设平稳的被解释向量为 $z_t = (\Delta s_t, \Delta y_t, \Delta p_t)$，$\Delta s_t$、$\Delta y_t$、$\Delta p_t$ 分别表示一阶差分后的实际有效汇率、实际产出和价格。被解释向量的 *MA* 表达

式为：

$$z_t = C(L)e_t \tag{4.12}$$

e_t 为简化式残差向量。设正交的结构扰动项 ε_t 可以表示为新息 e_t 的线性组合，即 $e_t = D_0\varepsilon_t$。包含滞后项的表达形式为：

$$z_t = D(L)\varepsilon_t \tag{4.13}$$

这里 $C(L)D_0 = D(L)$，D_0 含有 9 个元素，需要施加 3 个约束条件。设结构性冲击向量为 $\varepsilon_t = (\varepsilon_t^l,\ \varepsilon_t^d,\ \varepsilon_t^m)$，被解释变量的长期表达式为：

$$\begin{pmatrix} \Delta s \\ \Delta y \\ \Delta p \end{pmatrix} = \begin{pmatrix} D_{11}(1) & D_{12}(1) & D_{13}(1) \\ D_{21}(1) & D_{22}(1) & D_{23}(1) \\ D_{31}(1) & D_{32}(1) & D_{33}(1) \end{pmatrix} \begin{pmatrix} \varepsilon^l \\ \varepsilon^d \\ \varepsilon^m \end{pmatrix}_t \tag{4.14}$$

这里 $D(1) = \sum_{j=0}^{\infty} D_j$ 表示长期矩阵 $D(L)$。(4.9)式和(4.11)式包含了 SVAR 模型的长期约束条件。如上文所示，(4.9)式意味着名义因素对产出差分项的累计效应为 0，即对产出的长期效应为 0，因而 $D_{23}(1) = 0$。(4.11)式意味着从长期只有要素成本冲击才能影响实际有效汇率，实际需求因素和名义因对实际有效汇率差分项的累计效应均为零，因而 $D_{12}(1) = D_{13}(1) = 0$；所有冲击都影响价格水平，因而不施加约束。根据上述约束，$D(1)$矩阵为下三角矩阵，SVAR 模型是一种递归模型，而且是恰好识别。

二　模型估计

为保证计量分析结果的稳健性，先对 Δs_t、Δy_t、Δp_t 序列进行 ADF 单位根检验，检验结果显示各序列都是平稳的，表明可以将一阶差分后的变量 Δs_t、Δy_t、Δp_t 作为内生变量集建立 *SVAR* 模型进行计量分析。根据 LR、FPE、AIC 准则，选择滞后 3 期为基准模型，SVAR 的特征多项式根的倒数均位于单位圆内，表明滞后 3 阶是合理的，模型是稳定的。

采用 EViews 可以估计出结构因子分解矩阵（见本章附录 1）。根据估计出的结构因子分解矩阵，可以得到变量 Δs_t、Δy_t 和 Δp_t 的正交化的累计脉冲响应，累计脉冲响应反映了冲击对差分前变量 s、y 和 p 的响应符号和响应幅度（见图 4－6）。更进一步地，在结构因子分解矩阵基础上，可以得到基于结构正交化的各变量预测误差的方差分解结果。预测误差的方差分解（见表 4－3）将系统的均方误差分解成各变量冲击所做的贡献，从而可以比较不同冲击对模型中特定变量的影响程度。

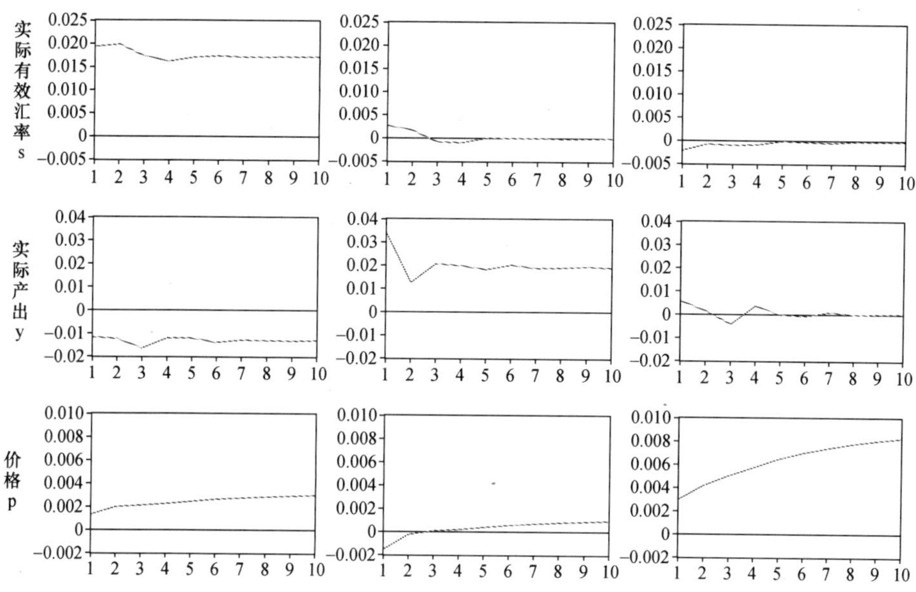

图4－6　各变量对结构性冲击的响应

表4－3　方差分解结果

时间（月）	Ds（实际有效汇率变动）			Δy（经济增长率）			Δp（通货膨胀率）		
	ls	rd	ns	ls	rd	ns	ls	rd	ns
1	96.9	1.9	1.2	10.3	87.2	2.5	13.8	18.1	68.1
2	96.1	2.2	1.7	7.5	89.6	2.8	13.3	24.2	62.4
4	94.7	3.7	1.6	8.6	84.2	7.3	12.5	23.1	64.4
8	94.3	3.9	1.8	8.7	83.3	8.1	12.2	22.0	65.8
12	94.3	3.9	1.8	8.7	83.3	8.1	12.1	21.9	66.0
24	94.3	3.9	1.8	8.7	83.3	8.1	12.1	21.8	66.1

注：ls为要素成本冲击；rd为实际需求冲击；ns为名义冲击。

第三节　实证结果分析

一　名义冲击的效应

名义冲击导致实际有效汇率贬值，随后由于价格上升，实际有效汇率又回到相同水平。这一脉冲响应反映了在黏性价格条件下，实际有效汇率出现了如 Dornbusch 模型中的超调特征；名义冲击对产出的影响表现为先上升，后下降，受长期约束的限制，对产出的影响逐渐振荡衰减趋近于0；名义冲击对价格的影响很显著，根据更长时期冲击效应图形观察，15个月后价格趋近最大值，之后价格水平基本稳定。方差分解结果显示，名义冲击是造成通货膨胀率变动的主要因素，但实际需求冲击和要素成本冲击对通货膨胀率的变动也具有一定影响。

二　实际需求冲击的效应

实际需求冲击在短期内使实际有效汇率升值，之后逐步趋近0；对产出影响明显，三个月后产出基本上稳定在较高的水平；实际需求冲击对价格的影响不大，初期反而有所下降，这可能是由于受到实际需求冲击后初期产出大幅增加的影响。价格水平在三个月后开始高于初始水平。方差分解的结果显示，实际需求冲击是造成经济增长率波动的主要来源，约占预测方差的80%。

三　要素成本冲击的效应

要素成本冲击使产出下降，价格上升，实际有效汇率升值。方差分解的结果显示，要素成本冲击是差分后的实际有效汇率波动的主要来源，90%以上的预测误差方差由要素成本冲击造成。

四　研究结论

实际需求冲击使实际有效汇率升值，因而经济体受实际需求冲击后，实际有效汇率升值的紧缩作用将减弱经济波动①；要素成本冲击使实际有效汇率升值，因而经济体受要素成本冲击后，实际有效汇率升值的紧缩作用将加剧产出的下降，从而加剧经济波动。②

从冲击影响持续性来看，实际需求冲击造成实际有效汇率暂时性升值，因而经济体受实际需求冲击后，汇率对产出的影响仅仅为暂时性影响；要素成本冲击造成实际有效汇率和实际产出持久性变动，因而受到要素成本冲击，实际有效汇率加剧经济波动的效果更具持久性。

---

① 本书根据经济学的基本原理假定，实际需求冲击（实际需求增大）将导致产出上升，要素成本上升冲击将导致产出下降。由于受到实际需求冲击和要素成本冲击后实际有效汇率都会升值，因而受到实际需求冲击后，实际有效汇率升值的紧缩作用将减弱经济波动；受到要素成本冲击后，实际有效汇率升值的紧缩作用将加剧经济波动。

② 由于名义冲击对产出和汇率的影响均为暂时性的，且名义冲击对产出的影响方向频繁变动，本书对结构性冲击的分析主要集中于实际需求冲击和要素成本冲击。

从脉冲响应幅度再结合方差分解的结果来看，实际需求冲击对实际有效汇率作用不大，因此，受到实际需求冲击，实际有效汇率顺周期变动幅度较小，从而对经济的稳定作用较小；要素成本冲击是造成实际有效汇率波动的主要因素，但由于要素成本因素不是造成产出波动的最主要因素，因而实际有效汇率加剧经济波动的最终效果也较为有限。

综上所述，实际需求冲击造成实际有效汇率临时性、小幅度、顺周期变动，汇率对经济具有稳定作用，但作用力度有限；要素成本冲击造成实际有效汇率长期性、较大幅度、逆周期变动，汇率逆周期波动加剧了经济波动。但由于产出受要素成本冲击的影响较弱，实际有效汇率加剧经济波动的效果也受到较大制约。

总体来看，经济体受到单一的结构性冲击后实际有效汇率是稳定经济还是加剧经济波动，取决于经济体受到的冲击类型。但无论方向如何，实际有效汇率对经济波动的作用力度是较小的。如果经济体同时受到复合的结构性冲击，实际有效汇率对经济波动的作用方向和作用力度取决于复合结构性冲击的构成、冲击的方向与力度。

附录1　　SVAR 模型结构因子分解矩阵

Model：Ae = BuwhereE［uu′］ = I

RestrictionType：long - runpatternmatrix

Long - runresponsepattern：

C（1）	0	0		
C（2）	C（4）	0		
C（3）	C（5）	C（6）		
	Coefficient	Std. Error	z - Statistic	Prob.
C（1）	0.017298	0.001037	16.67333	0.0000
C（2）	-0.013182	0.001806	-7.297802	0.0000
C（3）	0.003280	0.000818	4.010415	0.0001
C（4）	0.019148	0.001148	16.67333	0.0000
C（5）	0.001269	0.000790	1.605546	0.1084
C（6）	0.009274	0.000556	16.67333	0.0000
loglikelihood	1211.594			

第五章　人民币汇率变动对我国各行业产出的效应

本章分析实际有效汇率指标存在的不足，提出“产出有效汇率”概念及研究方法，依据“产出有效汇率”研究方法分析汇率对我国各行业产出的作用效果。

第一节　产出有效汇率概念的提出

一　实际有效汇率指标在实证中存在的不足

实际有效汇率是以对外贸易比重为权重的加权平均实际汇率，不仅考虑所有双边名义汇率的相对变动情况，而且还剔除了通货膨胀对货币本身价值变动的影响，能够综合反映本国货币的对外价值和相对购买力，因而相对于双边名义汇率、名义有效汇率等指标具有反映全面、体现货币购买力变动的特点。尽管如此，在分析汇率对贸易额的影响以及汇率对产出的影响中，采用实际有效汇率仍存在着一些不足。

第一，在计算汇率贸易余额效应中采用实际有效汇率指标存在不足。以 IMF 为例，在实际有效汇率的计算中以产品之间具有不变替代弹性（CES）为假定，这意味着某一种货币汇率在实际有效汇率中的重要性仅取决于该货币发行国所占的贸易份额。从现实情况来看，该假定是不成立的。例如 Antonio Spilimbergo and Athanasios Vamvakidis（2000）研究了 56 个国家 26 年制造业产品数据后发现，采用分类计算实际有效汇率的方法要优于采用单一实际有效汇率的方法。CES 不成立说明实际有效汇率加权方式存在着不足，仅考虑贸易份额而忽视进出口价格弹性，必然使实际有效汇率走势不能准确指示一国产品进出口的变化。实际有效汇率在测算贸易余额效应时存在的另一个不足之处是没有考虑国别之间产品的相互替代问题，如一些东亚国家与中国的贸易额较小，但中国与这些国家具有共同的出口目的地，人民币对这些国家货币汇率对我国出口仍然存在一定影响，这些出口竞争性国家汇率贬值会造成出口替代现象。

第二，从贸易角度分析汇率的产出效应时，使用实际有效汇率指标也存在不足。汇率通过贸易渠道对产出发生作用可以分为两个过程，第一个过程是汇率对贸易余额的影响，第二个过程是贸易余额对产出的影响。由于实际有效汇率加权方式存在缺陷，使用实际有效汇率研究汇率对贸易余额的影响本身就存在着缺陷，因此采用实际有效汇率研究汇率的产出效应也同样存在着不足。从第二个过程来看，即使实际有效汇率权重计算过程中充分考虑了贸易份额、价格弹性以及转口贸易、加工贸易、共同出口目的地等因素，适用于贸易效应的加权比重也并不等同于产出效应的加权比重。例如，贸易顺差扩大会带动出口企业和进口替代企业产出增加，但同样的贸易差额对产出的带动作用并不相同，即贸易差额所带来的派生产出并不相同。如果贸易差额主要由外资企业获得，会存在利润汇回的漏出，因而贸易差额存在内外资企业的差异。另外，同样的贸易差额所引起的收入变动结构也可以不相同。由于各收入主体的边际支出倾向不同，因而其产出效应存在差异。因此即使从贸易角度分析，采用以贸易额加权为基础的实际有效汇率分析汇率对产出的作用仍存在较大不足。

第三，从投资角度分析，实际有效汇率指标不能反映投资结构。我国贸易结构与FDI结构存在着巨大差异，从图5－1可以看出，2008年香港占中国内地FDI的比重为45%，而其贸易额只占8%，且多数贸易为转口贸易。英属维尔京群岛占中国内地FDI的比重为17%，而其贸易份额几乎可以忽略不计。从现实情况分析，来自我国香港、维尔京群岛的投资是出于避税等方面的需要，真正来源地并非上述地区。但可以合理预计，即使能够统计真正的投资来源地，贸易结构与FDI结构仍然存在很大差距。因此，采用以贸易结构加权的实际有效汇率无法研究我国FDI的变动以及由此引发的产出变动。

第四，采用实际有效汇率指标研究汇率变动对区域产出的影响和行业产出影响存在更大缺陷。由于一个区域的产出不仅受到本区域进出口影响，而且还受到产业上下游其他区域进出口的影响，因此，即使一个区域没有进出口，其产出仍受到汇率影响，因而采用以整个国家贸易结构为基础的实际有效汇率存在严重缺陷。由此可以推出，大量采用实际有效汇率指标或名义有效汇率指标研究汇率对区域产出的影响和对行业产出影响的文献都存在使用汇率指标不当的问题。事实上，本书试用实际有效汇率指标对中国广东、江苏等多个外向型省份进行分析，结果表明，实际有效汇率指标的产出效应结果均不显著，这显示这些省份的进出口结构与全国的进出口贸易结构存在明显差异。从行业产出效应角度来看，使用实际有效汇率指标存在同样的不足。

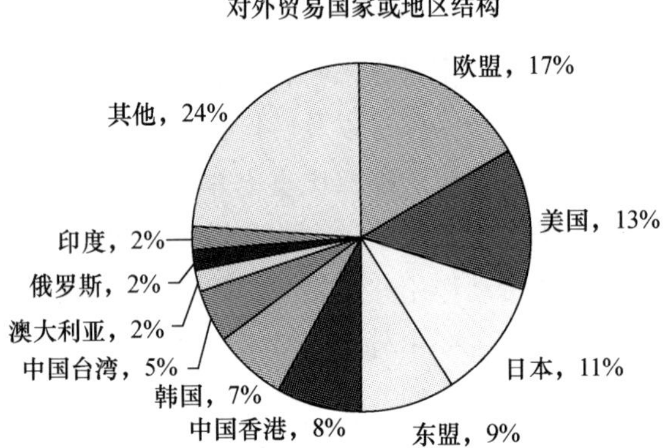

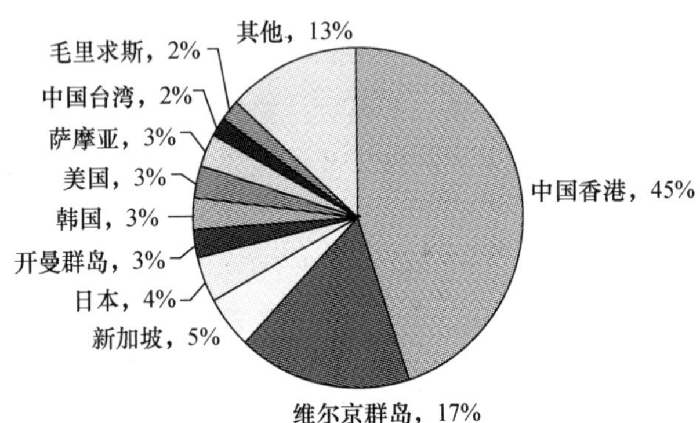

图 5－1　2008 年中国 FDI 国家或地区结构与对外贸易的国家或地区结构

资料来源：商务部网站。

二　产出有效汇率指标及其方法

（一）“产出有效汇率”及其篮子货币构成

本书定义“产出有效汇率”（Effective Exchange Rate on Output，EERO）为：对产出具有最显著影响的一篮子货币汇率指数。参考 Ogawa 和 Ito（2002）对篮子货币估计的数理原理，本书采用我国主要贸易伙伴国和 FDI 来源国的实际汇率进行组合，例如篮子货币包括美元、欧元、日元、韩元、英镑、新元、加拿大元、澳元、林吉特、泰铢、卢布。由于新元、泰株、林吉特在实证数据区间实际上主要盯住美元（最新情况已发生改变，最新数据显示，人民币在上述货币的货币篮子中权重已经超过美元），因而相当于权重记在美元身上，所以它们不进入货币篮子是合理的。对于英镑、澳元、加拿大元、卢布来说，中国同这四国的贸易额加在一起仅为8%左右，进不进货币篮子对我国贸易影响不大，所以估计模型中也可以不考虑，因此只剩下美元、欧元、日元、韩元进入货币篮子。

以人民币对上述四种货币的实际汇率组成货币篮子，各货币的实际汇率的权重作为待定参数，采用程序计算，找出计量方程中对产出具有最显著影响的汇率权重组合，以此权重计算得出“产出有效汇率”。

“产出有效汇率”的优点是综合了汇率对产出的贸易渠道效应与投资渠道效应，并且在汇率权重构成上没有先验的权重结构。本书认为，该方法较之传统方法更为合理，不仅有利于分析汇率变动对整体经济影响，而且有利于分析汇率变动对各区域的产出效应和各行业的产出效应，该方法在确定汇率参考篮子的研究中也具有一定的应用价值。①

（二）篮子构成货币汇率分析

如果汇率之间存在着较强的共线性，会存在汇率权重相互替代的情况。因此在实证之前，首先将人民币对四种货币实际汇率之间的相互关系做出初步分析。

从汇率之间的同期关系看，人民币对美元实际汇率与人民币对欧元实际汇率为两种独立的汇率，相关性趋于0。但从历史走势看着，人民币对欧元实际汇率受人民币对美元实际汇率影响，人民币对美元实际汇率不受

① 汇率参考篮子的确定除了可以设定贸易差额稳定的目标之外，还可以考虑产出稳定的目标，即以产出的变动最小化为目标。通过确定产出效应有效汇率货币篮子权重，维持一篮子货币币值稳定，或者说维持产出效应有效汇率稳定。

人民

表 5-1　　人民币对各种货币实际汇率之间的同期相关系数

	美元	欧元	日元	韩元
美元	1.000000	0.009335	0.472099	0.465342
欧元	0.009335	1.000000	-0.385243	0.681204
日元	0.472099	-0.385243	1.000000	-0.168917
韩元	0.465342	0.681204	-0.168917	1.000000

注：各汇率均取对数，为月度数据。

币对欧元实际汇率影响。人民币对日元实际汇率与人民币对美元实际汇率同期相关性较强，但从格兰杰因果关系分析（格兰杰因果关系检验结果见附录1），人民币对日元实际汇率不受人民币对美元历史汇率影响。人民币对韩元实际汇率与人民币对美元实际汇率、对欧元实际汇率都具有一定的同期相关性，相比较而言，人民币对韩元实际汇率与对欧元实际汇率同期相关性更高。人民币对韩元实际汇率与对欧元实际汇率较高的相关性不利于实证，可能会出现韩元与欧元比重相互替代现象，在程序中可设法避免。① 从历史走势来，人民币对韩元实际汇率不受人民币对欧元实际汇率影响。具体如图 5-2 所示。

第二节　产出有效汇率研究方法的实际应用

本节采用"产出有效汇率"研究方法分析汇率变动对我国产出的作用效应，分析"产出有效汇率"的各项汇率构成及比例。

一　计量模型

本处采用如下传统的宏观经济模型：

$$Y = C + \bar{I} + FDI + \bar{G} + (EX - IM) \tag{5.1}$$

$$C = a + b(1 + t)Y - vR \tag{5.2}$$

① 下文采用先分析欧元与美元的相对比重，然后将其组合再与韩元、日元组合的方法，减弱共线性可能带来的负面影响。

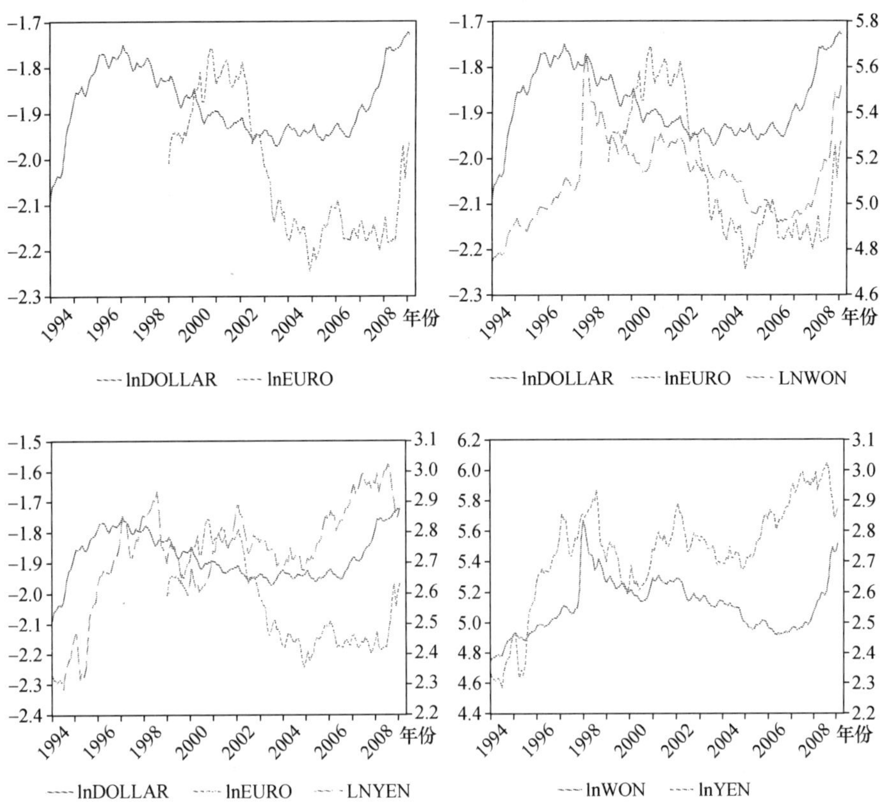

图 5-2 人民币对各主要货币实际汇率

注：左上图表示人民币对美元与欧元的实际汇率，右上图表示人民币对美元、欧元与韩元的实际汇率，左下图表示人民币对美元、欧元与日元的实际汇率，右下图表示人民币对韩元与日元的实际汇率，各汇率均为间接标价法，取自然对数。

资料来源：国家统计局、IFS 和 IMF。

$$FDI = wEERO \tag{5.3}$$

$$M/p = kY - hR \tag{5.4}$$

$$EX - IM = qEERO + sYE \tag{5.5}$$

（5.1）式为国民收入恒等式，（5.2）式为消费需求函数，（5.3）式为简化的外商直接投资函数，（5.4）式为货币需求函数，（5.5）式为净出口函数；式中，Y、C、$\bar{I}$、FDI、$\bar{G}$、EX、IM、M/P、R、$EERO$、YF 分别表示产出、消费、国内投资、外商直接投资、政府支出、出口、进口、实际货币供应量、利率、“产出有效汇率”（有待计算得出）和国外产出，t 表示税率，其他小写字母表示系数。

解上述联立方程组得：

$$Y=\frac{1}{h-bh(1-t)+vk}[(a+\bar{G}+\bar{I})h+v(M/p)+h(q+w)EERO+hsYF] \quad (5.6)$$

根据上述模型，本部分实证的变量包括实际产出、货币供应量（M1）、“产出有效汇率”、国外产出和价格。简化后的模型为：

$$Y=\beta_0+\beta_1 M+\beta_2 EERO+\beta_3 YF+\beta_4 P \quad (5.7)$$

在实证中各变量均取对数并差分获得平稳序列，另外实证中还考虑各变量的滞后效应，即加入被解释变量和解释变量的滞后项。

二　实证过程

本书数据采用差分方法去除趋势。对 ΔY、ΔM、ΔYF、ΔP 的平稳性特征采用单位根 ADF 检验方法。ΔY、ΔYF、ΔP、ΔM 在 1% 显著水平上均为平稳序列，采用程序对各汇率组合对数差分 ln（portfolio）^{j} 的平稳性检验表明，ln（Portfolio）^{j} 在 5% 显著性水平上均通过平稳性检验。

程序算法设计思路是遍历各种货币汇率的离散权重组合，初步计算出“产出有效汇率”，检验该组合是否为一异常点，如果货币组合的产出效应变动平滑，将该组合权重作为“产出有效汇率”的一篮子货币权重。具体的实现过程为：

第一，为防止实际汇率采用简单算术平均加权所导致的非对称性与非一致性，采用几何加权计算一篮子货币汇率：

$$Portfolio^j=Dollar^{\beta_{j1}}\times Euro^{\beta_{j2}}\times Yen^{\beta_{j3}}\times Won^{\beta_{j4}} \quad (5.8)$$

式中，$Portfolico^j$ 为一篮子货币的几何加权汇率，*Dollar*、*Euro*、*Yen*、*Won* 分别为人民币对美元、欧元、日元、韩元的实际汇率，β_{j1}、β_{j2}、β_{j3}、β_{j4}为各种货币的权重，$\sum_{i=1}^{4}\beta_{ji}=1$。上述各汇率均为间接标价法，即数值上升表示人民币对其他货币升值。

第二，采用 OLS 回归估计这一权重组合 ln（Portfolio^j）的产出效应：

$$\begin{aligned}d(\ln Y)=&c_1+c_2\times d(\ln Portfolico^j_{-1})+c_3\times d(\ln Portfolio^j_{-2})+c_4\\&\times d(\ln Y_{-1})+c_5\times d(\ln Y_{-2})+c_6\times d(\ln Y^f_{-1})+c_7\times d\ln(Y^f_{-2})\\&+c_8\times d\ln(P_{-1})+c_9\times d(\ln P_{-2})+c_{10}\times d(\ln M_{-1})\\&+c_{11}\times d(\ln M_{-2})+[ar(11)=c_{12},\ ar(12)=c_{13},\\&\ ma(11)=c_{14},\ ma(12)=c_{15}]\end{aligned} \quad (5.9)$$

由于采用 X－11 季节调整的方法仍不能完全消除数据的季节变动，本书经多次回归实验发现，数据存在着较为明显的 11—12 个月为周期的季节变动①，因此加入了 AR（11）、AR（12）、MA（11）、MA（12）项。

第三，比较各权重组合（portfolio）[j]，找出产出效应最大的权重组合，作为“产出有效汇率”EERO。

根据上述流程，本书编写了 3 个 EViews 程序，程序 1 不作任何限定，执行结果为：美元 75%，日元 15%，韩元与欧元各 5%。由于欧元的比重与直觉不一致，结果偏低，程序 2 对欧元比重做了适当限制，欧元的最低比重设为 20%。程序执行结果为：欧元 20%，美元 65%，日元 10%，韩元 5%，该结果暗示欧元比重设定值偏高，为此程序三不再对欧元比重做出限制。由于韩元与欧元存在较大相关性，为了防止可能出现的共线性给欧元和韩元带来的比重相互替代问题，程序 3 的第一步只设定美元和欧元两种货币，在找出两者的固定组合之后，第二步再将其与韩元、日元组合，这样可防止欧元与韩元共线性的产生。尽管最初两种货币组合存在缺陷，但本书仍尝试这种方法，以便比较。程序三得出四种货币的比例为：美元 67.2%、日元 15%、欧元 12.8%、韩元 5%。本书还跟踪了美元与欧元所占比重对回归系数的影响，从图 5－3 可以看出，随着两种货币

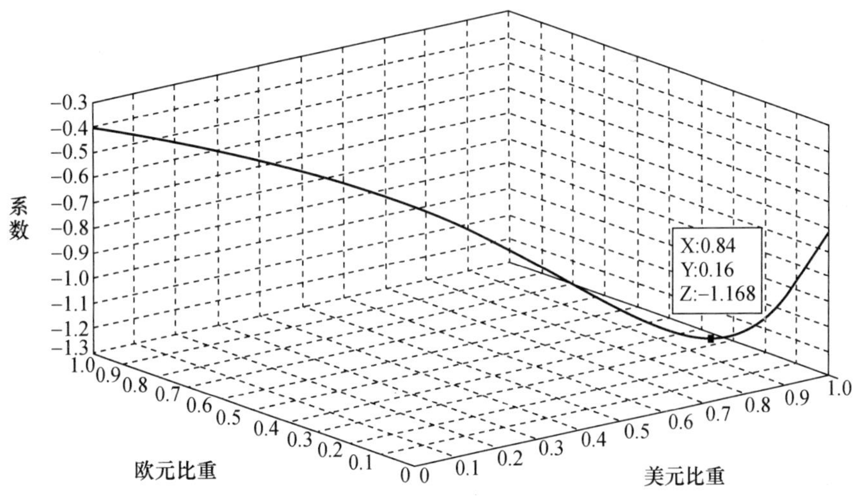

图 5－3　美元与欧元比重对系数的影响

① 存在较为明显的 11—12 个月季节性的原因可能源于农历的周期，包括农历新年的影响。

所占比重变化，产出效应系数发生平滑变动，没有出现突变点，这暗示程序结果较为可靠。

从以上各项程序执行结果分析，美元比重大体为 65%—75%，日元为 10%—15%，欧元为 5%—15%①，韩元则大体为 5% 左右。各程序的产出效应与预期方向相同，均为负值，即汇率升值、产出下降。

表 5－2　　　　程序执行结果

程序	美元	日元	欧元	韩元	系数	
					C3	C2 + C3
1	75%	15%	5%	5%	－0.95	－1.41
2	65%	10%	20%	5%	－0.84	－1.23
3	67.2%	15%	12.8%	5%	－0.91	－1.35

以程序 1 结果为例，“产出有效汇率”中美元构成比重为 75%，日元比重为 15%，欧元与韩元比重均为 5%。图 5－4 显示了“产出有效汇率”与实际有效汇率走势，两者之间的相关系数为 0.80。

本书还对比分析了实际有效汇率与“产出有效汇率”的系数，从 C3 比较分析，采用本模型，REER 的系数 C3 为 0.44，而 C2 与 C3 之和为 0.61，两个系数均小于“产出有效汇率”的系数，反映了“产出有效汇率”更能体现对产出有最显著影响。

分析“产出有效汇率”权重构成，美元比重较高在预料之中，日元、韩元比重范围相对合理，但具体数字是否合理仍难以预料，欧元比重显得明显偏低，本书分析了以下三个方面原因：

第一，欧元区内部不均衡。欧元启动时间仅只有十多年的时间，虽然欧元区各国逐步使用统一货币，但统一的经济政策实施以及对经济的影响远没有达到相应高度，欧元区各国经济的同步性较差，各成员国价格指数存在着差异。这就造成了欧元区各国价格指数与中国价格指数相对水平的不一致。实际汇率反映了各国之间的相对价格水平，不同国家与中国不同的相对价格事实上形成不同的实际汇率，因而欧元实际作用被削弱。

第二，与中国内地贸易关系密切的亚洲各国家和地区普遍与美元软挂

① 程序二执行结果欧元比重较高是由于人为设定了欧元的最低比重。

钩或硬挂钩，形成事实上的美元区，从而削弱了欧元汇率的影响。例如，中国香港与美元硬挂钩；日本绝大部分贸易仍以美元进行结算；海合会成员国大多直接与美元硬挂钩。与美元挂钩造成亚洲各国和地区货币与美元汇率走势趋同，从而加强了美元汇率的影响，这也使得欧元汇率的影响受到限制。

第三，程序搜索方法本身不完善，如只考虑了四种货币汇率等。

第三节　人民币汇率变动对我国行业产出的作用效果

与 IMF、BIS 等机构所采用的实际有效汇率方法相比，“产出有效汇率”的实证分析方法在研究汇率变动的区域产出效应和行业产出效应方面具有明显优势。首先，从区域角度分析，区域产出不仅受本区域进出口的影响，而且还受与本区域具有产业链联系的其他区域进出口的影响，因此简单以本区域进出口结构加权的实际有效汇率存在偏差，而如果要获得综合考虑上下游关系的进出口结构，需要准确地统计国内各区域之间贸易往往来以及各区域的进出口情况，这在现实中几乎是无法做到的。其次，从行业的角度分析，行业的进出口结构与国家的进出口结构显然不同，因此也难以采用实际有效汇率方法分析其产出效应。

以行业产出效应为例，本书采用“产出有效汇率”的方法，仍以上文的计量方程对中国各行业逐一搜索产出效应最大的汇率指数，得出的汇率的产出效应如表 5 - 3 所示。①

各行业最敏感的汇率均为美元实际汇率，这显示了人民币对美元实际汇率仍是各行业应重点关注的汇率。从汇率对行业的产出效应分析，汇率对出口比重较大、利润较低的行业冲击明显，如纺织服装业。而对于国内需求不能满足的行业冲击影响较小，如石化行业。受汇率冲击较大的行业为：纺织服装、机械、货物运输、钢铁行业中的铁矿石；化工、建材、有

① 由于受到各区域数据区间和数据质量和数据可得性限制，实际汇率对各区域产出效应存在很大困难，因此本书仅分析汇率的行业产出效应。

表5-3　　汇率对各行业的产出效应

行业	行业产品产量	货币种类				系数①		说明
		美元	欧元	日元	韩元	C3	C2+C3	
纺织服装	纱产量	0.85	0.1	0.05	0	-3.74	-6.65	
	布产量	0.75	0	0	0.2②	-1.99	-2.12	
	丝织品产量	0.95	0	0	0.05	-3.42	-4.16	
化工	乙烯产量	0.9	0	0	0.1	-2.34	-1.35	
机械	交流电动机产量	0.75	0.1	0.05	0.1	-2.00	-3.69	
建材	水泥产量	0.8	0.1	0.1	0	-1.58	-1.68	
能源	原煤产量	0.85	0.15	0	0	-0.90	-2.59	
	焦炭产量	0.75	0.15	0.1	0	-1.26	-1.82	
	原油产量							C2、C3均不显著
非金属	磷矿石产量							C2、C3均不显著
石化	汽油产量							C2、C3均不显著
	柴油产量	1	0	0	0	0.54	-1.14	C3不显著
通信	通信业务收入③							C2、C3均不显著
有色金属	铝材产量	0.7	0	0.3	0	-1.05	-1.02	
	十种有色金属产量	0.9	0.05	0.05	0	1.58	-0.68	
运输与大型工具	货物周转量	0.95	0	0	0.05	-3.29	-2.19	
钢铁	生铁产量	0.95	0	0.05	0	-1.18	-1.93	
	粗钢产量							C2、C3均不显著
	钢材产量							C2、C3均不显著
	铁矿石产量	0.95	0	0.05	0	-2.00	-2.03	

色金属行业对汇率的反应居中；非金属、通信业、钢铁行业中的生铁、粗钢和钢材对汇率反应不显著；能源行业对汇率的反应出现内部分化，原油对汇率反应不显著，原煤反应较强，焦炭反应一般。

为了对比分析“产出有效汇率”与实际有效汇率的区别，本书又采用

① C3表示滞后二阶的“产出效应有效汇率”系数，C2+C3表示滞后一阶和二阶的“产出效应有效汇率”系数之和。系数为负表明“产出效应有效汇率”升值则产出下降。

② 由于小数位数保留原因，各货币权重之和不等于1。

③ 数据中有一项负值属异常值，本书按前后的平均值进行了处理。

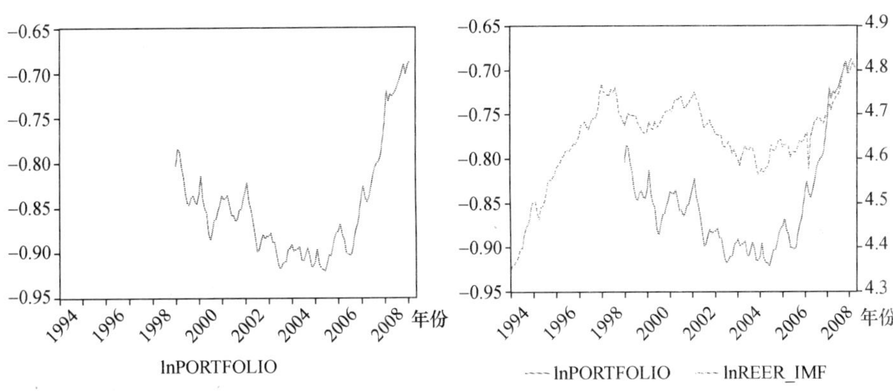

图 5-4　"产出有效汇率"与实际有效汇率

资料来源："产出有效汇率"为笔者计算，实际有效汇率来自 IFS 和 IMF。

同样的计量方程检验了实际有效汇率对产出的作用效果，对比分析结果如表所示，从表中可以看出，除了纱产量的 C3 系数显著之外，其他各行业实际有效汇率的系数都不显著，这反映了各行业产出效应权重与全国整体的进出口结构存在着很大差异。

表 5-4　汇率产出效应对比分析

行业	行业产品产量	"产出有效汇率"（EERO）系数①		实际有效汇率（REER）系数	
		C3	C2 + C3	C3	C2 + C3
纺织服装	纱产量	-3.74	-6.65	C2 不显著	
	布产量	-1.99	-2.12	C2、C3 均不显著	
	丝织品产量	-3.42	-4.16	C2、C3 均不显著	
化工	乙烯产量	-2.34	-1.35	C2、C3 均不显著	
机械	交流电动机产量	-2.00	-3.69	C2、C3 均不显著	
建材	水泥产量	-1.58	-1.68	C2、C3 均不显著	
能源	原煤产量	-0.90	-2.59	C2、C3 均不显著	
	焦炭产量	-1.26	-1.82	C2、C3 均不显著	
	原油产量	C2、C3 均不显著		C2、C3 均不显著	

① C3 表示滞后二阶的"产出效应有效汇率"系数，C2 + C3 表示滞后一阶和二阶的"产出效应有效汇率"系数之和。系数为负表明"产出效应有效汇率"升值则产出下降。

续表

行业	行业产品产量	"产出有效汇率"（EERO）系数①		实际有效汇率（REER）系数	
		C3	C2 + C3	C3	C2 + C3
非金属	磷矿石产量	C2、C3 均不显著		C2、C3 均不显著	
石化	汽油产量	C2、C3 均不显著		C2、C3 均不显著	
	柴油产量	C3 不显著		C2、C3 均不显著	
通信	通信业务收入②	C2、C3 均不显著		C2、C3 均不显著	
有色金属	铝材产量	-1.05	-1.02	C2、C3 均不显著	
	十种有色金属产量	1.58	-0.68	C2、C3 均不显著	
运输与大型工具	货物周转量	-3.29	-2.19	C2、C3 均不显著	
钢铁	生铁产量	-1.18	-1.93	C2、C3 均不显著	
	粗钢产量	C2、C3 均不显著		C2、C3 均不显著	
	钢材产量	C2、C3 均不显著		C2、C3 均不显著	
	铁矿石产量	-2.00	-2.03	C2、C3 均不显著	

实证个别结果较容易解释，如纺织业利润较低，汇率对其产出影响较大；汇率对我国产出影响较大，因而对于带有许多行业共同需求性质的运输业的产出影响较大；铁矿石的进口量会随着汇率的升值而增加，因而汇率升值容易导致我国本土铁矿石产出下降；而粗钢、钢材的产出主要满足国内需求，因而受汇率的影响较小。但实证结果中也存在着难以解释的个别结果，如纱产量与布产量对汇率的反应差别较大。从实证过程来看，"产出有效汇率"方法还有一些需要改进之处，如在解释变量中，除了经济变量之外，还应加入其他多个变量，如一些节日性因素对个别行业（如通信业）产出影响较为突出。总之，本书对各个行业的研究主要目的在于论证"产出有效汇率"的研究方法，其具体应用还需要根据各地区和各行业的实际情况详细讨论。

由于各行业情况迥异以及限于研究领域，本书仅联系实证结论、相关

① C3 表示滞后二阶的"产出效应有效汇率"系数，C2 + C3 表示滞后一阶和二阶的"产出效应有效汇率"系数之和。系数为负表明"产出效应有效汇率"升值则产出下降。

② 由于数据来源问题数据中有一项负值属于异常值，改取前后数据的平均值。

文献和各行业特点对汇率升值的行业产出效应进行初步分析。

人民币汇率升值对铁矿石、水泥、生铁、原煤、焦炭等上游行业产出水平产生一定的负面作用。人民币升值后，以美元、欧元计价的大宗商品的价格下降，导致进口增加，出口下降，从而压低国内的产出水平；另外，人民币汇率升值导致工业产出下降，大宗商品的需求下降。由于行业结构、利润率水平、对行业产品需求强度等因素的影响，人民币汇率升值对个别大宗商品的影响出现较大差异。从本书的计量结果来看，人民币汇率升值后铁矿石、水泥、生铁、原煤、焦炭等上游行业产出水平均出现下降，但对原油产量几乎没有影响。这可能主要是缘于中石油、中石化这两大国有企业一体化发展策略，石油开采的利润减少可以以石化利率来弥补。在石油企业利润较高以及国内石油供应能力短缺的情况下，汇率变动对石油开采与炼化影响较小。由于国内对油品具有旺盛的需求，即使汇率升值，油企也缺乏动力降低国内产出水平。此外，国企垄断、国内成品油定价机制导致国内外两个市场相对隔离等原因也可能是造成汇率对石油产量缺乏影响能力的原因。

人民币汇率升值对中游产业的影响出现分化，但仍以负面效应为主。以钢材为例，汇率升值会压低钢材的价格，但是，钢材 80% 以上的成本来自铁矿石和焦炭，汇率升值反而有利于钢材生产企业降低生产成本，在生产成本与成品价格双降的情况下，汇率的最终效应取决于具体情况，本书的实证结果显示趋近于中性。汇率升值对部分化工产业负向冲击较大。以乙烯为例，我国乙烯主要用于聚乙烯、聚氯乙烯、乙二醇、聚苯乙烯等产品。在汇率升值背景下，我国乙烯生产受到国外特别是中东更为严峻的挑战。中东乙烯的主要生产原料为乙烷，该地区的乙烷成本即使加上运费也大大低于美国、西欧和中国的成本，具有相当强的国际竞争力。由于中东市场容量较小，中东乙烯 80% 的新增能力面向海外市场。人民币汇率升值后，廉价的中东乙烯以及相关的下游产品聚乙烯、乙二醇等将加速涌入中国市场，对我国乙烯以相关下游产品构成严重影响。

汇率升值对下游工业生产企业同样具有一定的负面影响。以纺织业和家电业为例，两行业受到国外发展中国家比较强的竞争挑战，人民币汇率升值使两个行业出口市场萎缩，由于利润率水平较低，两个行业难以通过降低价格扩大市场。类似的情况也发生在工程机械行业，实际汇率升值客观要求企业提高产品价格，但由于我国工程机械行业在同类国际市场中低端产品比重较高，客户的认知度和忠诚度较差，该行业产品难以提高价格，从而造成企业出口困难。

总体分析，汇率升值对工业的上、中、下游产业均有一定负面影响，但对面向国内的服务业影响不大。电信、金融、餐饮等行业主要面向国内服务，服务贸易比重较小，汇率升值会其影响较小。但对于个别服务行业如交通运输业负面影响较大。由于汇率升值会降低工业产出水平，导致货物周转量出现较为明显的收缩。

从理论上分析，本书将汇率升值对行业作用效应的大小影响因素分为以下几个维度：（1）产品的出口依存度。产品出口比重越大，汇率升值对该行业影响越大。（2）产品的出口需求弹性。当需求弹性较大时，特别是面临较强劲的国外同类企业竞争时，企业争取维持固定本币定价的努力将很容易使企业丧失海外市场，因而逼迫企业降低产量。（3）产品销售利润率。当销售利润率较高时，即使本币升值，企业依然能够通过降低利润率维持不变的外币售价，而当企业销售利润率较低时，汇率升值使企业不得不提高外币售价，否则在亏损的形势下企业难以为繼。（4）原材料的来源与比重。当进口原料比重较大时，汇率升值会降低企业采购成本；反之则相反。

以上四个维度可以作为分析汇率升值产出效应的参考因素。以纺织业为例，该行业出口依存度较大，产品销售利润率低，与其他发展中国家竞争较为激烈（产品的出口需求弹性大），从而很容易导致产品出口被其他国家所替代。从本书的实证结论来看，汇率升值对纺织业的产出负向冲击较为严重。

企业的技术垄断能力、品牌、国际市场的竞争程度等因素会影响产品的出口弹性和产品销售利润率。总体而言，产业升级并与其他发展中国家错位发展有助于抵消汇率升值对产业的负面影响。

机电产品是中国第一大类出口产品，应给予更多关注。目前中国机电产品出口份额已超过 60%，市场份额已超过全球的 15%。我国机电行业对外收支呈现顺差状态，该行业出口依存度高、行业集中度低、中小企业占比大，不利于对外形成品牌优势和竞争优势。机电行业缺乏核心技术、往往是通过贴牌生产或定牌的贸易方式，发展中国家之间竞争较为激烈。由于缺乏关键元器件的生产技术，相当一部分机电出口企业只能维持极低的利润率水平。人民币汇率升值后，这些企业为了防止亏损只好提高出口商品的外币价格，由于机电产品的价格优势不复存在，采购方常常会转向国外的竞争伙伴。这使得我国机电企业在竞争中处于弱势地位，形成较高出口需求弹性。从具体的行业细分来看，机械设备行业与发达国家相比往往具有一定的成本优势，在汇率不断升值的背景下，企业的成本优势逐渐消失，企业往往需要承担一部分损失以维持一定的价格优势。机电行业中成套设备订单周期和收汇过程很长，短期的需要 1—2 年，而中期的则达到 2—4 年，有的周期则达到更长期限，汇率升值给这些企业造成比较大的损失，从更长时期来看，汇率升值将影响成套设备行业的技术开发能力和国际竞争力。汇率升值对机电产业造成的影响具有一定的周期性。升值初期，由于出口方提价，进口企业采购成本上升，进口方往往减少订单，但由于难以完全转向第三方采购，过一段时间，订单又会爆发性增长，汇率对机电产业的负面影响趋于恢复。但从更长时间周期看，汇率长期升值有可能造成生产能力外移以及全球采购中心转移。

相对而言，中国机电产业中的空调行业和“两头在外”的产业在汇率升值面具有一定的优势。中国空调行业在全球具有很强的竞争优势，占全球的 80%—90%，即使价格有所上涨，采购商也很难将订单大规模向其他国家转移。而机电行业中“两头在外”的行业由于出口价格与进口价格存在一定程度的抵消，汇率升值的负面效应有所降低。

附录 1　　　　格兰杰因果关系检验结果

VARGrangerCausality/BlockExogeneityWaldTests			
Dependentvariable：lnDOLLAR			
Excluded	Chi - sq	df	Prob.
lnEURO	5. 989121	6	0. 4244
lnWON	10. 68574	6	0. 0986
lnYEN	15. 56371	6	0. 0163
All	37. 75255	18	0. 0042
Dependentvariable：lnEURO			
Excluded	Chi - sq	df	Prob.
lnDOLLAR	17. 04390	6	0. 0091
lnWON	17. 40250	6	0. 0079
lnYEN	33. 52934	6	0. 0000
All	67. 65079	18	0. 0000

续表

Dependentvariable：lnWON			
Excluded	Chi - sq	df	Prob.
lnDOLLAR	9. 962853	6	0. 1262
lnEURO	1. 838300	6	0. 9340
lnYEN	7. 619126	6	0. 2674
All	29. 07203	18	0. 0475
Dependentvariable：lnYEN			
Excluded	Chi - sq	df	Prob.
lnDOLLAR	4. 942515	6	0. 5512
lnEURO	11. 75200	6	0. 0677
lnWON	24. 72475	6	0. 0004
All	46. 20187	18	0. 0003

第六章　结论与政策建议

第一节　结论

人民币升值对我国产出、通货膨胀率以及社会福利水平等多项指标产生影响，本书仅研究人民币汇率升值对我国产出的影响。从理论上分析，汇率变动会通过多种渠道影响一个国家的产出。以贸易渠道为例，汇率升值通过支出转换效应影响产出：本币升值将提高本国出口产品的对外标价，降低进口商品的对内标价，从而对本国产品需求下降，导致本国产出下降。除了贸易渠道影响之外，汇率升值还通过投资、汇率变动预期、对外资产负债等渠道影响产出。本书采用计量经济学分析方法实证分析了人民币汇率升值对我国总产出水平的影响、对部分行业产业水平的影响以及对我国经济波动的影响。

根据本书所列 23 个模型以及在本书实证过程中测试的各种模型实证结果，人民币汇率升值对中国产出具有明确的收缩作用，结果是稳定的。人民币实际有效汇率升值 1%，中国实际工业增加值下降 0.2% 左右。对于发电量，下降幅度为 0.4% 左右。造成两者差异的原因在于各行业用电量的分布：汇率升值对外向度较高的制造业影响较大，而制造业电力消耗较高。汇率升值对中国 GDP 的影响小于对实际工业增加值的影响，人民币实际有效汇率升值 1%，中国 GDP 下降幅度介于 0.1%—0.2% 之间。

人民币汇率升值对我国经济增长率的影响较为短暂。从实证结果分析，汇率升值使我国产出连续两个月下降，第三个月有所恢复，四个月后，产出环比增长率振荡衰减，实际有效汇率对产出环比增长率的影响逐步趋近于 0。

人民币汇率升值对我国产出绝对水平的影响具有长期性。人民币汇率升值虽然只对我国经济增长率具有短暂影响，但对产出水平值影响却具有持久性。人民币汇率升值后经济的环比增长率经短暂下降迅速恢复到原来水平，但产出水平却由于前期产出水平的下降而长期处于较低水平。汇率升值对产出造成的损失是“时间”损失，即汇率一次性升值后，经济增长率虽然很快得到恢复，但产出却退回到较低的基期水平上增长。

人民币汇率升值既可能加剧中国经济波动，也可能减弱中国经济波动，作用的效果取决于导致汇率波动的背后因素。基于本书SVAR施加长期约束方法的实证结果：受到“国外需求上升因素”冲击，根据贸易顺差的传递关系，人民币汇率将升值。同样，受到“要素成本上升因素”冲击，根据巴拉萨—萨缪尔森定律的传递关系，人民币汇率也将升值。前者汇率升值将抑制中国经济波动，后者将加剧中国经济波动。其内在逻辑关系是，国外需求上升将导致中国经济繁荣，而此时人民币汇率升值的紧缩作用将有助于防止经济过度膨胀，从而对经济具有稳定作用。要素成本上升将使中国产出下降，而此时的汇率升值将使中国产出下降更大幅度从而加剧经济的波动。总体来看，中国经济受单一的结构性冲击后实际有效汇率是稳定经济还是加剧经济波动，取决于中国经济受到的冲击类型。但无论方向如何，实际有效汇率对中国经济波动的作用力度较小。如果中国经济同时受复合的结构性冲击，实际有效汇率对经济波动的作用方向和作用力度取决于复合结构性冲击的构成、冲击的方向与力度。

人民币升值对我国各行业的总体影响存在一定差异，但总体表现为明显的负面影响。由于各行业进出口国别不同、结算使用的货币不同，以实际有效汇率这一指标分析各行业受汇率升值影响存在很大缺陷。本书提出“产出有效汇率”分析方法，根据该方法的测算结果，人民币汇率升值对铁矿石、水泥、生铁、原煤、焦炭等上游行业产出水平具有收缩作用，但对原油产量几乎没有影响；汇率升值对化工产业等中游产业负向冲击较大，但对粗钢、钢材产量的影响趋于中性；汇率升值对家电和机械等下游行业具有较大的负面冲击。

总体分析，汇率升值对工业的上、中、下游产业均有一定的负面影响，对交通运输等与工业产出水平密切相关的服务业同样具有负面影响，但对电信等面向国内消费需求的服务业影响不大。汇率对出口比重较大、利润较低的行业冲击非常明显，如纺织业；而对于国内需求不能满足的行业冲击影响较小，如石化行业。产品的出口依存度、出口需求弹性、产品销售利润率、原材料的来源与比重等因素是影响行业产出汇率弹性的重要因素。经本书测试，各行业产出水平对美元汇率变动最敏感，人民币对美元汇率仍是各行业应重点关注的汇率。

第二节　政策建议

人民币汇率政策取得了很大成就，动员了大量劳动力从落后的农业部门进入效率较高的工业出口部门从事生产活动。尽管大量出口所产生的外汇储备存在一些损失，但损失的幅度远没有以汇率升值幅度所计算的大，因为美元区、欧元区物价仍然稳定，在此前提下，持有储备货币等价于持有商品。即使从长期观察，储备资产存在着一定损失，初期的人民币汇率政策仍不失为成功的战略。

汇率政策调节着国别之间储蓄与消费之间的关系，从当前形势看，以前所宣称的全球贸易不平衡格局具有长期稳定性的结论越来越令人怀疑。本书认为，国外对中国的负债最终或者通过贸易形式偿还，或者通过通货膨胀降低本币实际债务负担的形式进行逃避。无论通过何种方式，人民币都将面临较大的长期升值压力。国际货币多元化趋势将加大美元长期贬值的可能性。长期逆差国通过证券市场资金回流和强化避险资产需求的方式维持汇率的方式有可能是一个中期的战略，但不能治本。

自 2005 年我国放弃盯住美元的汇率制度以来，人民币汇率总体上呈现升值走势。长远来看，人民币汇率仍面临着升值压力。本书推测，升值会分为两个主要阶段：第一个阶段是贸易顺差驱动型的升值。在此阶段中国存在着大量的剩余劳动力资源，由于大量劳动力不断进入生产过程，特别是制造业的生产过程，中国出口的供给能力迅速上升，由于国内外供给与需求不对称，贸易顺差推动人民币不断升值；第二阶段是技术进步推动型的升值。经过第一阶段的发展，中国制造业逐渐积累了规模优势，在刘易斯转折点到来之后，企业将不断提高集约化生产水平，贸易部门劳动生产率提高和服务业相对要素成本上升的结果将推动人民币实际汇率出现较长时期缓慢升值。除此之外，人民币国际化、经济快速增长过程中对海外投资的吸引也有助于人民币汇率走强。

根据实证结论，人民币汇率升值对我国产出具有明确的紧缩效应，因此如何处理好“汇率走强”和“升值具有负面效应”的关系，将成为我国未来汇率政策的主线。

第一，应尽可能保持人民币汇率的主动、渐进调整。由于人民币汇率升值对我国产出具有明确的紧缩作用，因而除非在经济高涨、通货膨胀压力较大时可以较大幅度升值本币外，在其他情况下应尽可能根据汇率调整的长期目标，维持人民币汇率的基本稳定和适度调整，至少不能在短期内大幅度升值，尤其是当经济遇到较大困难时，大幅拉高人民币汇率将严重挫伤我国经济发展的渐进调整轨迹，中国各产业特别是制造业将受到较严重损害。

第二，升值紧缩效应说明，我国出口依然重要。欧洲及美国的金融危机及债务危机迫使债务国调高国内的储蓄水平，相应的进口能力趋于下降，但这绝非意味此时是我国退出鼓励出口政策的最佳时机，过快退出会给企业造成雪上加霜的打击。目前我国仍有过剩的生产能力，国内需求一时还难以持续拉动剩余劳动力就业，对真实失业率的估计不足和对刘易斯转折点过于乐观的估计将给我国经济带来严重的负面影响。

第三，汇率升值的同时应密切关切国内债务问题。欧洲债务危机之后，全球不平衡状况需要在一定程度上得到纠正，此时中国的经济将逐步由外需拉动转向内需拉动，在经济增长方式不能迅速转型的背景下，财政刺激便成为一个填补内需缺口的必要手段。本书认为，今后全球经济失衡的可持续性问题很可能会逐步演化为中国财政负担的可持续性问题，中国所面临的发达国家债务问题也将逐步转化为中国政府（包括各级地方政府）的对内债务问题。立足于中国经济发展阶段性问题而非短期性的考虑，不应片面强调财政政策的刺激作用，仍应注重开源节流，形成适当的财政储备，以应对需求结构转换。外需向内需转换将给人民币汇率问题带来新的课题，如果汇率升值过快，政府债务问题将会变得比较突出。

第四，仍需对资本账户进行适度管制，确保人民币定价权。浮动汇率制下，货币汇率的浮动是以市场供求为基础的，但汇率的变动从来都是在政府监管下的浮动，中央银行是该市场最大的货币供应商。在各国央行的不对称博弈中，我国必须确保对资本账户的适度管制，以维护人民币对主要外币的定价权，否则人民币升值、资本跨境流入和我国资产价格上升，将直接给热钱带来一条获取超额收益的投机渠道，也将使我国在汇率控制方面陷入如东南亚国家 1998 年前的困境。在人民币汇率浮动问题上，需要区分市场的自发浮动、热钱流动与国家利益之间博弈三种情况。

第五，汇率水平的确定应与企业竞争力指标相联系。汇率反映了货币之间的比价关系，调整进出口商品的价格水平，但企业出口竞争力的长期动力并不是廉价政策，特别是当我国劳动力剩余情况得到大大缓解之后，企业竞争力的提升主要依靠效率提升和非价格竞争力。因此，人民币汇率水平的确定应该与企业竞争力指标相联系。

第六，界定“升值脆弱行业”，加强企业对国际市场的控制能力和议价能力。依据产品的出口依存度、出口需求弹性、产品销售利润率、原材料的来源与比重等指标确定“汇率升值脆弱行业”，加速“汇率升值脆弱行业”的行业内整合，加速行业之间整合，鼓励大型骨干企业开展兼并重组，鼓励企业通过兼并重组延伸产业链，发展规模经济，提升行业集中度，形成具有国际竞争力的大企业大集团。鼓励企业之间战略合作，组成战略联盟。鼓励企业“走出去”，参与全球资源整合与经营，提升国际化经营能力，增强国际竞争力。

第七，建立灵活有序、富有弹性的要素市场。推动现代科技在要素流动中的应用，推动形成统一的要素市场，降低生产要素流动成本，提高资源配置效率，加快产业结构调整步伐，降低汇率变动对就业的冲击。

第八，加速产业升级，支持机电行业等重点行业加快转变发展方式。提升企业核心技术和品牌价值，鼓励企业开展错位竞争，形成技术分工梯次，提高产品的非价格竞争力。

第九，应与出口竞争性国家建立汇率联合应对机制。人民币升值不会影响国内产品之间的相对比价，但会影响我国与我国的出口竞争性国家出口产品之间的相对比价，如果我国与出口竞争性国家联合升值货币将有利于整体经济利益。相反，如果双方实行竞争性贬值的政策，最终将两败俱伤。以金砖五国为例，如果人民币升值而其他金砖国家货币没有升值，对我国产品的国际需求将转向其他金砖国家，这将导致金砖国家之间竞争关系恶化，最终各方利益受损。但如果金砖国家之间能够建立联合升值机制，货币升值的集体行动将有利于金砖国家整体利益，尤其是有利于金砖国家出口弹性较低的产品生产行业。联合升值策略的另一个替代性的方案是联合提高工人的工资水平或社会保障水平，或者联合使通货膨胀率稍高于发达国家的通货膨胀率水平，以使实际汇率升值。更为折中的办法是，当美元对其他金砖国家或发展中国家货币出现贬值时，我国立即同步升值人民币，从而逐步达到联合升值的效果。联合升值既回应了人民币汇率定值偏低的问题，又有利于我国以及其他发展中国家经济增长与结构调整，虽然难度很大，却是跳出囚徒博弈的一条必经通路，毕竟联合行动对所有参与方都有利。无论如何，我国应与其他具有相似出口结构的发展中国家建立联合磋商机制，逐步形成较为一致的应对策略。

第十，在关注汇率产出效应的同时，应避免研究领域的短视。除了看到汇率大幅升值给产出带来的负面效应外，还应看到升值压力的长期性、汇率升值的正面作用以及汇率渐进性升值给投机资本带来的巨额收益，管理汇率应统筹兼顾，不应仅仅局限于其产出效应。在人民币汇率调控方面，对资产价格的调控、对热钱的监管和适度消除人民币大幅升值预期十分重要。

参考文献

1. 陈国伟、夏江：《人民币实际有效汇率变动对总产出影响的实证分析》，《经济科学》2002 年第 4 期。
2. 陈勇、李小平：《中国工业行业的技术进步与工业经济转型——对工业行业技术进步的 DEA 法衡量及转型特征分析》，《管理世界》2007 年第 6 期。
3. 陈勇、唐朱昌：《中国工业的技术选择与技术进步：1985—2003》，《经济研究》2006 年第 9 期。
4. 陈作章：《日本货币政策问题研究》，复旦大学出版社 2005 年版。
5. 程延炜：《人民币一篮子货币权重和均衡实际汇率的实证研究》，博士学位论文，吉林大学，2007 年。
6. 干杏娣、杨金梅：《我国央行外汇干预有效性的事件分析研究》，《金融研究》2007 年第 9 期。
7. 高海红、陈晓莉：《汇率与经济增长：对亚洲经济体的检验》，《世界经济》2005 年第 10 期。
8. 高铁梅：《计量经济分析方法与建模：EViews 应用及实例》，清华大学出版社 2006 年版。
9. 桂文林、韩兆洲：《PPI 与 CPI 关系及我国通货膨胀治理》，《统计研究》2011 年第 9 期。
10. 国家统计局、中国经济景气监测中心：《中国统计月报》，各期。
11. 国家统计局：《中国工业经济统计年鉴》，中国统计出版社 2001—2010 年版。
12. 国家统计局：《中国统计年鉴》，中国统计出版社，各期。
13. 汉密尔顿：《时间序列分析》，中国社会科学出版社 1999 年版。
14. 何新华、吴海英、刘仕国：《人民币汇率调整对中国宏观经济的影响》，《世界经济》2003 年第 11 期。

15. 姜波克：《国际金融学》，高等教育出版社 2004 年版。
16. 靳云汇：《高级计量经济学》，北京大学出版社 2007 年版。
17. 克鲁格曼、茅瑞斯·奥伯斯法尔德：《国际经济学理论与政策》，中国人民大学出版社 2006 年版。
18. 兰达尔·赫宁、熊爱宗：《亚洲汇率制度中的人民币因素》，《国际经济评论》2012 年第 6 期。
19. 李怀定：《人民币均衡汇率与汇率变动的宏观经济效应研究》，博士学位论文，复旦大学，2007 年。
20. 李建伟、余明：《人民币有效汇率的波动及其对中国经济增长的影响》，《世界经济》2003 年第 11 期。
21. 李庭辉、许涤龙：《基于匹配性的工业增加值数据质量评估研究》，《统计与决策》2012 年第 3 期。
22. 李未无：《实际有效汇率与经济增长：来自中国的证据》，《管理世界》2005 年第 2 期。
23. 李雪松：《高级经济计量学》，中国社会科学出版社 2008 年版。
24. 林毅夫：《关于人民币实际有效汇率问题的思考与政策建议》，《国际经济评论》2007 年第 3 期。
25. 卢万青、陈建梁：《人民币实际有效汇率变动对我国经济增长影响的实证研究》，《金融研究》2007 年第 2 期。
26. 卢向前、戴国强：《人民币实际有效汇率波动对我国进出口的影响：1994—2003》，《经济研究》2005 年第 5 期。
27. 罗忠洲：《汇率波动的经济效应研究》，博士学位论文，华东师范大学，2005 年。
28. 孟连、王小鲁：《对中国经济增长统计数据可信度的估计》，《经济研究》2000 年第 10 期。
29. 米德：《国际收支》，北京经济学院出版社 1990 年版。
30. 莫瑞斯·奥博斯特弗尔德、肯尼斯·若戈夫：《高级国际金融学教程》，刘红忠、李心丹、陆前进、张卫东、郦郴译，中国金融出版社 2002 年版。
31. 欧乐鹰：《解读中国经济指标》，中国经济出版社 2012 年版。
32. 施建淮：《人民币升值是紧缩性的吗?》，《经济研究》2007 年第 1 期。
33. 司增绰：《电力消耗与经济发展关系研究——基于单位 GDP 电耗的考

察》,《西部商学评论》2010 年第 2 期。

34. 唐翔:《富人社区效应还是巴拉萨—萨缪尔森效应?一个基于外生收入的实际汇率理论》,《经济研究》2008 年第 5 期。

35. 魏巍贤:《人民币升值的宏观经济影响评价》,《经济研究》2006 年第 4 期。

36. 徐明棋:《美国国际收支经常账户逆差不断扩大对世界经济的影响》,《国际金融研究》2006 年第 4 期。

37. 徐瑛:《中国技术进步贡献率的度量与分解》,《经济研究》2006 年第 8 期。

38. 徐智勇、孙林岩、郭雪松:《基于支持向量机的中国工业增加值预测研究》,《运筹与管理》2008 年第 3 期。

39. 许少强、马丹、宋兆晗:《人民币实际汇率研究》,复旦大学出版社 2006 年版。

40. 殷剑峰:《中国经济周期研究:1954—2004》,《管理世界》2006 年第 3 期。

41. 于津平:《汇率变化如何影响外商直接投资》,《世界经济》2007 年第 4 期。

42. 袁堂军:《消除全球性失衡与中国实际汇率调整的结构因素》,讲座稿,2010 年 3 月 30 日。

43. 张斌:《人民币真实汇率:概念测量与解析》,《经济学(季刊)》2005 年第 4 卷第 2 期。

44. 张成思:《金融计量经济学——时间序列分析视角》,东北财经大学出版社 2008 年版。

45. 张茵、万广华:《试析我国贸易余额波动的成因》,《经济研究》2005 年第 1 期。

46. 张宇贤、李锴:《升值、贬值:人民币汇率走向透析》,中国人民大学出版社 1992 年版。

47. 赵永亮:《结构冲击对人民币实际有效汇率及我国产出的动态效应》,《经济学动态》2010 年第 2 期。

48. 赵永亮、干杏娣、熊德平:《人民币实际有效汇率升值对中国产出影响的实证研究》,《世界经济研究》2011 年第 6 期。

49. 中国经济景气监测中心:《中国经济景气月报》,国家统计局,各期。

50. 中国经济增长前沿课题组：《中国经济转型的结构特征、风险与效率提升的路径》，《经济研究》2013 年第 10 期。

51. 中国人民银行调查统计司：《中国人民银行统计季报》，中国金融出版社，各期。

52. 中国社会科学院经济研究所宏观课题组：《贸易、资本流动与汇率政策》，《经济研究》1999 年第 9 期。

53. 周清杰、胡俞越、王沈南、方雅：《生产者价格指数能引导居民消费价格指数吗——基于我国生产者价格指数“身份”谜局的分析》，《外国经济学说与中国研究报告》2011 年版。

54. Akinlo, A. E., “The impact of the adjustment programme on manufacturing industries in Nigeria 1986 –91: A sample study”, *African Development Review*, Vol. 8, No. 1, June 1996, pp. 61 –96.

55. Amisano, G. and Giannini, C., *Topics in structural VAR econometrics* (2nd ed.), New York: Springer, 1997.

56. Amsden, A. H., *The Rise of “The Rest”: Challenges to the West from Late –Industrializing Economies*, Oxford, Oxford University Press, 2001.

57. Antonio Spilimbergo and Athanasios Vamvakidis, “Real effective exchange rate and the constant elasticity of substitution assumption”, *IMF Working Paper*, Vol. WP/00/128, 2000.

58. Arellano, M. and Bover, O., “Another look at the instrumental variables estimation of error components models”, *Journal of Econometrics*, Vol. 68, 1995, pp. 29 –51.

59. Babetskii, J., “Trade integration and synchronization of shocks: implications for EU enlargement”, *Econ Transit*, Vol. 13, No. 1, 2005, pp. 105 –138.

60. Bahmani –Oskooee, M., Goswami, G., Talukdar, B., “The Bilateral J – curve: Australia versus her 23 trading partners”, *Aust Econ Pap*, Vol. 44, 2005, pp. 110 –120.

61. Bahmani –Oskooee, M., S. Chomsisengphet and M. Kandil, “Are Devaluations Contractionary in Asia?”, *Journal of Post Keynesian Economics*, Vol. 25, 2002, pp. 67 –81.

62. Balassa, Bela, “The purchasing power parity doctrine: A reappraisal”,

Journal of Political Economy, Vol. 72, No. 12, 1964, pp. 584 – 596.

63. Banerjee, A., Dolado, J., Mestre, R., "Error – correction mechanism tests for cointegration in a singleequation framework", *J Time Ser Anal*, Vol. 19, 1998, pp. 267 – 283.

64. Barbone, Luca, Rivera Batiz, Francisco, "Foreign capital and the contractionary impact of currency devaluation", *Journal of Development Economics*, Vol. 26, No. 1, 1987, pp. 1 – 15.

65. Benassy – Quere, AgnEs, Fontagne, Lionel and LahrEche – Revil, Amina, "Exchange – Rate Strategies in the Competition for Attracting Foreign Direct Investment", *Journal of the Japanese and International Economies*, Vol. 15, No. 2, 2001, pp. 178 – 198.

66. Bernanke, B. S., "Alternative explanations of the money – income correlation", *Carnegie – Rochester Conference Series on Public Policy*, Vol. 25, 1986, pp. 49 – 100.

67. Billmeier, A., Bonato, L., "Exchange rate pass – through and monetary policy in Croatia", *J Compar Econ*, Vol. 32, 2004, pp. 426 – 444.

68. Bird, Graham and Rajan, Ramkishen S., "Banks, Financial Liberalisation and Financial Crises in Emerging Markets", *World Economy*, Vol. 24, No. 7, 2001, pp. 889 – 910.

69. Bjørnland, H. C., "The Role of the Exchange Rate as a Shock Absorber in a Small Open Economy", *Open Economies Review*, Vol. 15, No. 1, 2004, pp. 23 – 43.

70. Blanchard, O. J., "A traditional interpretation of macroeconomic fluctuations", *American Economic Review*, Vol. 79, 1989, pp. 1146 – 64.

71. Blanchard, O. J. and Quah, D., "The dynamic effects of aggregate demand and supply disturbances", *American Economic Review*, Vol. 79, 1989, pp. 655 – 1164.

72. Blanchard, O. J. and Watson, M., *Are business all alike? The American Business Cycle*, Chicago: University of Chicago Press, 1986, pp. 123 – 56.

73. Bleaney, M., "Liberalisation and the terms of trade of developing countries: A cause for concern?", *World Economy*, Vol. 16, No. 4, 1993, pp. 453

－65.

74. Blecker and Ramzi, "The Fallacy of Composition and Contractionary Devaluations: The Output Impact of Real Exchange Rate Shocks in Developing Countries that Export Manufactures", American University, department of economics working paper series, No. 2, 2007.
75. Buffie, E., "Devaluation, investment and growth in LDCS", *Journal of Development Economics*, Vol. 20, 1984, pp. 361－79.
76. Canzoneri, M., J. Valles and J. Vinals, "Do Exchange Rates Move to Address International Macroeconomic Imbalances?", *CEPR Discussion Paper* (London: Centre for Economic Policy Research), No. 1498, 1996.
77. Chadha, Bankim, and Eswar Prasad, "Real Exchange Rate Fluctuations and the Business Circle: Evidence from Japan", *IMF Staff Papers*, Vol. 44, No. 3, 1997.
78. Chou, L. W. and Chao, C. C., "Are currency devaluations effective? A panel unit root test", *Economics Letters*, Vol. 72, 2001, pp. 19－25.
79. Chou, W. L, Shih, Y. C., "The equilibrium exchange rate of the Chinese renminbi", *Journal of Comparative Economics*, Vol. 26, 1998, pp. 165－174.
80. Christopoulos, D. K., "Currency devaluation and output growth: new evidence from panel data analysis", *Applied Economics Letters*, Vol. 11, 2004, pp. 809－813.
81. Christos Papazoglou and Eric J. Pentecost, *Exchange Rate Policies, Prices and Supply－Side Response: A Study of Transitional Economies*, New York: Martin's Press, 2001.
82. Clarida, Richard, Galí, Jordi, "Sources of real exchange rate fluctuations: How important are nominal shocks?", *Carnegie－Rochester Conference Series on Public Policy*, Vol. 41, 1994, pp. 1－56.
83. Cline, W. R., "Can the East Asian model of development be generalized?", *World Development*, Vol. 10, No. 2, 1982, pp. 81－90.
84. Cooper, R., "An assessment of currency devaluation in developing countries", *Essays in International Finance*, No. 86, 1971, pp. 472－513.
85. Corricelli, F., Jazbec, B, Masten, I., "Exchange rate pass－through

in EMU acceding countries: Empirical analysis and policy implications", *J Bank Finance*, Vol. 30, No. 5, 2006, pp. 1375 – 1391.

86. Deaton, A. and Muellbauer, J., "An almost ideal demand system", *American Economic Review*, Vol. 70, No. 3, 1980, pp. 312 – 26.

87. Derick Boyd, "Dynamic specification in the measurement of the impact of exchange rate adjustment on output: Jamaica 1960 – 90", *Applied Economics Letters*, No. 3, 1996, pp. 409 – 411.

88. Díaz – Alejandro, C., "A note on the impact of devaluation and the redistributive effects", *Journal of Political Economy*, Vol. 71, 1963, pp. 577 – 80.

89. Diaz – Alenjadro, F. C., "Exchange rate depreciation in a semi – industrialized economy", *Journal of Political Economy*, Vol. 90, 1965, pp. 156 – 65.

90. Dickey, D. and Fuller, W., "Distribution of Autoregressive Time Series with Unit Root", *Journal of the American Statistical Association*, No. 74, 1979, pp. 427 – 431.

91. Dickey, D. and Fuller, W., "The Likelihood Ratio Statistics for Autoregressive Time Series with a Unit Root", *Econometrica*, No. 49, 1981, pp. 1057 – 1072.

92. Dimitris K. Christopoulos, "Currency devaluation and output growth: new evidence from panel data analysis", *Applied Economics Letters*, No. 11, 2004, pp. 809 – 813.

93. Domac, I., "Are Devaluations Contractionary? Evidence from Turkey", *Journal of Economic Development*, Vol. 22, No. 2, 1997, pp. 145 – 163.

94. Edwards, B., "*Real Exchange Rates, Devaluation and Adjustment*", Cambridge: MIT Press, 1989.

95. Edwards, S., "Are Devaluations Contractionary?", *The Review of Economics and Statistics*, Vol. 68, 1986, pp. 501 – 507.

96. Eichengreen, B., Rhee, Y. and Tong, H., "The impact of China on the exports of other Asian countries", *NBER Working Paper*, No. 10768, 2004.

97. Engle, R. F. and Granger, C. W. J., "Co – integration and error correc-

tion: representation, estimation and testing", *Econometrica*, Vol. 55, 1987, pp. 251 - 76.

98. Faini, R., Clavijo, F. and Senhadji - Semlali, A., "The fallacy of composition argument: Is it relevant for LDCs' manufactures exports?", *European Economic Review*, Vol. 36, No. 4, 1992, pp. 865 - 82.

99. Fernald, J., Loungani, P., Ahearne, A. and Schindler, J., "China and emerging Asia: comrades or competitors?", *Federal Reserve Board International Working Paper*, No. 789, 2003.

100. Frankel, J. A., "Mundell - Fleming lecture: contractionary currency crashes in developing countries", *IMF Staff Pap*, No. 52, 2005, pp. 149 - 192.

101. Froot, Kenneth A. and Stein, Jeremy C., "Exchange Rates and Foreign Direct Investment: An Imperfect Capital Markets Approach", *The Quarterly Journal of Economics*, Vol. 106, No. 4, 1991, pp. 1191 - 217.

102. Granger, C. W. J. and Newbold, P., "Spurious regression in econometrics", *Journal of Econometrics*, No. 2, June 1994.

103. Gylfason, T. and Schmid, M., "Does devaluation cause stagflation?", *Canadian Journal of Economics*, No. 16, 1983, pp. 641 - 54.

104. Gylfason, T. and Schmidt, M., "Does Devaluation Cause Stagflation?", *Canadian Journal of Economics*, Vol. 16, No. 4, 1983, pp. 641 - 654.

105. Guonan Ma, Robert McCauley and Lillie Lam, "The Roles of Saving, Investment and the Renminbi in Rebalancing the Chinese Economy", *Review of International Economics*, No. 1, 2012, p. 72.

106. Hakan Berument and Mehmet Pasaogullari, "Effects of the real exchange rate on output and inflation: Evidence from turkey", *The Developing Economies*, Vol. XLI, No. 4, 2003, pp. 401 - 35.

107. Harris, Richard G., Schmitt, Nicolas, "Strategic export policy with foreign direct investment and import substitution", *Journal of Development Economics*, Vol. 62, No. 1, 2000, pp. 85 - 104.

108. Hoffmaister, A. W. and Vegh, C. A., "Disinflation and the recession - now - versus recession - later hypothesis: Evidence from Uruguay", *IMF Staff Papers*, No. 43, 1996, pp. 355 - 94.

109. Hoffmaister, A. W and Roldós, J. , "The Source of Macroeconomic Fluctuations in Developing Countries: Brazil and Korea", *Journal of Macroeconomics*, Vol. 23, No. 2, 2001, pp. 213 –239.

110. Jaewoo Lee and Man – Keung Tang, "Does Productivity Growth Appreciate the Real Exchange Rate?", *Review of International Economics*, Vol. 15, No. 1, 2007, pp. 164 – 187.

111. James, J. A. , "Changes in economics instability in the 19th century America", *American Economic Review*, No. 83, 1993, pp. 710 –31.

112. Kamal P. Upadhyaya, Franklin G. Mixon, Jr. and Rabindra Bhandari, "Exchange rate adjustment and output in Greece and Cyprus: evidence from panel data", *Applied Financial Economics*, No. 14, 2004, pp. 1181 – 1185.

113. Kamas, L. , "A monetary policy and inflation under the crawling peg: some evidence from VARs for Colombia", *Journal of Development Economics*, No. 46, 1995, pp. 145 –161.

114. Kamin and Rogers, "Output and the Real Exchange Rate in Developing Countries: An Application to Mexico", *Journal of Development Economics*, No. 61, 2000, pp. 81 – 105.

115. Kamin, S. B. , "Devaluation, external balance, and macroeconomic performance in developing countries: A look at the numbers", *Princeton Essays in International Finance*, No. 62, 1988.

116. Kaplinsky, R. , "Export processing zones in the Dominican Republic: transforming manufactures into commodities", *World Development*, Vol. 21, 1993, pp. 1851 –65.

117. Kaplinsky, R. and Santos – Paulino, A. U. , "A disaggregated analysis of EU imports: The implications for the study of patterns of trade and technology", *Cambridge Journal of Economics*, Vol. 30, 2006, pp. 587 –611.

118. Kemme, D. , Teng, W. , "Determinants of the real exchange rate, misalignment and implications for growth in Poland", *Econ Syst*, No. 24, 2000, pp. 171 –205.

119. Korhonen, I. , Wachtel, P. , "A note on exchange rate pass – through in

CIS countries", *Research in International Business and Finance*, Vol. 20, No. 2, pp. 215 –226.

120. Krueger, A., "Trade policy and economic development: How we learn", *American Economic Review*, Vol. 87, No. 1, 1997, pp. 1 –22.

121. Krueger, A. D., *Exchange Rate Determination*, Cambridge: Cambridge University Press, 1983.

122. Krugman, P., Taylor, L., "Contractionary effects of devaluation", *J Int Econ*, No. 8, 1978, pp. 445 –456.

123. Lastrapes, William D., "Sources of fluctuations in real and nominal exchange rates", *Review of Economics and Statistics*, Vol. 74, No. 3, 1992, pp. 530 –539.

124. Lizondo, S. J. and Montiel, P. J., "Contractionary devaluation in developing countries: an analytical overview", *IMF Staff Papers*, Vol. 36, 1989, pp. 182 –227.

125. Magda Kandil, "The asymmetric effects of exchange rate fluctuations on output and prices: Evidence from developing countries", *The Journal of International Trade & Economic Development*, Vol. 17, No. 2, 2008, pp. 257 –296.

126. Mill, Pentecost, "Real Exchange Rate & the Output Response in Four EU Accession Countries, Business Cycle and Economics Growth Research", *Emerg Mark Rev*, No. 04, 2000, pp. 418 –430.

127. Miteza, I., "Devaluation and output in five transition economies: A panel cointegration approach of Poland, Hungary, Czech Republic, Slovakia and Romania, 1993 – 2000", *Appl Econometr Int Dev*, Vol. 6, No. 1, 2006, pp. 69 –78.

128. Muscatelli, V. A., Stevenson, A. A. and Montagna, C., "Intra – NIE competition in exports of manufactures", *Journal of International Economics*, Vol. 37, No. 1, 1994, pp. 29 –47.

129. Nelson, C. R. and Plosser, C. I., *Random Coefficient Autoregressive Models: an Introduction*, New York: Springer – Verlag, 1982.

130. Ogawa, E. and Ito, T., "On the Desirability of a Regional Basket Currency Arrangement", *Journal of the Japanese and International Econo-*

mies, No. 16, 2002, pp. 317 - 334.

131. Pritchett, L., "Understanding patterns of economic growth: searching for hills among plateaus, mountains, and plains", *World Bank Economic Review*, No. 14, May2000, pp. 221 - 250.

132. Rajan, R. S., Shen C. - H., "Why are crisis - induced devaluations contractionary? Exploring alternative hypothesis", *J Econ Integr*, No. 21, 2006, pp. 526 - 550.

133. Robert A. Blecker and Arslan Razmi, "The Fallacy of Composition and Contractionary Devaluations: The Output Impact of Real Exchange Rate Shocks in Developing Countries that Export Manufactures", *Cambridge Journal of Economics*, Vol. 32, No. 1, Feb. 2008, pp. 83 - 109.

134. Rogers and Wang, "Output, Inflation and Stabilization in A Small Open Economy: Evidence from Mexico", *Journal of Development Economics*, Vol. 46, No. 2, 1995, pp. 271 - 293.

135. Sachs, J. D. and Warner, A., "Economic reform and the process of global integration", *Brookings Papers on Economic Activity*, No. 1, 1995, pp. 1 - 118.

136. Samuelson, Paul A., "Theoretical Notes on Trade Problems", *Review of Economics and Statistics*, Vol. 46, 1964, pp. 145 - 154.

137. Sapsford, D. and Singer, H., "The IMF, the World Bank and commodity prices: A case of shifting sands", *World Development*, Vol. 26, No. 9, 1998, pp. 1653 - 1660.

138. Sarkar, P. and Singer, H., "Manufactured exports of developing countries and their terms of trade since 1965", *World Development*, Vol. 19, No. 4, 1991, pp. 333 - 40.

139. Sheehey, C. A., "Unanticipated Inflation, Devaluation, and Output in Latin America", *World Development*, Vol. 14, 1986, pp. 665 - 671.

140. Spilimbergo, A. and Vamvakidis, A., "Real effective exchange rate and the constant elasticity of substitution assumption", *Journal of International Economics*, Vol. 60, 2003, pp. 337 - 354.

141. Thirlwall, A. P., "The balance of payments constraint as an explanation of international growth rate differences", *Banca Nazionale del Lavoro*

Quarterly Review, Vol. 32, No. 128, 1979, pp. 45 – 53.

142. Upadhyaya, K. P., "Currency devaluation, aggregate output, and the long run: An empirical study", *Economics Letters*, Vol. 64, 1999, pp. 197 – 202.

143. Upadhyaya, K. P., F. G. Mixon, R. Bhandari, "Exchange rate adjustment and output in Greece and Cyprus: Evidence from panel data", *Applied Financial Economics*, Vol. 14, 2004, pp. 1181 – 1185.

144. Van Wijnbergen, Sweder, "On fiscal deficits, the real exchange rate and the world rate of interest", *European Economic Review*, Vol. 30, No. 5, 1986, pp. 1013 – 1023.

145. Wang, T., "China: Sources of Real Exchange Rate Fluctuations", *International Monetary Fund Working Paper*, No. 4, 2004.

146. Wijnbergen, Sweder Van, "Exchange rate management and stabilization policies in developing countries", *Journal of Development Economics*, Vol. 23, No. 2, 1986.

147. Yanikkaya, H., "Trade openness and economic growth: A cross – country empirical investigation", *Journal of Development Economics*, Vol. 72, 2003, pp. 57 – 89.

148. Yiheyis, Z., The effects of devaluation on aggregate output: Empirical evidence from Africa, *International Review of Applied Economics*, Vol. 20, No. 1, 2006, pp. 21 – 45.

149. Yotopoulos, P. A., *Exchange Rate Parity for Trade and Development: Theory, Tests and Case Studies*, Cambridge: Cambridge University Press, 1996.

150. Yu Hsing, "Responses of output in Poland to shocks to the exchange rate, the stock price, and other macroeconomic variables: A VAR model", *Applied Economics Letters*, Vol. 13, 2006, pp. 1017 – 1022.

151. Zelealem Yiheyis, "The Effects of Devaluation on Aggregate Output: Empirical Evidence from Africa", *International Review of Applied Economics*, Vol. 20, No. 1, 2006, pp. 21 – 45.